| 25 | **Don't** use Japanese in class. | 授業中に日本語を使ってはいけません。 |
| 26 | **Let's** have lunch together. | いっしょにお昼ご飯を食べましょう。 |

第5章　複数の文 p.87〜104

27	I have two **dogs**.	私は2匹のイヌを飼っています。
28	**How many dogs** do you have?	あなたはイヌを何匹飼っていますか。
	—— I have two.	—— 2匹飼っています。
30	I eat **some** bananas every day.	私は毎日(何本かの)バナナを食べます。
31	Do you have **any** brothers?	あなたには(1人でも)兄弟がいますか。
32	I **don't** have **any** classes today.	私は今日、授業が
33	**We are** good friends.	
34	**Bob and Kate are** soccer fans.	
35	**These are** my parents.	

JN022683

第6章　likes, has の文 p.105〜116

36	He **likes** Japan.	
37	**Does** he **like** music?	彼は音楽が好きですか。
	—— Yes, he **does**. / No, he **doesn't**.	—— はい，好きです。/ いいえ，好きではありません。
38	**What does** she **teach**?	彼女は何を教えていますか。
	—— She teaches English.	—— 彼女は英語を教えています。
39	She **doesn't eat** breakfast.	彼女は朝ご飯を食べません。

第7章　代名詞 p.117〜124

40	I know Kate. **She** is from Canada.	私はケイトを知っています。彼女はカナダ出身です。
41	That is **my** bike. **Yours** is over there.	それは私の自転車です。あなたのはあそこにあります。
42	That's Bob. Do you know **him**?	あれはボブです。あなたは彼を知っていますか。

第8章　疑問詞で始まる疑問文 p.125〜152

43	**What** do you want for your birthday?	あなたは誕生日に何がほしいですか。
	—— I want a new T-shirt.	—— 私は新しいTシャツがほしいです。
44	**What** do you **do** after school?	あなたは放課後に何をしますか。
	—— I play tennis every day.	—— 私は毎日テニスをします。
45	**What color** do you like?	あなたは何色が好きですか。
	—— I like blue.	—— 私は青が好きです。
46	**What time** is it?	何時ですか。
	—— It's eight thirty.	—— 8時30分です。
47	**What time** do you go to bed?	あなたは何時に寝ますか。
	—— I go to bed at eleven.	—— 私は11時に寝ます。
48	**What day is it** today?	今日は何曜日ですか。
	—— It's Friday.	—— 金曜日です。
49	**What is the date** today?	今日は何月何日ですか。
	—— It's May 1.	—— 5月1日です。
50	**Who** lives in that house?	あの家にはだれが住んでいますか。
	—— Mr. Brown does.	—— ブラウン先生が住んでいます。
51	**Whose guitar** is this?	これはだれのギターですか。
	—— It's mine.	—— 私のです。

考える力。
それは「明日」に立ち向かう力。

あらゆるものが進化し、世界中で昨日まで予想もしなかったことが起こる今。
たとえ便利なインターネットを使っても、「明日」は検索できない。

チャート式は、君の「考える力」をのばしたい。
どんな明日がきても、この本で身につけた「考えぬく力」で、
身のまわりのどんな問題も君らしく解いて、夢に向かって前進してほしい。

チャート式が大切にする5つの言葉とともに、
いっしょに「新しい冒険」をはじめよう。

1　地図を広げて、ゴールを定めよう。

1年後、どんな目標を達成したいだろう？
10年後、どんな大人になっていたいだろう？
ゴールが決まると、たどり着くまでに必要な力や道のりが見えてくるはず。
大きな地図を広げて、チャート式と出発しよう。
これからはじまる冒険の先には、たくさんのチャンスが待っている。

2　好奇心の船に乗ろう。「知りたい」は強い。

君を本当に強くするのは、覚えた公式や単語の数よりも、
「知りたい」「わかりたい」というその姿勢のはず。
最初から、100点を目指さなくていい。
まわりみたいに、上手に解けなくていい。
その前向きな心が、君をどんどん成長させてくれる。

3 味方がいると、見方が変わる。

どんなに強いライバルが現れても、
信頼できる仲間がいれば、自然と自信がわいてくる。
勉強もきっと同じ。
この本で学んだ時間が増えるほど、
どんなに難しい問題だって、見方が変わってくるはず。
チャート式は、挑戦する君の味方になる。

4 越えた波の数だけ、強くなれる。

昨日解けた問題も、今日は解けないかもしれない。
今日できないことも、明日にはできるようになるかもしれない。
失敗をこわがらずに挑戦して、くり返し考え、くり返し見直してほしい。
たとえゴールまで時間がかかっても、
人一倍考えることが「本当の力」になるから。
越えた波の数だけ、君は強くなれる。

5 一歩ずつでいい。
でも、毎日進み続けよう。

がんばりすぎたと思ったら、立ち止まって深呼吸しよう。
わからないと思ったら、進んできた道をふり返ってみよう。
大切なのは、どんな課題にぶつかってもあきらめずに、
コツコツ、少しずつ、前に進むこと。

チャート式はどんなときも
ゴールに向かって走る君の背中を押し続ける

本書の特色と使い方

ぼく，数犬チャ太郎。
いっしょに勉強しよう！

デジタルコンテンツを活用しよう！

解説動画

- つまずきやすい文法項目については，解説動画にQRコードからアクセスできます。※1，※2
- 理解が不安なときは動画を確認してから解説を読みましょう。※3

講義・動画制作
ベリタス・アカデミー

命令文「〜しなさい」
■主語はつけずに動詞の原形で始め
● Tell me the truth.
　　本当のことを言いなさい。
■be動詞の命令文は Be〜 となる。
● Be kind to others.

発音練習（アプリ「発音マスター」）

- 「会話でチェック！」の会話中で，黄色い線が引いてある英文は，アプリ「発音マスター」を使って，英文の発音・流ちょうさのスコア（お手本音声との一致度）を確認できます。
- 使い方は↓にアクセスして見ることができます。

発音評価
05 Would you like to come to one of my ···
00:04
I am not a singer.
Rec　Play　お手本
Score

復習テスト

- 「要点のまとめ」にあるQRコードから，一問一答形式の復習テストにアクセスできます。学んだ文法項目の習得度をチェックできます。

第1章 am, are, isの文　1/10
私はタケシです。
1 (　　) Takeshi.
① am
② are
③ is
④ be
解答

各章の流れ

1 導入

- 各章で学ぶ項目を一覧できるので，予習・復習時に見たいページをすぐに開くことができます。

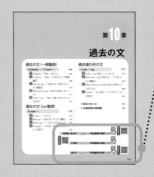

第10章
過去の文

解説動画
解説動画にQRコードからアクセスできます。

2

2 解説

- 本文では，学習内容をわかりやすい文章でていねいに解説しています。

- 側注では，本文をより深く理解するための補足的な内容を扱っています。

音声再生 ·······

🎧で示された英文の音声にアクセスできます。何度も聞いて，耳で覚えましょう。

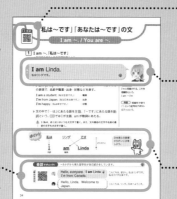

例文 ······

この単元で学習する文法項目が使われた英文です。巻頭・巻末のリストを利用して覚えると良いでしょう。

会話でチェック！ ·······

上で出てきた例文が会話の中で使われています。また，QRコードから，アプリ「発音マスター」にアクセスできます。

ポイント ·······

文法項目の重要部分をわかりやすく解説しています。

解説や側注で使われている主なアイコンや表記

⚠️ ：注意が必要な項目を取り上げています。

➕α（プラスアルファ）：文法項目の理解に役立つ発展的な項目を取り上げています。

（復習）：すでに学習した項目を取り上げています。

（発音）：発音に関する項目を取り上げています。

（会話表現）：会話表現に関する項目を取り上げています。

（参照）：本文に関連のある，参照してほしいページを載せています。

[　]：前の語と置き換えることができることを示しています。

例）He [She] is a student.
（彼は [彼女は] 生徒です。）

3 要点のまとめ

復習テスト QRコードから，復習テストにアクセスできます。

- 重要な文法項目の解説や用語を簡潔にまとめています。

4 定期試験対策問題

- 必ずおさえておきたい内容を出題しています。

入試対策編

入試対策問題

- 入試で出題された，思考力・判断力・表現力が試される問題を取り上げています。※4

解き方のポイントがわかる ·······

（解き方のヒント）で，問題を解く際に着目するところ，考え方の道すじなどを示しています。実力を試したいときは，ここを見ないで挑戦してみましょう。

チャート式シリーズ

中学英語 1年

もくじ

「音声・解説動画・復習テスト」コンテンツ一覧 ➡

PCからは https://cds.chart.co.jp/books/3sjj2n7hyb

「発音マスター」コンテンツ一覧 ➡

小学校英語の復習と
中学校英語への導入

中学校英語を学習するにあたって

● 「もっと使える英語」を学ぼう

　小学校で，英語を使ってコミュニケーションする楽しさを学んできた皆さんは，中学生になった今，「英語を使って世界のことをもっと知りたい，世界の人ともっと話したい！」と思っていることでしょう。

　中学校では，小学校の学習内容をふまえて，「もっと使える英語」を学んでいきます。そのために中学校英語では「文法」の学習が重要になります。文法とは言葉のルールのことです。

● 文法は「話す」「聞く」「読む」「書く」の基礎

　スポーツを思い浮かべてください。サッカーにも水泳にもルールがあります。最初は「見よう見まね」でよくても，本当にうまくなろうと思ったら，しっかりしたコーチについて，さまざまなルールやコツを身につけなくてはいけません。うまくなれば，楽しさもどんどん増してきます。

　英語もそれと同じ。英語がうまくなり，コミュニケーションを楽しむためには，文法を身につけることがとても大切になります。英語を「話す」「聞く」「読む」「書く」──すべてに欠かせないのが文法力なのです。本書は，そうした「使える文法」を基礎から学ぶための参考書です。

● 「わかる→覚える→使ってみる」がカギ

　文法は「身につける」もの。知識だけでは役に立ちません。泳ぎ方を本で読んでも泳げるようにならないのと同じです。文法を身につけるには「わかる→覚える→使ってみる」の3つのステップがカギになります。

わかる	覚える	使ってみる
丸暗記はダメ！「どうして？」を理解することが大切	何度もくりかえし練習して，体で覚えよう	とにかくたくさん読んで聞いて書いて話すこと

　では，どのように学習すれば，「使える文法」を身につけることができるのでしょうか。上の3つのステップに沿って具体的に見ていきましょう。

● 英語の効果的な学習法

わかる

　英語と日本語では文法がまったくちがうので，1つ1つのルールを確実に理解する必要があります。そのためには，いきなり丸暗記しようとせず，まずは本書の解説をしっかり読むことです。

　本書は，小学校で学んだ内容も含め，基礎からわかりやすく書かれています。例文の音声を聞き，自分でも言ってみてから，解説を読んでください。確認問題が解けたら，「わかる」ステップは完了です。

覚える

　文法のルールを身につけるためには，本書の例文を暗記・暗唱するのが最も効果的です。そのときに大切なのは，目・耳・口・手を使うこと。例文を目で見ながら音声を聞き，口で言いながらノートに書く。体を最大限に使って何度も繰り返すうちに，自然とルールが頭に入ってくるはずです。

使ってみる

　本書で文法のルールを理解して，覚えたら，それをどんどん使ってみてください。身近な人と英語で話してみる。日記やメールを英語で書いてみる。英語で書かれた本やインターネットの文章などを読んでみる。英語の歌を聞いたり歌ったりしてみる。英語の映画を見てみる……。皆さんの周りには生きた教材がたくさんあることでしょう。学校の勉強にとどまらず，英語を使って自分の世界を広げていってください。

● 辞書を使おう

　英語を学習する際には，辞書も積極的に使いましょう。辞書には，単語の意味だけでなく，「その単語がどのように使われるか」，つまり文法に関する情報もたくさん書かれています。めんどうがらずに辞書をこまめに引けば，英語の力は確実に伸びるはず。右のQRコードから「辞書を使おう」という解説動画が見られるので，ぜひ参考にしてください。

動画解説

　では，いよいよ次ページの「小学校英語の復習」から，本書の学習をスタートしましょう。

小学校英語の復習

❶ 「おはようございます」

A: Good morning, Kenta. How are you?
B: Good morning, Lisa. I'm fine, thank you.

A: おはようございます, ケンタ。お元気ですか。
B: おはようございます, リサ。元気です。ありがとう。

●時間帯によるあいさつ

Good morning. （おはよう。/ おはようございます。）

▶朝・午前中のあいさつ。

Good afternoon. （こんにちは。）

▶午後のあいさつ。

Good evening. （こんばんは。）

▶夕方・夜のあいさつ。

Hi. / Hello. （やあ, こんにちは。）

▶1日中いつでも使える, くだけたあいさつ。

●相手の様子をたずねる

How are you?

—— **I'm fine, thank you. And you?**

（元気ですか。—— 元気です, ありがとう。あなたはどう？）

▶How are you?は「あなた（の様子）はどうですか」という意味。

●別れるときのあいさつ

Goodbye. （さようなら。）

See you later. / See you tomorrow.

（またあとで。/ また明日。）

Good night. （おやすみなさい。）

▶夜, 別れるときのあいさつ。

時間帯によってあ
いさつが変わる
のは日本語といっ
しょだね。

参照　>> p.142

❷ 「はじめまして」

Nice to meet you.
I'm Emma. I'm from Canada.

はじめまして。
私はエマです。私はカナダの出身です。

●初めて会ったときのあいさつ

Nice to meet you.
—— **Nice to meet you, too.**

（はじめまして。—— こちらこそ, はじめまして。）

●自己紹介をする

I'm Suzuki Ichiro. （私はスズキイチロウです。）

My name is Tanaka Hana.

（私の名前はタナカハナです。）

　▶〈I'm＋自分の名前.〉または〈My name is＋自分の名前.〉。

I'm from Hokkaido. （私は北海道の出身です。）

　▶〈I'm from＋出身地.〉で「私は～の出身です」の意味になる。

●相手のことをたずねる

Are you from Kyoto?

—— Yes, I am.

（あなたは京都出身ですか。—— はい, そうです。）

　▶相手のことをたずねるときはAre you ～?とする。

Nice to meet
you.は「あなたと
知り合えてうれし
い」という意味だ
よ。

I'm = I am

参照 ≫p.34

参照 ≫p.36

言ってみよう！ □にあなた自身のことをあてはめて自己紹介してみましょう。

My name is ▭ .　　（私の名前は ▭ です。）
I'm from ▭ .　　（私は ▭ の出身です。）

音声

❸ 「だれですか」

A: **Who is** that boy?

B: That is John. He is my classmate.

A: あの男の子はだれですか。

B: あれはジョンです。彼は私のクラスメイトです。

● 「だれですか」とたずねる

Who is that woman?

── That's my mother.

（あの女性はだれですか。── あれは私の母です。）

参照 》p.42

▶「～はだれですか」は，Who is ～? で表す。

who「だれ」

▶That の代わりに，男性なら He，女性なら She を使って答えてもよい。

● 「何ですか」とたずねる

「あなたの名前は
何ですか」は
What is your
name? だね。

What is this fruit?

── **It's** a kiwi fruit.

（この果物は何ですか。

参照 》p.39

It's = It is

── それはキウイです。）

▶「～は何ですか」は，What is ～? で表す。

what「何」

▶答えるときは，It is を使う。

言ってみよう！ ▨の語句を☐にあてはめて答えの文を言ってみましょう。

Who is this girl?　　　　　　（この女の子はだれですか。）

── That is ☐.　　　　（あれは ☐ です。）

Helen（ヘレン）　my sister（私の妹）　a new student（新入生）

What is this?　　　　　　　（これは何ですか。）

── It's ☐　　　　　　（それは ☐ です。）

a fish（魚）　my cap（私のぼうし）　a present for you（あなたへのプレゼント）

❹ 「何をしますか」

A: **What do you have** for breakfast?
B: **I have** toast and fruit.

   A: あなたは朝食に何を食べますか。
   B: 私はトーストと果物を食べます。

●「何を〜しますか」とたずねる
What do you watch on TV?
　—— **I watch** soccer games.
（あなたはテレビで何を見ますか。—— サッカーの試合を見ます。）
　▶「何を食べますか / 見ますか」とたずねるには，What do youのあとに
　　have（食べる），watch（見る）を続ける。
　▶答えるときは，I have / I watchのあとに「食べるもの」「見るもの」を続
　　ける。
●「何をしますか」とたずねる
What do you do on Sundays?
　—— **I practice** the piano.
（あなたは日曜日に何をしますか。—— ピアノを練習します。）
　▶「何をしますか」はWhat do you do?で表す。
　▶答えるときは，Iのあとに「すること」を続ける。

参照 ≫p.55

do youは，たず
ねる文のしるしだ
よ。

参照 ≫p.127

言ってみよう! ▨の語句を▭にあてはめて答えの文を言ってみましょう。

What do you do on New Year's Day?　　　（あなたは元日に何をしますか。）
　—— I ▭▭▭▭ .　　　　　　　　　（私は ▭▭▭▭ ます。）
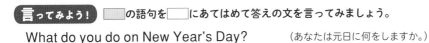
eat rice cakes（おもちを食べる）　　play *karuta*（かるたをする）
say "Happy New Year"（「新年おめでとう」と言う）

13

音声

❺ 「どこですか」

A: **Where is** your desk?
B: **It's** by the window.

A: あなたの机はどこにありますか。
B: 窓のそばにあります。

● 「どこにありますか」とたずねる
Where is the TV remote?
── **It's** on that table.
（テレビのリモコンはどこですか。── あのテーブルの上です。）
▶「～はどこにありますか」は，Where is ～?で表す。
▶答えるときは，It'sのあとに「場所」を続ける。

● 「どこに / どこで～しますか」とたずねる
Where do you live?
── **I live** in Chiba City.
（あなたはどこに住んでいますか。── 千葉市に住んでいます。）
▶「どこに住んでいますか」はWhere do you live?で表す。
▶答えるときは，〈I live ＋場所.〉とする。
Where do you play soccer?
── **I play** it in the park.
（あなたはどこでサッカーをしますか。── 公園でします。）

参照 >> p.138

場所の表現は，in
（～に），by(～の
そばに），on(～
の上に)などがあ
るよ。

参照 >> p.56

言ってみよう！ ■■の語句を□にあてはめて質問と答えの文を言ってみましょう。

Where do you eat lunch? （あなたはどこで昼食を食べますか。）
── I eat it ［　　　　　　　］. （私は ［　　　　　　　］ 昼食を食べます。）

in the kitchen（台所で）　in my classroom（教室で）
under that tree（あの木の下で）　on the bench（ベンチで）

❻ 「いつですか」

A: **When is** your birthday?
B: **It's** April 10th.

A: あなたの誕生日はいつですか。
B: 4月10日です。

● 「いつ」とたずねる
When do you play tennis?
── **I play** it on Saturdays.
（あなたはいつテニスをしますか。── 土曜日にします。）
▶「いつ」とたずねるには when を使う。

● 「何時」とたずねる
What time is it? ── **It's** five thirty.
（何時ですか。── 5時30分です。）
What time do you get up?
── **I get up** at seven.
（あなたは何時に起きますか。── 私は7時に起きます。）
▶「何時」とたずねるには what time を使う。

● 「何曜日」とたずねる
What day is it? ── **It's** Monday.
（何曜日ですか。── 月曜日です。）
▶「何曜日」とたずねるには what day を使う。

参照 》p.56

参照 日付の言い方 》p.132

参照 》p.129

参照 時刻の言い方 》p.132

参照 》p.131

言ってみよう！ ▨の語句を▢にあてはめて質問と答えの文を言ってみましょう。

What time do you ▢▢▢▢？　（あなたは何時に ▢▢▢▢ ますか。）
── I ▢▢▢▢ at eight.　（私は8時に ▢▢▢▢ ます。）

have dinner(夕食を食べる)　take a bath(入浴する)　go to bed(寝る)

15

音声

❼ 「どうですか」

A: **How is** your new school?
B: **It's** great.

A: あなたの新しい学校はどうですか。
B: すばらしいです。

● 「どう，どのように」とたずねる
How do you spell your name?
── K-E-N. Ken.
(あなたの名前はどのようにつづりますか。── K-E-N。ケンです。)
  ▶「どう」(様子)，「どのように」(やり方)はhowでたずねる。
● 「どれくらい～」とたずねる
How old are you? ── **I'm** thirteen.
(あなたは何歳ですか。── 13歳です。)
How much is this tomato? ── **It's** 200 yen.
(このトマトはいくらですか。── 200円です。)
  ▶ how oldは「何歳」，how muchは「いくら(金額)」の意味。
● 「なぜ」とたずねる
Why do you like Tom? ── He is kind.
(あなたはなぜトムが好きなのですか。── 彼はやさしいからです。)

参照 >> p.141

How are you?
のhowだね。

参照 >> p.144

参照 >> p.140

言ってみよう！ 答えの文に合うように， の語句を にあてはめて言ってみましょう。

How's [　　　　　　]? ── It's cloudy.
([　　　　　　]はどうですか。── くもりです。)
How's [　　　　　　]? ── I'm fine now.
([　　　　　　]はどうですか。── 私はもう元気です。)
　the weather in Osaka(大阪の天気)　your cold(かぜの具合)

16

❽ 「～しましょう」

A: **Let's** go to the zoo.
B: **Yes, let's.**

A: 動物園へ行きましょう。
B: はい，そうしましょう。

● 「～しましょう」と相手を誘う

Let's have lunch.

—— **OK.** I'm hungry.

(昼食を食べましょう。—— いいですよ。私はおなかがすいています。)

▶「(いっしょに)～しましょう」は，〈Let's ＋したいこと.〉で表す。

▶答えるときは，Yes, let's. / OK. / No, let's not. などを使う。

● 「～しなさい，～してください」と相手に伝える

Look at the blackboard. (黒板を見なさい。)

Go straight and **turn** right at the first corner.

(まっすぐ行って，最初の角で右に曲がってください。)

▶文の最初にIやyouをつけず，「してほしいこと」を伝える。

Don't run here. (ここでは走ってはいけません。)

▶「～してはいけません」と伝えるときはDon'tで文を始める。

参照 ≫p.82

参照 ≫p.78

please(どうぞ)
をつけることもあ
るね。

言ってみよう！ ▨の語句を▭にあてはめて文を言ってみましょう。

Let's ▭ together. （いっしょに▭ましょう。）

—— Yes, let's. （はい，そうしましょう。）

play a game(ゲームをする)　　swim(泳ぐ)　　study English(英語を勉強する)

Go ▭. （▭行ってください。）

straight for two blocks(まっすぐ2ブロック)　　to the station(駅へ)

17

❾ 「～したいです」

A: **What** do you **want** to be?
B: I **want** to be a singer.

A: あなたは何になりたいですか。
B: 歌手になりたいです。

●「～がほしい」と伝える

Do you **want** sugar? —— Yes, please.

（あなたは砂糖がほしいですか。—— はい，お願いします。）

　▶「～がほしい」は〈want＋ほしいもの〉で表す。

What would you **like**? （あなたは何がほしいですか。）

—— **I'd like** pizza. （ピザがほしいです。）

　▶would like はwant よりていねいな言い方。

●「～したい」と伝える

What do you **want to** study?

—— I **want to** study English.

（あなたは何を勉強したいですか。—— 英語を勉強したいです。）

　▶「～したい」は〈want to ＋したいこと〉で表す。

Where do you **want to** go?

—— I **want to go** to an aquarium.

（あなたはどこに行きたいですか。—— 水族館に行きたいです。）

参照 》》p.52

I'd like
= I would like

参照 》》p.231

言ってみよう！ ▨の語句を▭にあてはめて答えの文を言ってみましょう。

What do you want to do? 　　　（あなたは何がしたいですか。）

—— I want to [＿＿＿＿＿＿＿]. 　（私は[＿＿＿＿＿＿＿]たいです。）

make cookies（クッキーを作る）　play baseball（野球をする）

⑩ 「～が好きです」

A: **What** sports do you **like**?
B: I **like** tennis.

A: あなたはどんなスポーツが好きですか。
B: テニスが好きです。

●「～が好きだ」と伝える

I **like** this town.（私はこの町が好きです。）

Do you **like** dogs? —— No, I don't.

（あなたはイヌが好きですか。—— いいえ，好きではありません。）

▶「～が好きだ」は〈like ＋好きなもの〉で表す。

I **like** walk**ing** in the park.

（私は公園を歩くのが好きです。）

▶「～するのが好きだ」は〈like ＋～ing〉で表す。

●「～が楽しい」と伝える

Do you **enjoy** school life? —— Yes, I do.

（あなたは学校生活が楽しいですか。—— はい，楽しいです。）

▶「～が楽しい，～を楽しむ」は〈enjoy ＋楽しいこと〉で表す。

I **enjoy** talk**ing** with Mika.

（私はミカと話すのが楽しいです。）

▶「～するのが楽しい」は〈enjoy ＋～ing〉で表す。

参照 ≫ p.52

参照 ≫ p.232

walk（歩く）に
ingがつくんだ
ね。

言ってみよう! ▓▓の語句を▢▢にあてはめて質問の文を言ってみましょう。

Do you enjoy ▭▭▭▭▭?　　　（あなたは ▭▭▭▭▭ のが楽しいですか。）

—— Yes, I do.　　　　　　　（はい，楽しいです。）

swimming（泳ぐ）　　shopping（買い物する）　　speaking English（英語を話す）

⑪ 「～できます」

A: Can you play the piano?

B: Yes, **I can**.

A: あなたはピアノを弾くことができますか。

B: はい，できます。

●「～することができる」と伝える

He can speak English.

（彼は英語を話すことができます。）

▶「～することができる」はcanで表す。

Can you swim fast?

── No, **I can't**. **I can't** swim.

（あなたは速く泳ぐことができますか。

── いいえ，できません。私は泳ぐことができません。）

▶「あなたは～できますか」はCan you ～？で表す。「私は～できません」は

I can't ～. で表す。

●「～が得意だ」と伝える

I **am good at** music. （私は音楽が得意です。）

▶「私は～が得意だ」は〈I am good at＋得意なこと.〉で表す。

I **am good at** runn**ing**. （私は走るのが得意です。）

▶「私は～するのが得意だ」は〈I am good at＋～ing.〉で表す。

（ 参照 ）≫p.66

can'tはcanと
notをくっつけて
短くした形だよ。

（ 参照 ）≫p.232

言ってみよう！ ▨▨の語句を▭にあてはめて質問の文を言ってみましょう。

Can you ▭ ？　　（あなたは ▭ ことができますか。）

── Yes, I can.　　（はい，できます。）

sing this song（この歌を歌う）　ski（スキーをする）　ride a bike（自転車に乗る）

⑫ 「〜しました」

I went to Lake Hamana.
It was big and beautiful.

私は浜名湖へ行きました。
それは大きくてきれいでした。

●「〜した」と伝える

参照 ≫p.168

We went to the mountains. (私たちは山へ行きました。)

  ▶「〜へ行った」はwent to 〜で表す。

I **saw** a big bird. (私は大きな鳥を見ました。)

I **ate** sushi last night. (私は昨夜, すしを食べました。)

参照 ≫p.173
参照 ≫p.171

  ▶「見た」はsaw, 「食べた」はateで表す。

It **was** fun. (それは楽しかったです。)

「食べる」はeat,
「食べた」はate
になるんだね。

  ▶「それは〜だった」はIt was 〜.で表す。

●「何を〜したか」とたずねる

What did you eat? —— I **ate** a hot dog.

(あなたは何を食べましたか。 —— ホットドッグを食べました。)

  ▶「あなたは何を〜しましたか」とたずねるにはWhat did you 〜?とする。

What did you do last night? —— I **saw** a movie.

(昨夜, あなたは何をしましたか。 —— 映画を見ました。)

言ってみよう！ ▨の語句を▭にあてはめて答えの文を言ってみましょう。

What did you do yesterday? （あなたは昨日, 何をしましたか。）

—— I ▭. It was fun. （私は昨日, ▭。楽しかったです。）

played soccer(サッカーをした)　　went to Tokyo(東京に行った)

enjoyed talking with my friends(友達と話して楽しんだ)

中学校英語への導入

❶ アルファベットの読み方・書き方

●アルファベットの読み方 🎧

英語で使われる文字をアルファベット（alphabet）といいます。全部で26種類あり，それぞれに大文字と小文字があります。

大文字	小文字	読み方	大文字	小文字	読み方	大文字	小文字	読み方
A	a	[ei エィ]	B	b	[bi: ピー]	C	c	[si: スィー]
D	d	[di: ディー]	E	e	[i: イー]	F	f	[ef エフ]
G	g	[dʒi: ヂー]	H	h	[eitʃ エイチ]	I	i	[ai アイ]
J	j	[dʒei ヂェイ]	K	k	[kei ケイ]	L	l	[el エル]
M	m	[em エム]	N	n	[en エン]	O	o	[ou オウ]
P	p	[pi: ピー]	Q	q	[kju: キュー]	R	r	[ɑ:r アー]
S	s	[es エス]	T	t	[ti: ティー]	U	u	[ju: ユー]
V	v	[vi: ヴィー]	W	w	[dʌblju: ダブリュー]	X	x	[eks エクス]
Y	y	[wai ワイ]	Z	z	[zi: ズィー, zed ゼド]			

⚠️ ・発音するときはカタカナの赤字のところを強く読みます。

[ ] の中の記号（[ei] [bi:] など）は発音を表します（≫ p.26）。

・L, M, S などは最後に [ウ] の音が入らないように気をつけましょう。

L, l ×エルゥ ○エル

M, m ×エムゥ ○エム

S, s ×エスゥ ○エス

音声を聞きながら練習しよう。

●アルファベットの書き方

アルファベットを書くときに使う字体にはブロック［活字］体と筆記体があります。

［ブロック［活字］体］

印刷用の活字体を書きやすくした字体。

⚠ ・4本線の下から2番目の線を基準にして，位置に気をつけながら書きましょう。

・番号は書き順を表します。ただし，日本語の漢字のような決まった書き順はないので，下の書き順は代表的な例と考えてください。

[筆記体]

ブロック体をくずして，続けて書けるようにした字体。

⚠ ・4本線の下から2番目の線を基準にして，位置に気をつけながら書きましょう。
・筆記体は学校で習わない場合があります。

小文字の g, p, q
など似ている文字
に気をつけよう。

❷ 英語の書き方

●英単語の書き方

文字と文字の間をバランスよくあけるように気をつけましょう。

よい例 ○ **bag**　つまりすぎ × **bag**　あきすぎ × **b a g**

●英文の書き方

基本的なルールに従って，ていねいに書きましょう。

大文字と小文字
をしっかり区別
しよう。

文の最初は
大文字

文と文の間は
少しあける

Hi.　I am Tanaka Yuko.

（こんにちは。）

（私はタナカ・ユウコです。）

「私は」の意味の I は
いつも大文字

人名や地名の最初はい
つも大文字

文の終わりには
ピリオドをつける

Are you from Osaka?

（あなたは大阪出身ですか。）

単語と単語の間は小文字
1字分くらいあける

疑問文の終わりには
クエスチョンマークをつける

No, I'm not.　I'm from Kyoto.

（いいえ，ちがいます。）

（私は京都出身です。）

文の途中の区切りにはコンマをつけ，
あとは小文字1字分くらいあける

短縮形で文字を省略した部分
などにアポストロフィを使う

Good!　I say, "Hello."

（いいですね。）

（私は「こんにちは」と
言います。）

強い感情を表す文には感嘆符
（エクスクラメーションマーク）
をつける

人の発言などには引用符（クォー
テーションマーク）をつける（日
本語の「 」にあたる）

❸英語の発音

●文字と発音 🎧

　日本語では「あ」や「カ」の発音は決まっていますが，英語では１つの文字にいくつかの発音があったり，異なる文字が同じ発音になったりします。

　　　cat [kæt **キャット**](ネコ) ── lake [leik **レイク**](湖)　⇒aの発音が異なる
　　　sun [sʌn **サン**](太陽) ── love [lʌv **ラヴ**](愛)　　　⇒uとoが同じ発音

　英語の単語の発音(読み方)は「発音記号」で示すことができます。辞書でも使われるものなので，音声を聞きながら，それぞれの記号が表す音を確かめてみましょう。

●母音 🎧

　日本語の「アイウエオ」に近い音を母音（ぼいん）といいます。英語の母音には，短母音・長母音・二重母音という３つのグループがあります。

[短母音]（短く発音する母音）

発音記号	発音のしかた	単語の例
[æ]	「エ」の口をして「ア」と発音する。	cat (ネコ) apple (リンゴ)
[ɑ]	口を大きく開いて「ア」と発音する。	soccer (サッカー) comic (コミック)
[ə]	口をあまり開けず，軽く「ア」と発音する。 「ウ」「オ」にも聞こえるあいまいな音。	America (アメリカ) album (アルバム)
[ʌ]	日本語の「ア」に近い音。	sun (太陽) love (愛)
[i]	「イ」と「エ」の中間の音。	river (川) picture (絵)
[u]	日本語の「ウ」よりくちびるをやや丸めて発音する。	book (本) good (よい)
[e]	日本語の「エ」よりも少し口を開けて発音する。	tennis (テニス) head (頭)

[**長母音**]（長く発音する母音）

発音記号	発音のしかた	単語の例
[ɑ:]	口を大きく開けて「アー」と発音する。	father (父) palm (てのひら)
[i:]	くちびるを左右に強く引っ張って「イー」と発音する。	tree (木) teacher (先生)
[u:]	日本語の「ウー」よりもくちびるを丸め，つき出して発音する。	school (学校) two (2)
[ɔ:]	くちびるを丸めて，口の奥から「オー」と発音する。	small (小さい) August (8月)
[ɑ:r]	[ɑ:]の発音に続けて，ゆっくりと舌先を丸める。	car (車) park (公園)
[ə:r]	[ə:]を発音するとき舌先を丸めながら長く発音する。	girl (女の子) bird (鳥)

[**二重母音**]（2つの母音を続けて発音するもの）

発音記号	発音のしかた	単語の例
[ai]	「アイ」と発音する。「ア」を強く読む。	bike (自転車) fly (飛ぶ)
[au]	「アウ」と発音する。「ア」を強く読む。	house (家) town (町)
[ei]	「エイ」と発音する。「エ」を強く読む。	train (電車) lake (湖)
[ɔi]	「オイ」と発音する。「オ」を強く読む。	boy (男の子) coin (コイン)
[ou]	「オウ」と発音する。「オ」を強く読む。	phone (電話) snow (雪)
[iər]	「イア」の発音に続けて舌先を丸める。「イ」を強く読む。	ear (耳) near (〜の近くに)
[eər]	「エア」の発音に続けて舌先を丸める。「エ」を強く読む。	hair (髪の毛) bear (クマ)
[uər]	「ウア」の発音に続けて舌先を丸める。「ウ」を強く読む。	sure (確かな) poor (貧しい)

●子音 🎧

母音以外の音を子音といいます。子音は，舌・歯・くちびるなどを使って出す音で，日本語にない音も多いので，音声を聞いて練習しましょう。

発音記号	発音のしかた	単語の例
[k]	のどの奥から「ク」に近い音を出す。	<u>k</u>ey (カギ) <u>c</u>ook (料理する)
[g]	のどの奥から「グ」に近い音を出す。	<u>g</u>ood (よい) bi<u>g</u> (大きい)
[t]	日本語の「ト」「トゥ」に近い音で，息を強めにはき出す。	<u>t</u>able (テーブル) ha<u>t</u> (帽子)
[d]	日本語の「ド」「ドゥ」に近い音で，息を強めにはき出す。	<u>d</u>esk (机) frien<u>d</u> (友達)
[s]	舌先を上の前歯の裏に近づけ，そのすき間から「ス」と息を出す。	<u>s</u>ing (歌う) bu<u>s</u> (バス)
[z]	舌先を上の前歯の裏に近づけ，そのすき間から「ズ」と声を出す。	<u>z</u>oo (動物園) mu<u>s</u>ic (音楽)
[ʃ]	「静かにしなさい」というときの「シー」のように「シ」と息を出す。	<u>f</u>i<u>sh</u> (魚) <u>sh</u>op (店)
[ʒ]	上の「シ」で息を出す代わりに「ジ」と声を出す。	televi<u>s</u>ion (テレビ) u<u>s</u>ually (ふつう)
[ts]	舌先を上の歯ぐきにつけて，「ツ」と息を出す。	spor<u>ts</u> (スポーツ) ha<u>ts</u> (帽子)
[dz]	舌先を上の歯ぐきにつけて，「ヅ」と声を出す。	frien<u>ds</u> (友達) be<u>ds</u> (ベッド)
[tʃ]	くちびるをつき出し，息を強く出しながら「チ」と発音する。	<u>ch</u>air (いす) Mar<u>ch</u> (3月)
[dʒ]	くちびるをつき出し，声を強く出しながら「ヂ」と発音する。	<u>J</u>apan (日本) bri<u>dg</u>e (橋)

[θ]	舌先を上の歯先に軽くあてて，そのすき間から息を出す。	three (3)
		mouth (口)
[ð]	舌先を上の歯先に軽くあてて，そのすき間から声を出す。	this (これ)
		mother (母)
[p]	くちびるを閉じてから息をはじき出すように，「プ」と発音する。	pen (ペン)
		cup (カップ)
[b]	くちびるを閉じてから息をはじき出すように，「ブ」と発音する。	bag (袋)
		club (クラブ)
[f]	下くちびるを上の歯で軽くかむようにして，「フ」と息を出す。	four (4)
		wife (妻)
[v]	下くちびるを上の歯で軽くかむようにして，「ヴ」と声を出す。	video (ビデオ)
		five (5)
[h]	のどの奥から息を出して「フ」「ホ」と発音する。	home (家)
		hand (手)
[m]	くちびるを閉じて，「ム」と声を鼻から出す。	moon (月)
		come (来る)
[n]	舌先を上の歯ぐきにつけて，「ヌ」と声を鼻から出す。	name (名前)
		sun (太陽)
[ŋ]	舌のつけねをのどの上側につけて，「ング」と鼻声で発音する。	song (歌)
		king (王)
[l]	舌先を上の歯ぐきにしっかりとつけたまま「ル」と声を出す。	live (住む)
		ball (ボール)
[r]	舌先を上あごにふれないように，少しうしろにそらせて「ル」と発音する。	room (部屋)
		green (緑)
[j]	日本語の「ヤ」「ユ」「ヨ」と同様に発音する。	yes (はい)
		you (あなた)
[w]	口をつき出し，くちびるを丸めて「ウ」と発音する。	wall (壁)
		switch (スイッチ)

⚠ 子音には有声音と無声音があります。有声音は，のどに手を当てて発音したとき，ふるえる音で，母音や[n] [m] [b] [z] [g] [v]などの子音が含まれます。無声音は，のどに手を当てて発音したとき，ふるえない音で，[p] [s] [k] [f]などの子音が含まれます。表では，同じ口の形で発音する無声音・有声音のペアの間を-----で区切って示しました（上が無声音で，下が有声音）。

辞書を引くときなど，発音記号に少しずつ慣れていこう。

❹ 英文の読み方

英文を英語らしく読んだり話したりするためには，いくつかの注意点があります。理屈で覚えるよりも，音声をたくさん聞き，自分で何度も言ってみて身につけることが大切です。

●単語のアクセント 🎧

英語の単語を読むときは，強弱をつけて読みます。強く読むところにアクセントがあるといいます。アクセントはいつも母音にあり，母音が2つ以上ある語では，どれを一番強く読むかが単語ごとに決まっています。

pen (ペン)
guitar (ギター)

English (英語)
America (アメリカ)

> 英単語は，発音とアクセントを必ずセットで覚えよう。

⚠ 発音記号では「´」という記号でアクセントのある部分を示します。
English [íŋgliʃ]　guitar [gitá:r]　computer [kəmpjú:tər]

●文のリズム 🎧

英語の文を読むときも，強弱が重要になります。文の中で伝えたいことを表す大切な語句を強く長めに，それ以外は軽く短めに発音して，英語らしいリズムを意識しましょう。

Nice to meet you. ⇒nice(うれしい)とmeet(会う)が大切
(はじめまして。)

I'm Emma.　I'm from Canada. ⇒名前と出身地が大切
(私はエマです。私はカナダの出身です。)

Who is that boy? ⇒「あれ」は「だれ」とたずねている
(あの男の子はだれですか。)

—— He is John. ⇒答えの文ではJohnが大切
(彼はジョンです。)

●イントネーション（抑揚）🎧

「私は中学生です」という日本語の文は最後を下げて言い，「あなたは中学生ですか」とたずねるときは最後を上げて言います。こうした声の調子の上げ下げをイントネーション（抑揚）といい，英語でも重要になります。

［下がり調子で言う］

She is my classmate.（↘）（彼女は私のクラスメイトです。）

I can't swim.（↘）（私は泳げません。）

［上がり調子で言う］

Are you from Kyoto?（↗）［たずねるとき］（あなたは京都の出身ですか。）

Let's go, Mike.（↗）［呼びかけるとき］（行こうよ，マイク。）

⚠ 英語ではwhat / who / whenなどの語でたずねるときは下がり調子で言います。日本語では上がり調子で言うので，ちがいに注意しましょう。

When is your birthday?（↘）（あなたの誕生日はいつですか。）

●音の変化 🎧

単語を1語1語区切って発音するのは，自然な英語ではありません。英語をなめらかに話すときは，となり合った単語どうしがつながって，音が変化する場合があります。

音がつながる

Nice to meet you.（はじめまして。）

［ミート ユー］ではなく［ミーチュ］のように発音する

音がつながる

My name is Hana.（私の名前はハナです。）

［ネイム イズ］ではなく［ネイミズ］のように発音する

音がつながる

Stand up.（立ってください。）

［スタンド アップ］ではなく［スタンダップ］のように発音する

× 音が消える

Good morning.（おはようございます。）

［グッド モーニング］ではなく［グッモーニング］のように発音する

× 音が消える

Sit down.（座ってください。）

［スィット ダウン］ではなく［スィッダウン］のように発音する

音声をよく聞いて
みよう。

31

❺ 英語の品詞

　英語の単語を，文の中での意味や働きによってグループ分けしたものを品詞といい，次の10種類があります。ここで覚える必要はありませんが，「英単語は品詞でグループ分けされる」ということを知っておきましょう。

品詞名	意味・働き
名詞	人やものの名前を表す語。 例 boy (男の子)，bird (鳥)，milk (牛乳)，music (音楽) など
代名詞	名詞の代わりに使う語。 例 I (私)，she (彼女)，your (あなたの)，this (これ) など
動詞	「する」「ある」などの動作や状態を表す語。 例 go (行く)，have (持っている)，is (～である) など
形容詞	人やものの性質や状態などを表す語。 例 kind (親切な)，sunny (晴れた)，big (大きい) など
副詞	動詞・形容詞などについて説明(修飾)する語。 例 well (じょうずに)，often (よく)，very (とても) など
助動詞	動詞の前に置いてさまざまな意味を補う語。 例 can (～できる)，must (～しなければならない) など
冠詞	名詞の前に置いて「1つの」「その」などの意味を表す語。 例 a / an (1つの)，the (その)
前置詞	名詞や代名詞の前に置いて「時」「場所」などの意味を表す語。 例 in (～の中に)，under (～の下に)，about (～について) など
接続詞	語句と語句，文と文を結びつける働きをする語。 例 and (～と…)，but (～しかし…)，when (～するとき) など
間投詞	呼びかけや，さまざまな感情を表す語。 例 hello (こんにちは)，goodbye (さようなら)，oh (おお) など

⚠ 英語の単語には，2つ以上の品詞で使われるものが多くあります。

American	→ 名詞「アメリカ人」/ 形容詞「アメリカの」
walk	→ 名詞「散歩」/ 動詞「歩く」
hard	→ 形容詞「かたい」/ 副詞「熱心に」

am, are, is の文

「私は〜です」「あなたは〜です」の文

I am 〜. / You are 〜.

1 I am 〜. 「私は〜です」
● 自己紹介するときの表現を覚えよう。

> ### I am Linda.
> 私はリンダです。

▶ I am [I'm] 〜.は，「私は〜です」と自分について言うときの表現で，名前や職業・出身・状態などを表す。

I am a student. (私は生徒です。) …職業
I'm from Japan. (私は日本出身です。) …出身
I'm happy. (私は幸せです。) …状態

（短縮形） I am はよく I'm と短縮される。これを**短縮形**という。
I am → I'm

（用語） 短縮形で使う〈'〉という記号を**アポストロフィ**という。

▶ 文の中で「…は」にあたる語を**主語**，「〜です」にあたる語を**動詞**という。例文では I が主語，am が動詞にあたる。

⚠ I（私は，ぼくは）はいつも大文字で書く。また，文の最初の文字や名前の最初の文字も大文字で書く。

ポイント

私は	リンダ	です	
↓			° ピリオドに
I	**am**	**Linda**	↓
主語	動詞		!

日本語との語順のちがいに注意しよう。

 会話 でチェック！ →カナダから来た留学生が自己紹介をしています。

発音練習

Hello, everyone. **I am** Linda. I'm from Canada.

こんにちは，皆さん。私はリンダです。私はカナダ出身です。

Hello, Linda. Welcome to Japan.

こんにちは，リンダ。日本へようこそ。

解答➡p.242

確認問題 ①

日本文に合うように，（　）に適する語を入れよう。

1. ぼくはタナカ・ヒロシです。

   I (　　　　　　　) Tanaka Hiroshi.

2. 私は教師です。

   (　　　　　　　) (　　　　　　　) a teacher.

3. 私は長野出身です。

   (　　　　　　　) (　　　　　　　) Nagano.

2 You are 〜.「あなたは〜です」

● 相手について言う表現を覚えよう。

例文

You are a great pianist.

あなたはすばらしいピアニストです。

▶ You are [You're] 〜.は，「あなたは〜です」と相手について言うときの表現。You が主語，are が動詞にあたる。

You are in Class 1B. (あなたは1年B組です。)
You're kind. (あなたは親切ですね。)

短縮形

you are → you're

主語がIのときには動詞はam，主語がyouのときにはareを使う。

会話でチェック！ →友達と話しています。

Let's play the piano together.　いっしょにピアノを弾こう。

OK.　いいよ。

Oh, **you are** a great pianist. 　ああ，あなたはすばらしいピアニストだね[ピアノがとてもうまいね]。

発音練習

確認問題 ②

解答➡p.242

日本文に合うように，（　）に適する語を入れよう。

1. あなたはよい生徒です。

   (　　　　　　　) (　　　　　　　) a good student.

2. あなたは幸運です。

   (　　　　　　　) lucky.

Are you 〜?「あなたは〜ですか」

●相手のことをたずねる表現と，答え方を覚えよう。

> 例文
> # Are you from America?
> ## —— Yes, I am. / No, I am not.
> あなたはアメリカ出身ですか。 —— はい，そうです。 / いいえ，ちがいます。

▶ You are 〜. の文を，「あなたは〜ですか」とたずねる文にするときは，動詞areを主語youの前に出して Are you 〜? とする。このような文を疑問文という。

×Yes, I'm.と
Yesのときは短縮
形にはしないよ。

▶ 疑問文の終わりにはクエスチョンマーク（？）をつける。

▶ Are you 〜? には，「はい」なら Yes, I am.. 「いいえ」なら No, I am [I'm] not. と答える。

ポイント

| ふつうの文 | **You are from America .** （あなたはアメリカ出身です。） |

主語の前に　　　　　　　　　　クエスチョンマークに

| 疑問文 | **Are you from America?** |

| 答えの文 | **Yes, I am. / No, I am not.** |

会話でチェック! →留学生のリンダと話しています。

発音練習

> Hello, I'm Kenji. — こんにちは，ぼくはケンジです。
>
> Hello, Kenji. I'm Linda. — こんにちは，ケンジ。私はリンダです。
>
> **Are you** from America? — あなたはアメリカ出身ですか。
>
> **No, I'm not.** I'm from Canada. — いいえ，ちがいます。カナダ出身です。

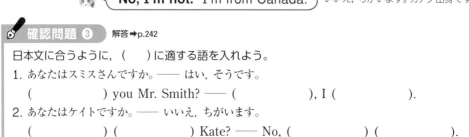

確認問題 ❸ 解答➡p.242

日本文に合うように，（　）に適する語を入れよう。

1. あなたはスミスさんですか。—— はい，そうです。

　（　　　　　　　　　） you Mr. Smith? —— （　　　　　　　　　）, I （　　　　　　　　　）.

2. あなたはケイトですか。—— いいえ，ちがいます。

　（　　　　　　　） （　　　　　　　　　） Kate? —— No, （　　　　　　　） （　　　　　　　　　）.

「これは〜です」「あれは〜です」の文

This is 〜. / That is 〜.

音声

4 **This is 〜. / That is 〜.**「これは〜です」「あれは〜です」
● ものや人を指して説明する表現を覚えよう。

> 例文
> ## This is my school.
> これは私の学校です。

▶ This is 〜. は，「これは〜です」と近くのものや人を指して
言うときの表現。「こちらは［この人は］〜です」と人を紹介
するときにも使える。

　This is my father. (こちらは私の父です。)

▶ That is 〜. は，「あれは〜です」と遠くのものや人を指して
言うときの表現。

　That is a supermarket. (あれはスーパーマーケットです。)

> This, Thatが主語で, is
> が動詞。
> 「〜の」を表す語：
> my (私の)
> your (あなた (たち) の)
> our (私たちの)
> 詳しくは ≫p.118
>
> 短縮形
> that is → that's
> ※this isの短縮形はない。

会話でチェック! → 知らない生徒から話しかけられました。

Hi! Are you a student here?

こんにちは。あなたはここの生徒ですか。

Yes, I am. **This is** my school.
That is our teacher. Are you
a new student?

はい, そうです。これは私の学校です。あちらは私たちの先生です。あなたは新入生ですか。

Yes, I am.

はい, そうです。

発音練習

✎ 確認問題 ❹ 　解答➡p.242

日本文に合うように，(　　)に適する語を入れよう。

1. これは新しい自転車です。
　(　　　　　) (　　　　　　) a new bike.
2. あれはミカです。
　(　　　　　　) Mika.

5 | Is this 〜? / Is that 〜?「これは〜ですか」「あれは〜ですか」

● this / thatが主語の疑問文の作り方と，答え方を覚えよう。

> 例文
> ## Is that your ball?
> —— Yes, **it is**. / No, **it is not**.
> あれはあなたのボールですか。 —— はい，そうです。 / いいえ，ちがいます。

▶ This is 〜. / That is 〜.を疑問文にするときは，動詞isを主語this / thatの前に出してIs this 〜? / Is that 〜?とする。

▶ 答えるときはthis / thatの代わりにitを使う。「はい」ならYes, it is..「いいえ」ならNo, it is not.と答える。

（短縮形）No, it isn't. / No, it's not.と答えてもよい。

⚠ このitは，前に述べたものごとを「それは」と指し示す言葉だが，日本語には訳さなくてよい場合も多い。

ポイント

| ふつうの文 | **That is** your ball . (あれはあなたのボールです。) |

主語の前に　　　クエスチョンマークに

| 疑問文 | **Is that** 　　　your ball? |

| 答えの文 | Yes, **it is**. / No, **it is not**. |

→ itを使って答える

会話でチェック! → 友達はサッカー部のようです。

発音練習

Are you in the soccer club?	あなたはサッカー部に入っているの？
Yes, I am.	うん，そうだよ。
Is that your ball?	あれはあなたのボール？
Yes, **it is**. It's my ball.	うん，そう。私のボールだよ。

✏ **確認問題 ⑤** 解答➡p.242

次の英文を疑問文に書きかえて，答えの文も書こう。

1. This is your bag. (これはあなたのかばんです。)

→ (　　　　　) this your bag? —— Yes, (　　　　　) (　　　　　).

6 What is 〜?「〜は何ですか」

● 「〜は何ですか」とたずねる文の作り方と，答え方を覚えよう。

例文

What is this?
―― **It** is my guitar.

これは何ですか。―― それは私のギターです。

▶ 「何ですか」とたずねるときはwhatを文の最初に置き，その
あとに疑問文の形を続ける。

短縮形
what is → what's
it is → it's

▶ 答えるときはYes / Noではなく，It is [It's] 〜.（それは〜です。）
の形で，具体的なものごとを答える。

疑問文 **Is this your guitar?** （これはあなたのギターですか。）

whatを文頭に

whatの疑問文 **What** is this?

疑問文の語順

答えの文 **It** is my guitar.

itを使って答える

会話でチェック! →何か大きなものが置いてあります。

発音練習

What's this? これは何ですか。

It's my guitar. 私のギターです。

Are you a musician? あなたは音楽家ですか。

Yes, I am. I'm a singer. はい, そうです。私は歌手です。

確認問題 6 解答⇒p.242

日本文に合うように，（　）に適する語を入れよう。

1. これは何ですか。―― 私の帽子です。

（　　　　　） is （　　　　　）?

―― （　　　　　） （　　　　　） my cap.

2. あれは何ですか。―― 鳥です。

（　　　　　） that? ―― （　　　　　） a bird.

「彼は〜です」「彼女は〜です」の文

He is 〜. / She is 〜.

7 He is 〜. / She is 〜. 「彼は〜です」「彼女は〜です」

● 「私」「あなた」以外の人について言う表現を覚えよう。

例文
This is Emi. **She is** my friend.
こちらはエミです。彼女は私の友達です。 🎧

▶ 前に話に出てきた人を主語にして「彼は」「彼女は」と言うときは, he / she を使う。「彼は〜です」「彼女は〜です」は He is 〜. / She is 〜. で表す。

That is my brother. **He is** ten years old.
（あれは私の弟です。彼は10歳です。）

▶ 1人の人や1つのもの [名詞] を主語にして, 「…は〜です」と言うときにも is を使う。

Ms. Smith **is** a music teacher. ［Ms. Smithが主語］
（スミス先生は音楽の先生です。）

My name **is** Yumi. ［My nameが主語］
（私の名前はユミです。）

> ⚠ am / are / is のあとに「場所」を表す語句がくると, 「〜にいる」「〜にある」の意味になる。
> I **am** in Osaka now.（私は今, 大阪にいます。）
> Our school **is** near the station.
> （私たちの学校は駅の近くにあります。）

（短縮形）
he is → he's
she is → she's

（用語）人やものの名前を表す語を名詞という。
（参照）2人[2つ]以上についての言い方は》p.88 で学習する。

「いる」と「ある」は同じ語で表すんだね。

（用語）am / are / is は同じ仲間の動詞で, まとめてbe動詞という。主語がIのときはam, you のときはare, he / she / it / thisなどのときはisを使う。

会話でチェック! →友達のエミをトムに紹介しています。

発音練習

Tom, this is Emi. **She's** my friend. 👅

トム, こちらはエミ。彼女は私の友達だよ。

Hi, Emi. I'm Tom. I'm from Australia.

こんにちは, エミ。ぼくはトム。オーストラリア出身だよ。

解答 ➡ p.242

確認問題 ❼

日本文に合うように，（　）に適する語を入れよう。

1. こちらは私の母です。彼女は医者です。

This is my mother. (　　　　　　) (　　　　　　) a doctor.

2. あれはボブです。彼は私の親友です。

That is Bob. (　　　　　　) my best friend.

---

8 Is he 〜? / Is she 〜? 「彼は〜ですか」「彼女は〜ですか」

● he / she が主語の疑問文の作り方と，答え方を覚えよう。

例文

Is he kind?
── Yes, **he is**. / No, **he is not**.

彼はやさしいですか。── はい，やさしいです。/ いいえ，やさしくありません。

▶ He is 〜. / She is 〜. の文を疑問文にするには，動詞 is を主語の前に出して Is he 〜? / Is she 〜? とする。

▶ Is he [she] 〜? には，Yes, he [she] is. / No, he [she] is not. と答える。疑問文の主語が人名などの場合は，主語を代名詞 he / she / it に代えて答える。

Is Ms. Smith a music teacher?

── Yes, **she is**. / No, **she is not**.　[Ms. Smith → she]

（スミス先生は音楽の先生ですか。── はい，そうです。/ いいえ，ちがいます。）

（用語）I / you / he / she / it のように，人やものの名前 [名詞] の代わりに使う語を代名詞という。
1人の男性 → he
1人の女性 → she
1つのもの → it

（短縮形）No, she isn't. / No, she's not. のように答えてもよい。

会話でチェック！　→友達が家族の写真を見せてくれました。

This is my brother Ken.　　これは私の兄のケンだよ。

Is he kind? 👄　　彼はやさしい？

Yes, **he is**. He's a nice brother.　　うん，やさしいよ。彼はいい兄だよ。

発音練習

確認問題 ❽　解答 ➡ p.242

次の英文を疑問文に書きかえて，答えの文も書こう。

1. She is a tennis player. （彼女はテニス選手です。）

→ (　　　　) (　　　　) a tennis player? ── Yes, (　　　　) is.

2. Your father is busy. （あなたのお父さんは忙しいです。）

→ (　　　　) your father busy? ── No, (　　　　) is (　　　　).

9 Who is 〜?「〜はだれですか」

● 「〜はだれですか」とたずねる文の作り方と，答え方を覚えよう。

例文

Who is that girl?
—— **She** is Ann.

あの女の子はだれですか。—— 彼女はアンです。

▶ 「だれですか」とたずねるときは who を文の最初に置き，そのあとに疑問文の形を続ける。

（短縮形）
who is → who's

▶ 答えるときは Yes / No ではなく，He [She] is 〜.（彼は[彼女は]〜です。）の形で，具体的に答える。

Who is Mike? —— **He**'s my classmate.

（マイクってだれですか。—— 彼は私のクラスメイトです。）

ポイント

疑問文   **Is that girl Ann?**（あの女の子はアンですか。）

who を文頭に

whoの疑問文 **Who** is that girl?

疑問文の語順

答えの文 **She** is Ann.

女性なのでsheで答える

会話でチェック! →ステージで女の子が踊っています。

発音練習

Who's that girl?   あの女の子はだれですか。

She's Ann. She's a good dancer.   アンです。彼女はよいダンサーです。

Is she your friend?   彼女はあなたの友達ですか。

Yes, she is.   はい，そうです。

確認問題 9   解答➡p.242

日本文に合うように，（ ）に適する語を入れよう。

1. この男の人はだれですか。—— ブラウン先生です。

   （   ）（   ）this man? —— （   ）is Mr. Brown.

2. ケイコとはだれですか。—— 彼女は私の姉です。

   （   ）Keiko? —— （   ）my sister.

「～ではありません」の文

I am not ～. など

音声

10 am not / are not / is not 「～ではありません」

● 「～ではありません」と否定する表現を覚えよう。

例文

I **am not** a singer.

私は歌手ではありません。

▶ am / are / isを使った文を，「～ではありません」と打ち消す（否定する）文にするときは，am / are / is（be動詞）のあとにnotを置く。このような文を否定文という。

You **aren't** a baby. （あなたは赤ん坊ではありません。）
She**'s not** happy. （彼女は幸せではありません。）
This **isn't** my bag. （これは私のかばんではありません。）

（短縮形）
are not → aren't
is not → isn't
※am notの短縮形はない。

（用語） 否定文や疑問文に対して，ふつうの文を肯定文ともいう。

ポイント

ふつうの文 I **am** a singer. （私は歌手です。）

↓be動詞のあとにnotを置く

否定文 I **am** **not** a singer.

会話でチェック! →相手は音楽家のようです。

Are you a singer?

あなたは歌手ですか。

No, I**'m not** a singer. I'm a pianist.

いいえ，私は歌手ではありません。私はピアニストです。

発音練習

 確認問題 ⑩ 解答➡p.242

次の英文を否定文に書きかえよう。

1. I am from Sendai. → I ( ) ( ) from Sendai.
2. You are a teacher. → You ( ) a teacher.
3. He is Taro. → He ( ) ( ) Taro.

「私は〜です」「あなたは〜です」の文　　I am 〜. / You are 〜.

☑ **⟦1⟧ I am 〜.**　「私は〜です」

> **I am** Linda.　　　　　　　　　　　　　　　　　　　　（私はリンダです。）

▶ I am [I'm] 〜. は，「私は〜です」と自分について言う表現で，名前や職業・出身・状態などを表す。

▶ You are [You're] 〜. は，「あなたは〜です」と相手について言う表現。You が主語，are が動詞にあたる。

　⟦2⟧　**You are** a great pianist.（あなたはすばらしいピアニストです。）

☑ **⟦3⟧ Are you 〜?**　「あなたは〜ですか」

> **Are you** from America?　　　　　　　（あなたはアメリカ出身ですか。）
> ── **Yes, I am. / No, I am not.**　　（── はい，そうです。/ いいえ，ちがいます。）

▶ 「あなたは〜ですか」とたずねる疑問文は，動詞 are を主語 you の前に出し Are you 〜? とする。文の最後にクエスチョンマーク（?）をつける。

▶ 「はい」は Yes, I am.，「いいえ」は No, I am [I'm] not. と答える。

「これは〜です」「あれは〜です」の文　　This is 〜. / That is 〜.

☑ **⟦4⟧ This is 〜. / That is 〜.**　「これは〜です」「あれは〜です」

> **This is** my school.　　　　　　　　　　　　　　　　　（これは私の学校です。）

▶ This is 〜. は，近くのものや人を指して「これは〜です」，That is 〜. は，遠くのものや人を指して「あれは〜です」と言う表現。

▶ 疑問文は，動詞 is を前に出し Is this 〜? / Is that 〜? とする。答えるときは it を使い，「はい」は Yes, it is.，「いいえ」は No, it isn't. と言う。

　⟦5⟧　**Is that** your ball? ── Yes, **it is**. / No, **it is not**.
　　（あれはあなたのボールですか。── はい，そうです。/ いいえ，ちがいます。）

☑ ⑥ **What is ～?** 「～は何ですか」

> **What** is this? （これは何ですか。）
> —— **It** is my guitar. （—— それは私のギターです。）

▶ 「何ですか」とたずねるときはwhatを文の最初に置き, そのあとに疑問文の形を続ける。
答えるときはIt is [It's] ～.（それは～です。）と具体的なものごとを答える。

「彼は～です」「彼女は～です」の文　　　He is ～. / She is ～.

☑ ⑦ **He is ～. / She is ～.** 「彼は～です」「彼女は～です」

> This is Emi. **She is** my friend. （こちらはエミです。彼女は私の友達です。）

▶ 前に話に出た人を主語にして「彼は～です」「彼女は～です」と言うときは, He is ～. /
She is ～.で表し, 疑問文は〈Is＋主語～?〉の形にする。

⑧ **Is he** kind? —— Yes, **he is**. / No, **he is not**.

（彼はやさしいですか。—— はい, やさしいです。/ いいえ, やさしくありません。）

▶ 「だれですか」とたずねるときはwhoを文の最初に置き, そのあとに疑問文の形を続ける。
答えるときは, He [She] is ～.（彼は[彼女は]～です。）と具体的に答える。

⑨ **Who** is that girl? —— **She** is Ann.

（あの女の子はだれですか。—— 彼女はアンです。）

「～ではありません」の文　　　I am not ～. など

☑ ⑩ **am not / are not / is not** 「～ではありません」

> **I am not** a singer. （私は歌手ではありません。）

▶ am / are / is（be動詞）を使った文を, 「～ではありません」と打ち消す文（否定文）に
するときは, be動詞のあとにnotを置く。

1 次の文の___にam, are, isの中から適するものを選んで入れなさい。

(1) This _____ our classroom.

(2) You _____ a good cook.

(3) My father _____ in Canada.

(4) _____ that a school? ── No, it _____ not.

(5) I _____ not a math teacher.

(6) _____ she your friend? ── Yes, she _____ .

(7) Who _____ he? ── He _____ Tom.

(8) What _____ this? ── It _____ a lion.

2 次の(　)内から適する語句を選びなさい。

(1) (I, My name) is Sato Ken. _____

(2) That (aren't, isn't) my bag. _____

(3) He (am, is) kind. _____

(4) Who's Ms. Tanaka? ── (He, She) is my aunt. _____

(5) Are you Mr. Oka? ── (Yes, No), I am. _____

(6) I (am, is) a high school student. _____

(7) She (are, is) an English teacher. _____

(8) (What, Who) is Mary? ── She's my classmate. _____

3 次の問いに対する答えとして適するものを, ア～カから1つずつ選びなさい。

(1) What's that? _____

(2) Are you Lisa? _____

(3) Who's that girl? _____

(4) Is this a park? _____

(5) Is Mike your friend? _____

(6) Who's Tom? _____

ア	Yes, I am.
イ	No, it's not.
ウ	She's Lisa.
エ	He's my brother.
オ	Yes, he is.
カ	It's a library.

4 次の英文を，（　　）内の指示にしたがって書きかえなさい。

(1) He is <u>Kenta</u>. （下線部をたずねる文に）

_____

(2) That is my house. （否定文に）

_____

(3) You are a good tennis player. （主語をMihoに変えて）

_____

(4) This is your bike. （疑問文に）

_____

(5) I am not from Hokkaido. （主語をyouに変えて）

_____

5 　　　に適する語を入れて，対話文を完成させなさい。

(1) Are you Ms. Smith? —— No, _____ not.

(2) Is John your brother? —— Yes, _____ is.

(3) Is that man your grandfather? —— No, he _____.

(4) _____ that? —— It's a church.

(5) _____ that woman? —— She's my mother.

6 次の日本文の意味を表す英文を，（　　）内の語句を並べかえて作りなさい。

(1) ぼくはスズキマサシです。

(am / Suzuki Masashi / I).

_____

(2) あなたはアメリカ合衆国出身ですか。

(the U.S. / are / from / you)?

_____

(3) これは何ですか。

(is / this / what)?

_____

47

7 次の英文を日本語になおしなさい。

(1) This is my old watch.

_____

(2) Kumi is not in her room.

_____

(3) That's Takeshi.

_____

(4) What's that? —— It's a train.

_____

(5) My father is 47 years old.

_____

(6) You aren't a basketball fan.

_____

8 絵を見て，次の質問に英語で答えなさい。

(1) Is this man Mr. Green?

_____

(2) Who is he?

_____

(3) Is he a math teacher?

_____

(4) Is he in the classroom?

_____

a / an の使い方

● 「1冊の本」「1人の生徒」のように，ものや人[名詞]が「1つ」「1人」であることを表す場合，その名詞の前に a / an をつける。ただし，日本語に訳さなくてよい場合が多い。

　　This is **a** book. (これは(1冊の)本です。)
　　I am **a** student. (私は(1人の)生徒です。)

● 母音で始まる語の前では，a ではなく an を用いる。

　　an e̲gg (1個の卵)　　　　　**an** a̲nimal (1匹の動物)
　　[アン エッグ]　　　　　　　　[アン アニマル]
　　　└ 母音　　　　　　　　　　　　└ 母音

※母音
　ぼ いん
：日本語の「ア，イ，ウ，エ，オ」に近い音。母音以外の音は子音という。
　　　　　　　　　　　　　　　　　　　　　　　　　　　　し いん

※母音を表すことの多い a, i, u, e, o の文字で始まっていても，発音が子音なら a を使う。逆に，これら以外の文字で始まっていても，発音が母音なら an を使う。

　　a u̲niform (1着の制服)　　　　**an** h̲our (1時間)
　　[ア ユーニフォーム]　　　　　[アン アウア]
　　　　└ uで始まるが発音は子音　　　　　└ hで始まるが発音は母音

● 「1匹の大きいイヌ」「1人の若い男の人」のように，名詞の前に状態・性質を表す語[形容詞](≫p.50)がつく場合は，〈a / an ＋形容詞＋名詞〉の語順になる。この場合は，母音で始まる形容詞の前では an を用いる。

　　a big dog (1匹の大きいイヌ)　　　**a** young man (1人の若い男の人)
　　a＋形容詞＋名詞　　　　　　　　　　a＋形容詞＋名詞

　　an o̲ld car (1台の古い車)　　　**an** E̲nglish teacher (1人の英語の先生)
　　[アン オウルド カー]　　　　　[アン イングリッシュ ティーチャ]
　　　　└ 母音　　　　　　　　　　　　　　└ 母音

● 次のような場合には a / an はつけない。

　★名詞の前に my, your, the, this, that, 〜's (〜の) などがある場合。

　　my cat (私のネコ)　　**this** pen (このペン)　　**Ken's** bag (ケンのかばん)
　　×a m̲y cat　　　　　×a t̲his pen　　　　×a K̲en's bag

　★1つ，2つ…と数えられない名詞[決まった形のないものや，人名・地名など]の前。

　　water (水)　　tennis (テニス)　　Tom (トム)　　Japan (日本)
　　×a w̲ater　　×a t̲ennis　　×a T̲om　　×a J̲apan

形容詞

● big（大きい）や kind（親切な）のように，ものや人の性質・状態・形状・数量などを表す語を形容詞という。

    kind（親切な），beautiful（美しい）   …性質

    sunny（天気のよい），hungry（空腹な）   …状態

    big（大きい），tall（背が高い）   …形状

    many（多数の），much（多量の）   …数量

● 形容詞の用法①：名詞の前に置いて，あとの名詞について説明をする。

    She is a **good** dancer.（彼女はよいダンサーです。[彼女はダンスがじょうずです。]）

        形容詞   名詞
               → どんなダンサーかを説明

    Our **new** teacher is from Canada.（私たちの新しい先生はカナダ出身です。）

        形容詞   名詞
             → どんな先生かを説明

  ※母音で始まる形容詞の前には，a ではなく an が用いられる。（≫p.49）

    an interesting book（1冊のおもしろい本）[interesting は母音で始まっている]

● 形容詞の用法②：be 動詞（≫p.34）のあとにきて，主語の状態・性質などを表す。

    I'm **happy**.（私は幸せです。）

        形容詞   …主語 I の状態を表す

    Your father is **kind**.（あなたのお父さんは親切です。）

               形容詞   …主語 Your father の性質を表す

形容詞の用法：

①〈**形容詞＋名詞**〉→ あとの名詞を説明する。

    This is a **beautiful** flower.（これは美しい花です。）

        形容詞   名詞
              → どんな花かを説明

②〈**主語＋ be 動詞＋形容詞**〉→ 主語の状態・性質などを表す。

    This flower   is   **beautiful**.（この花は美しいです。）

     主語   be動詞   形容詞 …主語 This flower の性質を表す

※ある語句が別の語句について説明を加えることを「修飾する」という。a beautiful flower の例では，形容詞 beautiful が名詞 flower を修飾している。

一般動詞の文

I like 〜. / You have 〜.

11 I like 〜.「私は〜が好きです」

● 自分の好きなものを言うときの表現を覚えよう。

例文

I **like** sashimi.

私は刺身が好きです〔私は刺身を好みます〕。

▶「〜が好きだ，〜を好む」というときはlikeという動詞を使う。

▶「〜が好きだ，〜を好む」などの「〜が」「〜を」にあたる語を目的語という。ふつう〈主語＋動詞＋目的語〉の語順になる。

目的語は「〜を」「〜に」と訳すことが多いが，likeの目的語の場合は「〜が」と訳す。

ポイント

私は	刺身が	好きです。
↓		
I	**like**	**sashimi.**
主語	動詞	目的語

英語の語順は〈主語＋動詞〉が基本だね。

▶動詞には次のようなものもある。このように動作や状態を表す動詞の仲間を一般動詞という。

have「〜を持っている，〜を食べる」

You **have** a nice bike.

（あなたはすてきな自転車を持っています。）

I **have** breakfast in the kitchen.

（私はキッチンで朝ご飯を食べます。）

want「〜がほしい」

I **want** a watch.（私は腕時計がほしいです。）

speak「〜を話す」

I **speak** English at home.（私は家では英語を話します。）

in the kitchenのように場所や時などを表す語句が，〈主語＋動詞＋目的語〉に加わることも多い。

play 「(スポーツ)をする，(楽器)を演奏する」

  I **play** soccer every day.

  (私は毎日サッカーをします。)

  You **play** the piano well.

  (あなたはじょうずにピアノを弾きます。)

run 「走る」

  You **run** very fast. (あなたはとても速く走ります。)

go 「行く」

  I **go** to school by bus.

  (私はバスで学校へ行きます。)

live 「住んでいる」

  I **live** in Hokkaido.

  (私は北海道に住んでいます。)

+α 第1章で学習した am / are / is は **be動詞**(ビーどうし)といい，それ以外の動詞はすべて **一般動詞**という。英語の文には原則として主語と動詞が必要で，be動詞か一般動詞のどちらかを使う。

参照 be動詞
≫ p.40

haveやplayのようにいくつかの意味を持つ動詞も多い。

「楽器を演奏する」というときは楽器名の前にtheをつける。

run / go / liveのように，あとに目的語がこない動詞もある。

会話でチェック! →外国の人と食事をしています。

 Is this sashimi? — これは刺身ですか。

 Yes, it is. It's tuna. — はい，そうです。マグロです。

 I **like** sashimi. 🔊 I **want** sushi, too. — 私は刺身が好きです。私はおすしもほしいです。

発音練習

✏ **確認問題 ①**　　解答➡p.242

日本文に合うように，（　　）に適する語を入れよう。

1. 私は音楽がとても好きです。

  I (　　　　　　) (　　　　　　　　　) very much.

2. 私は公園でサッカーをします。

  I (　　　　　　) (　　　　　　　　　) in the park.

3. あなたは日本に住んでいます。

  (　　　　　　) (　　　　　　　　　) in Japan.

4. 私は大きなベッドを持っています。

  (　　　　　　) (　　　　　　　　　) a big bed.

5. あなたは日本語をとてもじょうずに話します。

  You (　　　　　　) (　　　　　　　　　) very well.

一般動詞の疑問文

Do you like ～?

12 Do you like ～?「あなたは～が好きですか」

●一般動詞の疑問文の作り方と，答え方を覚えよう。

例文

Do you **like** tennis?
―― Yes, I **do**. / No, I **don't**.

あなたはテニスが好きですか。―― はい，好きです。/ いいえ，好きではありません。

▶ You like ～. などの一般動詞の文を疑問文にするときは，〈Do you＋一般動詞～?〉の形にする。

▶ Do you ～?には，「はい」なら Yes, I do.. 「いいえ」なら No, I don't. と答える。

> **注意** ×Are you like ～?としたり，答えるときに×Yes, I am. などとしたりしないように注意。

 ポイント

ふつうの文　　**You like** tennis .（あなたはテニスが好きです。）

↓主語の前にDoを置く　　↓クエスチョンマークに

疑問文　**Do you like** tennis?

答えの文　Yes, I **do**. / No, I **don't**.

会話でチェック!　→スポーツの話をしています。

発音練習

Do you **like** tennis? 🎤　テニスが好きですか。

Yes, I **do**. I play tennis every day.　はい，好きです。毎日テニスをします。

 確認問題 ❷　解答➡p.242

次の英文を疑問文に書きかえて，答えの文も完成させよう。

1. You like English.（あなたは英語が好きです。）

→ (　　　　　) (　　　　　　) like English? ―― Yes, I (　　　　　　).

54

13 What do you 〜?「あなたは何を〜しますか」

● whatを使った一般動詞の疑問文の作り方と, 答え方を覚えよう。

例文

What do you eat for breakfast?
—— I eat bread.

あなたは朝食に何を食べますか。—— 私はパンを食べます。

▶「何を〜しますか」とたずねるときはwhatを文の最初に置き, そのあとに疑問文の形を続ける。

▶ 答えるときはYes / Noではなく, 具体的なものごとを答える。

参照 what, whoなどは疑問文の最初に置く。
≫p.39, p.42

ポイント

疑問文 **Do** you **eat** bread for breakfast?
（あなたは朝食にパンを食べますか。）

whatを文頭に

whatの疑問文 **What do** you **eat** for breakfast?
疑問文の語順

答えの文 I eat **bread**.
具体的に答える

会話でチェック! →朝食の話をしています。

What do you **eat** for breakfast?
あなたは朝食に何を食べますか。

I eat bread.
パンを食べます。

Do you drink milk?
あなたは牛乳を飲みますか。

Yes, I do. I like milk very much.
はい, 飲みます。私は牛乳がとても好きです。

発音練習

確認問題 ③ 解答➡p.242

下線部が答えの中心となる疑問文になるように, （　）に適する語を入れよう。

1. (　　　　　) (　　　　　　) you have in your hand?
—— I have a coin in my hand.

2. (　　　　　) (　　　　　) you (　　　　　) in the park?
—— I play soccer in the park.

14 Where do you ～?「あなたはどこで～しますか」

● where などを使った一般動詞の疑問文の作り方と，答え方を覚えよう。

<table>
<tr><td rowspan="3">例文</td><td>

Where do you **play** soccer?
―― I play soccer in the park.

あなたはどこでサッカーをしますか。 ―― 私は公園でサッカーをします。
</td></tr>
</table>

▶「どこで～しますか」とたずねるときは**where** を文の最初に置き，そのあとに疑問文の形を続ける。

whereには「どこへ」「どこに」という意味もある。

▶答えるときはYes / Noではなく，具体的な場所を答える。

▶「いつ」とたずねるときは**when**，「どのようにして」とたずねるときは**how** を文の最初に置き，そのあとに疑問文の形を続ける。

When do you **play** soccer?

―― I play soccer after school.

（あなたいつサッカーをしますか。 ―― 私は放課後にサッカーをします。）

How do you **go** to school?

―― I go to school by bike.

（あなたはどのようにして学校へ行きますか。 ―― 私は自転車で学校へ行きます。）

In the park. や After school. などと短く答えることもできるよ。

会話でチェック！ →友達とスポーツの話をしています。

発音練習

Do you play sports? | あなたはスポーツをする？

Yes, I do. I love soccer. | うん，するよ。サッカーが大好きなんだ。

Where do you **play** soccer? | どこでサッカーをするの？

In the park. | 公園だよ。

確認問題 ④ 解答➡p.242

下線部が答えの中心となる疑問文になるように，（ ）に適する語を入れよう。

1. ( ) ( ) you live?

 ―― I live <u>in Hiroshima</u>.

2. ( ) ( ) you ( ) TV?

 ―― I watch TV <u>after dinner</u>.

一般動詞の否定文

I don't like 〜.

音声

15 I don't like 〜.「私は〜が好きではありません」

● 「〜しません」と一般動詞を否定する表現を覚えよう。

例文
I don't like cold tea.
私は冷たいお茶が好きではありません。

▶ I like 〜. などの一般動詞の文を否定文にするときは，動詞の前に do not [don't] を置き，〈主語＋do not [don't]＋一般動詞〜.〉の形にする。

短縮形
do not → don't

You **don't** have a bike. (あなたは自転車を持っていません。)
I **do not** know this word. (私はこの単語を知りません。)

ポイント

ふつうの文 I **like** cold tea. (私は冷たいお茶が好きです。)
↓ 動詞の前に do not [don't] を置く
否定文 I **don't like** cold tea.
主語 ＋ don't ＋ 動詞

会話でチェック! →お茶の話をしています。

Do you like hot tea?
あなたは温かいお茶が好きですか。

Yes, I do. I **don't** like cold tea.
はい，好きです。私は冷たいお茶が好きではありません。

発音練習

確認問題 ❺　解答➡p.242

次の英文を否定文に書きかえよう。

1. I eat *natto*.　→ I (　　　　) (　　　　) (　　　　) *natto*.
2. You speak English.　→ You (　　　　) (　　　　) (　　　　) English.
3. I live in Tokyo.　→ I (　　　　) (　　　　) (　　　　) in Tokyo.

一般動詞の文　　　　　　　　　　I like 〜. / You have 〜.

✓ ⑪ **I like 〜.**　「私は〜が好きです」

> **I like** sashimi.　　　　　　（私は刺身が好きです［私は刺身を好みます］。）

▶ さまざまな動作や状態を表す動詞の仲間を一般動詞という。たとえば「〜が好きだ，〜を好む」というときは like という動詞を使う。

▶ 「〜が好きだ，〜を好む」などの「〜が」「〜を」にあたる語を目的語という。ふつう〈主語＋動詞＋目的語〉の語順になる。

一般動詞の疑問文　　　　　　　　　　Do you like 〜?

✓ ⑫ **Do you like 〜?**　「あなたは〜が好きですか」

> **Do** you **like** tennis?
> —— Yes, I **do**. / No, I **don't**.
> （あなたはテニスが好きですか。—— はい，好きです。/ いいえ，好きではありません。）

▶ You like 〜. などの一般動詞の文を疑問文にするときは，〈Do you ＋一般動詞〜?〉の形にする。

▶ Do you 〜? には，「はい」なら Yes, I do.. 「いいえ」なら No, I don't. と答える。

✓ ⑬ **What do you 〜?**　「あなたは何を〜しますか」

> **What do** you **eat** for breakfast?　　（あなたは朝食に何を食べますか。）
> —— I eat bread.　　　　　　　　（—— 私はパンを食べます。）

▶ 「何を〜しますか」は what を文の最初に置き，そのあとに疑問文の形を続ける。

▶ where（どこで），when（いつ）なども文の最初に置き，疑問文の形を続ける。

⑭ **Where do** you **play** soccer? —— I play soccer in the park.
（あなたはどこでサッカーをしますか。—— 私は公園でサッカーをします。）

一般動詞の否定文 　　　　　　　　　　　I don't like ～.

 ⑮ **I don't like ～.** 「私は～が好きではありません」

> **I don't like** cold tea. 　　　　（私は冷たいお茶が好きではありません。）

▶ I like ～.などの一般動詞の文を否定文にするときは，動詞の前にdo not [don't]を置き，〈主語＋do not [don't] ＋一般動詞～.〉の形にする。

まとめておこう

一般動詞の文とbe動詞の文の形

語順やnotの位置などに注意しよう。

一般動詞の文							
ふつうの文			You			like	tennis	.
疑問文		Do	you			like	tennis	?
whatの疑問文	What	do	you			like		?
否定文			You	do not [don't]	like	tennis	.
答えの文	Yes, I do. No, I do not [don't].						
答えの文	I like tennis.						

be動詞の文						
ふつうの文			This	is		a bag	.
疑問文		Is	this			a bag	?
whatの疑問文	What	is	this				?
否定文			This	is　　not isn't	a bag	.
答えの文	Yes, it is. No, it is not [isn't].					
答えの文	It is [It's] a bag.					

定期試験対策問題　解答➡p.248

1 次の（　）内から適する語句を選びなさい。

(1) I (like, am) tennis.

(2) I (have, live) in Chiba.

(3) (Do, Are) you play soccer? —— Yes, I (am, do).

(4) You (are, do) not study with your friends today.

(5) I (am not, don't) have a computer.

2 次の問いに対する答えとして適するものを，ア〜オから1つずつ選びなさい。

(1) Do you like *tofu*?

(2) Are you from Okinawa?

(3) What do you want for dinner?

(4) What do you do after dinner?

(5) What's this?

> ア　No, I'm not.
> イ　I want curry and rice.
> ウ　I watch TV.
> エ　Yes, I do.
> オ　It's a computer.

3 次の英文を，（　）内の指示にしたがって書きかえなさい。

(1) I am a baseball fan.　（like を使って同じ内容を表す文に）

(2) I go to the library.　（否定文に）

(3) You play the piano.　（疑問文に）

(4) You have <u>a new bag</u>.　（下線部をたずねる文に）

(5) You play basketball <u>on Saturday afternoon</u>.　（下線部をたずねる文に）

(6) You want <u>new shoes</u>.　（下線部をたずねる文に）

4 ___ に適する語を入れて，対話文を完成させなさい。

(1) Do you like Japanese food?

—— Yes, _____ _____.

(2) Do you eat *natto* every day?

—— No, _____ _____.

(3) _____ _____ you live?

—— I live in Osaka.

5 次の日本文の意味を表す英文を，（　　）内の語句を並べかえて作りなさい。

(1) ぼくは放課後卓球をします。

(play / table tennis / I) after school.

_____ after school.

(2) 質問はありますか。

(you / a / have / question / do)?

_____

(3) 私はじょうずに英語を話しません。

(speak / I / English / don't) well.

_____ well.

(4) あなたは手に何を持っていますか。

(your / you / in / what / hand / do / have)?

_____

(5) あなたはどのように職場に行きますか。

(you / do / go / how) to work?

_____ to work?

6 次の英文を日本語になおしなさい。

(1) You have a very good guitar.

_____

(2) What do you want for your birthday?

_____

7 次の日本文に合うように，＿＿に適する語を入れなさい。

(1) 私はギターを弾きます。

_____ _____ the guitar.

(2) あなたはテレビを見ますか。── はい，見ます。

_____ you _____ TV?

── Yes, _____ _____.

(3) あなたは野球をしますか。── いいえ，しません。

_____ you _____ baseball?

── No, _____ _____.

(4) あなたは昼食に何を食べますか。── ハンバーガーを食べます。

_____ _____ _____ have for lunch?

── I _____ a hamburger.

(5) あなたは小林先生を知りません。

You _____ _____ Ms. Kobayashi.

(6) あなたは日曜日に何をしますか。── テレビゲームをします。

_____ _____ you _____ on Sundays?

── I _____ video games.

(7) あなたは毎日公園へ行きます。

You _____ _____ the park every day.

8 次の日本文を英語になおしなさい。

(1) 私は姉妹が1人います。

_____

(2) 私は数学が好きではありません。

_____

(3) あなたは野球が好きですか。

_____

(4) あなたには今時間がありません。

_____

the の使い方

● the は，自分にも相手にも「どれのことを言っているか」がわかる名詞の前につける。「その」といった意味を表すが，日本語に訳さなくてもよい場合も多い。

★前に出てきたものや人を指す名詞につける。

I have a cat and a dog. **The** cat is black.
　　　　　　　　　　　　└─「前の文に出てきたネコ」とわかる

（私はネコを1匹とイヌを1匹飼っています。そのネコは黒いです。）

※上の a cat, a dog のように初めて話題にするものには a / an をつける（>>p.49）。

 ⇒

I have **a** cat and **a** dog.　　**The** cat is black.

★話の流れやその場の状況などから，どれを指すかがわかる名詞につける。

Dad is in **the** kitchen now.
　　　　　　　└─「この家のキッチン」とわかる

（お父さんは今，キッチンにいます。）

I study in **the** library every day.
　　　　　　　└─「いつも行く図書館」とわかる

（私は毎日，図書館で勉強します。）

I like **the** color of your bag.
　　　　　└─「あなたのかばんの色」とわかる

（私はあなたのかばんの色が好きです。）

★そのほか，次のような場合にも the を使う。

・「1つしかないもの」の前

　the sky（空）　**the** sun（太陽）　**the** world（世界）　**the** left（左）

・「最初の」「最後の」などがついて1つに限定される名詞の前

　the first page（最初のページ）　**the** last train（最終電車）

・「演奏する」というときの楽器名の前

　Do you play **the** piano?（あなたはピアノを弾きますか。）

・決まった言い方の場合

　in **the** morning（午前中に）　in **the** afternoon（午後に）

● the は複数を表す名詞や数えられない名詞にもつく。[これらの場合，a / an は
つかない (>>p.49)。]

    I see **the** stars in the sky. (空に星々が見えます。)
            └ 複数の星々 [複数形 (>>p.88)]

    The water in the glass is cold. (そのコップの中の水は冷たいです。)
        └ 数えられない名詞 (決まった形のないもの)

● the はふつう [ザ] と発音するが，母音で始まる語の前では [ズィ] と発音する。

    ★ふつうの場合 (子音で始まる語の前)
    the dog (そのイヌ)   **the** sky (空)
    [ザ ドッグ]   [ザ スカイ]
        └ 子音   └ 子音

    ★母音で始まる語の前
    the apple (そのリンゴ)   **the** old man (その年をとった男の人)
    [ズィ アプル]   [ズィ オウルド マン]
        └ 母音   └ 母音

※母音：日本語の「ア，イ，ウ，エ，オ」に近い音。母音以外の音は子音という。
※母音を表すことの多い a, i, u, e, o の文字で始まっていても，発音が子音なら [ザ] となる。逆に，
　これら以外の文字で始まっていても，発音が母音なら [ズィ] になる。

    the uniform (その制服)   **the** honest boy (その正直な少年)
    [ザ ユーニフォーム]   [ズィ アニスト ボーイ]
        └ u で始まるが発音は子音   └ h で始まるが発音は母音

● 次のような表現の場合には，名詞に the も a / an もつけない。

  ・「登校する」と言うときの school や「就寝する」と言うときの bed
    I usually walk to **school**. (私はたいてい歩いて登校します。)
    go to **bed** (就寝する，寝る)
  ・〈by ＋交通手段〉
    I go to the library by **bike**. (私は自転車で図書館へ行きます。)
    by **bus** (バスで)   by **train** (電車で)
  ・「朝食を食べる」などと言うときの食事名
    I eat **lunch** at noon. (私は正午に昼食を食べます。)
    eat [have] **breakfast** / **dinner** (朝食 / 夕食を食べる)
  ・「テレビを見る」「テレビで」などと言うときの TV
    watch **TV** (テレビを見る)   on **TV** (テレビで)

第**3**章

can の文

can

I can 〜.

16 **I can 〜.「私は〜できます」**
● 「〜できる」と能力・可能を表す言い方を覚えよう。

例文
I **can** speak Chinese.
私は中国語を話すことができます。

▶「〜することができる」と能力・可能を表すときは，〈can ＋動詞の原形〉を使う。

You **can** sing very well.（あなたはとてもじょうずに歌うことができます。）
He **can** cook rice.（彼はご飯をたくことができます。）

（参照）動詞の原形
≫p.78
（用語）canのように，動詞の原形の前に置いて意味を補う働きをする語を助動詞という。

ポイント

ふつうの文 I　　　**speak** Chinese.（私は中国語を話します。）
↓動詞の前にcanを置く
canの文 I **can speak** Chinese.

会話でチェック！ →留学生のボブは日本語がじょうずです。

発音練習

Your Japanese is very good, Bob.

あなたの日本語はとてもじょうずだね，ボブ。

Thank you. I **can** speak Chinese, too. I have some Chinese friends.

ありがとう。ぼくは中国語も話せるよ。中国人の友達が何人かいるんだ。

✎ **確認問題 ❶** 解答➡p.242

日本文に合うように，（　　）に適する語を入れよう。

1. 私はピアノを弾くことができます。
   I (　　　　　) (　　　　　) the piano.
2. そのネコはとても速く走ることができます。
   The cat (　　　　) (　　　　　) very fast.

canの疑問文

Can he 〜?

17 Can he 〜?「彼は〜できますか」
- ●「〜できますか」とたずねる言い方を覚えよう。

例文

Can he ride a bike?
—— Yes, he **can**. / No, he **can't**.

彼は自転車に乗れますか。 —— はい, 乗れます。/ いいえ, 乗れません。

▶「〜することができますか」とたずねるときは, canを主語の前に出して,〈Can＋主語＋動詞の原形〜?〉とする。

▶答えるときもcanを使って,〈Yes, 主語＋can. / No, 主語＋can't [cannot].〉のように答える。

Can you read this word?
—— Yes, I **can**. / No, I **can't**.

（あなたはこの単語が読めますか。 —— はい, 読めます。/ いいえ, 読めません。）

ふつうの文 He **can** ride a bike.（彼は自転車に乗れます。）

canを主語の前に出す

疑問文 **Can** he ride a bike?

can / can'tを使って答える

答えの文 Yes, he **can**. / No, he **can't**.

会話でチェック! →友達には弟が1人いるようです。

Do you have a brother?	あなたには兄弟がいるの？
Yes, I have a little brother.	弟が1人いるよ。
Can he ride a bike?	自転車には乗れる？
No, he **can't**. He's only three years old.	いいえ, 乗れないよ。まだ3歳なんだ。

発音練習

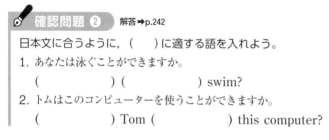 **確認問題 ②** 解答➡p.242

日本文に合うように，（　　）に適する語を入れよう。

1. あなたは泳ぐことができますか。

（　　　　　　　）（　　　　　　　　　　）swim?

2. トムはこのコンピューターを使うことができますか。

（　　　　　　　）Tom（　　　　　　　　　）this computer?

18 Where can I ～? 「どこで私は～できますか」

● 疑問詞で始まるcanの疑問文を見てみよう。

<table>
<tr><td rowspan="2">例文</td><td>

Where can I buy bread?
—— You can buy it at that store.

パンはどこで買えますか。 —— あの店で買えます。
</td><td></td></tr>
</table>

▶「どこで～することができますか」などの疑問文は，疑問詞を文の最初に置き，そのあとにcanの疑問文の形を続ける。

疑問詞のあとは疑問文の語順が基本だよ。

What can you see? —— I can see a bird.

（何が見えますか。 —— 1羽の鳥が見えます。）

When can you start? —— I can start soon.

（いつ始められますか。 —— もうすぐ始められます。）

会話でチェック!　→どこで何を買えるのでしょうか。

発音練習

😊 **Where can I** buy bread? 👄　　パンはどこで買えますか。

😊 You can buy it at that store.　　あの店で買えますよ。

😊 Can I buy a drink, too?　　飲み物も買えますか。

😊 Sure.　　もちろんです。

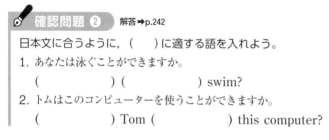 **確認問題 ③** 解答➡p.242

次の英文を，下線部をたずねる疑問文に書きかえよう。

1. You can see <u>many stars</u> from that mountain.

（あなたはたくさんの星をその山から見ることができます。）

→（　　　　　　　）（　　　　　　　　　）you（　　　　　　　　）from that mountain?

2. I can go there <u>by train</u>. （私はそこへ電車で行くことができます。）

→（　　　　　　　）（　　　　　　　）I（　　　　　　　　）there?

68

canの否定文

音声

He can't 〜.

19 He can't 〜.「彼は〜できません」

● 「〜できません」と否定する言い方を覚えよう。

例文
He **can't** drive a car.
彼は車を運転することができません。

▶ 「〜することができない」という否定文は，canの否定形 can't [cannot]を使って〈主語＋can't [cannot]＋動詞の原形〜.〉となる。

（注意） can not と2語に分けて書くことはあまりなく，can'tまたはcannotと書くのがふつう。

I **cannot** hear you. (私はあなたの言うことが聞こえません。)

ポイント

ふつうの文 He **can** drive a car. (彼は車を運転することができます。)

↓ canの否定形はcan'tかcannot

否定文 He **can't** drive a car.

会話でチェック! →友達が家に遊びに来ました。

> Is that your father's car?

あれはあなたのお父さんの車？

> No, it's not. He **can't** drive a car. It's my mother's.

いいえ，ちがうよ。父は車を運転できないんだ。それは母のだよ。

発音練習

> I see.

なるほど。

 確認問題 ④　解答➡p.242

日本文に合うように，( )に適する語を入れよう。

1. 私はギターを弾くことができません。

　I ( ) ( ) the guitar.

2. 彼女はフランス語を話すことができません。

　She ( ) ( ) French.

許可・依頼を表す can

Can I ～? / Can you ～?

20 Can I ～?「～してもいいですか」(許可)

● 「～してもいいですか」と相手に許可を求める表現を覚えよう。

> 例文
> **Can I** take a picture here?
> —— Yes, of course.
> ここで写真を撮ってもいいですか。—— はい, もちろんです。

▶ Can I ～?は「(私が)～してもいいですか」と相手に許可を求めるときにも使える。

Can I ～?は親しい相手などに気軽にたずねる, くだけた表現。

▶ 答えるときには次のような表現を使う。

[許可する]　Yes, of course. (はい, もちろんです。)
　　　　　　Sure. (いいですよ。) など

[断る]　　　No, you can't. (いいえ, だめです。)
　　　　　　Sorry. (ごめんなさい。) など

断るときは, 理由もつけ加えるとていねいだね。

Can I sit here? —— **Sorry**, that's my seat.
(ここに座ってもいいですか。—— ごめんなさい, それは私の席です。)

Can I speak to Jane, please? —— Speaking.
(「電話で」ジェーンをお願いします。—— 私です。)

Speaking. は You're speaking to her. を略したものと考えよう。

＋α　よりていねいに言うときはMay I ～?を使う。
　　　May I come in? —— Sure.
　　　(入ってもよろしいですか。—— どうぞ。)

会話でチェック!　→見晴らしのいいところにやって来ました。

発音練習

What's that mountain?　　　　あの山は何ですか。

It's Mt. Fuji.　　　　富士山です。

Can I take a picture here?　　ここで写真を撮ってもいいですか。

Yes, of course.　　　　はい, もちろんです。

70

確認問題 ⑤　解答➡p.242

日本文に合うように，（　　）に適する語を入れよう。

1. 窓を開けてもいいですか。—— いいですよ。

（　　　　　）（　　　　　　　　）open the window? —— （　　　　　　）.

2. テレビを見てもいいですか。—— いいえ，だめです。

（　　　　　）（　　　　　　　　）watch TV? —— No, you （　　　　　　）.

21 Can you ～? 「～してくれませんか」（依頼）

● 「～してくれませんか」と相手に何かを依頼する表現を覚えよう。

> ## Can you help me?
> —— All right.
>
> 私を手伝ってくれませんか。—— わかりました。

▶ Can you ～?は「（あなたが）～してくれませんか」と相手に何かを依頼するときにも使える。

> Can I ～?（～してもいいですか。）と混同しないようにね。

▶ 答えるときには次のような表現を使う。

[引き受ける]　All right. （わかりました。）
　　　　　　　Sure. （いいですよ。）など

[断る]　　　　Sorry, I can't. （ごめんなさい，できません。）など

Can you come with me?
—— **Sorry, I can't.** I'm busy now.

（私と来てくれませんか。—— ごめんなさい，行けません。今忙しいんです。）

会話でチェック！　→何か困っているようです。

 I want to move this desk.　私はこの机を動かしたいです。

 Oh, it's very big.　ああ，とても大きいですね。

 Can you help me?　手伝ってくれませんか。

 All right.　わかりました。

発音練習

確認問題 ⑥　解答➡p.242

日本文に合うように，（　　）に適する語を入れよう。

1. 私のために部屋を片付けてくれませんか。—— いいですよ。

（　　　　　）（　　　　　　　　）clean the room for me? —— （　　　　　　）.

can
I can 〜.

✓ **⑯ I can 〜.** 「私は〜できます」

> **I can** speak Chinese.　　　　　（私は中国語を話すことができます。）

▶ 「〜することができる」と能力・可能を表すときは，〈can＋動詞の原形〉を使う。

canの疑問文
Can he 〜?

✓ **⑰ Can he 〜?** 「彼は〜できますか」

> **Can** he ride a bike?
> ── Yes, he **can**. / No, he **can't**.
> （彼は自転車に乗れますか。── はい，乗れます。/ いいえ，乗れません。）

▶ 「〜することができますか」とたずねるときは，canを主語の前に出して，〈Can＋主語＋動詞の原形〜?〉とする。

▶ 答えるときもcanを使って，〈Yes, 主語＋can. / No, 主語＋can't [cannot].〉のように答える。

✓ **⑱ Where can I 〜?** 「どこで私は〜できますか」

> **Where can** I buy bread?　　　　（パンはどこで買えますか。）
> ── You can buy it at that store.　（── あの店で買えます。）

▶ 「どこで〜することができますか」などの疑問文は，疑問詞を文の最初に置き，そのあとにcanの疑問文の形を続ける。

> canは動詞の原形とセットで使うんだね。

canの否定文 — He can't 〜.

☑ **19 He can't 〜.** 「彼は〜できません」

> He **can't** drive a car.　　　　（彼は車を運転することができません。）

▶ 「〜することができない」という否定文は, canの否定形can't [cannot]を使って〈主語＋can't [cannot] ＋動詞の原形〜.〉となる。

許可・依頼を表すcan — Can I 〜? / Can you 〜?

☑ **20 Can I 〜?** 「〜してもいいですか」（許可）

> **Can I** take a picture here?　　　（ここで写真を撮ってもいいですか。）
> —— Yes, of course.　　　　　　（ —— はい, もちろんです。）

▶ Can I 〜?は「（私が）〜してもいいですか」と相手に許可を求めるときにも使える。

☑ **21 Can you 〜?** 「〜してくれませんか」（依頼）

> **Can you** help me?　　　　　（私を手伝ってくれませんか。）
> —— All right.　　　　　　　　（ —— わかりました。）

▶ Can you 〜?は「（あなたが）〜してくれませんか」と相手に何かを依頼するときにも使える。

第**3**章 canの文

73

1 ____ に適する語を入れて，対話文を完成させなさい。

(1) _____ Yuki swim? —— No, she can't.

(2) _____ you speak Japanese? —— _____, I can.

(3) Where can I buy the book? —— You _____ _____ it at that store.

(4) _____ _____ come with me? —— Sure.

(5) _____ _____ help me now?

—— Sorry, _____ _____. I'm busy now.

(6) _____ _____ he come? —— He can come tomorrow morning.

2 次の問いに対する答えとして適するものを，ア～エから1つずつ選びなさい。

(1) Can your sister go to the party tonight?

　ア　No, she isn't.　　イ　No, she can't.

　ウ　No, you aren't.　エ　No, you can't.

(2) Can you write your name in Japanese?

　ア　Yes, I can.　　イ　Yes, I do.

　ウ　No, I'm not.　エ　No, I don't.

(3) Can you help my brother?

　ア　Really?　　　イ　Yes, I do.

　ウ　All right.　　エ　He is good.

(4) Can I use your dictionary?

　ア　Yes, I can.　　　イ　Yes, of course.

　ウ　No, you don't.　エ　No, I can't.

3 あなた自身のことについて，次の質問に英語で答えなさい。

(1) Can you ride a bike?　　_____

(2) Can you bake bread?　　_____

(3) Can you play the harmonica?　_____

4 次の英文を，（　　）内の指示にしたがって書きかえなさい。

⑴ I read Chinese.　（「〜できる」という意味の文に）

_____

⑵ She can sing this song.　（疑問文に）

_____

⑶ I can move the rock.　（否定文に）

_____

⑷ He can go home <u>next week</u>.　（下線部をたずねる文に）

_____

⑸ I can see that blue bird <u>in the park</u>.　（下線部をたずねる文に）

_____

5 次の日本文の意味を表す英文を，（　　）内の語を並べかえて作りなさい。

⑴ あなたにいつまた会えるでしょうか。

（ you / I / when / see / can ）again?

_____ again?

⑵ 彼はフランス語で手紙を書くことができます。

（ a / can / French / in / letter / he / write ）.

_____

⑶ このかばんを使ってもいいですか。

（ use / I / bag / this / can ）?

_____

⑷ あのポスターが見えますか。

（ see / poster / you / that / can ）?

_____

⑸ 私は今あなたと話すことができません。

（ to / can't / you / I / talk ）now.

_____ now.

6 次の日本文に合うように，＿＿＿に適する語を入れなさい。

(1) 彼女はとても速く走ることができます。

She ＿＿＿＿＿＿ ＿＿＿＿＿＿ very fast.

(2) その赤ちゃんはスプーンを使うことができません。

The baby ＿＿＿＿＿＿ ＿＿＿＿＿＿ a spoon.

(3) ドアを開けてもいいですか。

＿＿＿＿＿＿ ＿＿＿＿＿＿ ＿＿＿＿＿＿ the door?

(4) 私はあなたのために何ができますか。

＿＿＿＿＿＿ ＿＿＿＿＿＿ ＿＿＿＿＿＿ do for you?

(5) 私はこの漢字を読むことができません。

＿＿＿＿＿＿ ＿＿＿＿＿＿ ＿＿＿＿＿＿ this *kanji*.

(6) 彼はいつ職場から戻ってくることができますか。

＿＿＿＿＿＿ ＿＿＿＿＿＿ he come back from the office?

(7) この手紙を私に読んでくれませんか。── いいですよ。

＿＿＿＿＿＿ ＿＿＿＿＿＿ ＿＿＿＿＿＿ this letter for me?

── ＿＿＿＿＿＿.

(8) もしもし，リクさんはいらっしゃいますか。(電話で)

Hello. ＿＿＿＿＿＿ ＿＿＿＿＿＿ speak to Riku, please?

7 次のようなとき英語でどのように言いますか。その英語を書きなさい。

(1) その映画(the movie)を見ることができる場所をたずねるとき。

＿＿＿＿＿＿＿＿＿＿＿＿＿＿＿＿＿＿＿＿＿＿＿＿＿＿＿＿＿

(2) 相手の鉛筆を使ってもよいかとたずねるとき。

＿＿＿＿＿＿＿＿＿＿＿＿＿＿＿＿＿＿＿＿＿＿＿＿＿＿＿＿＿

(3) 相手に台所を掃除してほしいと頼むとき。

＿＿＿＿＿＿＿＿＿＿＿＿＿＿＿＿＿＿＿＿＿＿＿＿＿＿＿＿＿

(4) 自分はスキーをする(ski)ことができないと言うとき。

＿＿＿＿＿＿＿＿＿＿＿＿＿＿＿＿＿＿＿＿＿＿＿＿＿＿＿＿＿

(5) 相手に助けてもらいたいとき。

＿＿＿＿＿＿＿＿＿＿＿＿＿＿＿＿＿＿＿＿＿＿＿＿＿＿＿＿＿

第 **4** 章

命令文

命令文（≫p.78〜）の解説動画を確認しよう！

解説動画

相手に命令や依頼をする文

Wash 〜.（動詞の原形）

22 Wash 〜.「〜を洗いなさい」

●相手にしてほしいことを伝えよう。

例文

Wash your hands.

手を洗いなさい。

▶「〜しなさい」「〜してください」と相手に命令したり依頼したりする文を命令文という。

▶命令文は主語を省略して，動詞の原形で始める。

⚠ 「はい」と返事をするときはOK. / Sure. などを使う。
Close the door. ── **Sure**. （ドアを閉めて。── いいですよ。）

＋@ 呼びかける相手の名前を前か後ろにつけることもある。呼びかけの語はコンマで区切る。
Clean your room, **Ken**. （部屋を掃除しなさい, ケン。）
Ken, clean your room. （ケン, 部屋を掃除しなさい。）

（用語）動詞は，主語や現在・過去のちがいなどによって形が変化する。原形とは変化していないもとの形をいう。

命令文の主語のyouは省略されるんだね。

 ポイント

ふつうの文 You wash your hands. （あなたは手を洗います。）
↓ 主語は省略　↓ 動詞の原形で始める
命令文 **Wash** your hands.
動詞の原形

会話でチェック! →学校から帰ってきてお母さんと話しています。

発音練習

I'm home. I'm really hungry.　　　ただいま。本当におなかがすいたよ。

Hi. **Wash** your hands.
These are cookies for you.　　　おかえり。手を洗って。これらはあなたのためのクッキーよ。

Oh, thank you.　　　ああ, ありがとう。

Enjoy them!　　　それらを楽しんで!

✎ **確認問題 ❶**　解答➡p.242

日本文に合うように，（　　）に適する語を入れよう。

1. ユミ，あなたの名前をここに書きなさい。

　　Yumi, (　　　　　　　) your name here.

2. この鉛筆を使いなさい。はい，どうぞ。

　　(　　　　　　　) this pencil.　Here you are.

23 **Please open ～.**「～を開けてください」

●命令口調を和らげるときの表現を覚えよう。

例文
Please open the window.

窓を開けてください。 🎧

▶命令文にpleaseをつけると，「（どうぞ）～してください」と命令口調を和らげ，ややていねいに依頼する言い方になる。

▶pleaseの位置は，命令文の前でも後ろでもよい。後ろに置く場合は，〈 , 〉（コンマ）で区切る。

　　Please come in. （どうぞ中に入ってください。）
　　＝Come in, **please**.

会話表現 ほしい品物のあとにpleaseをつければ，買い物や注文をすることができる。
Two apples, **please**.
（リンゴを2つください。）

会話でチェック!　→部屋の中が少し暑いようです。 🎧

Please open the window. 　窓を開けてください。

Sure.　It's hot here.　いいですよ。ここは暑いです。

Make some cold tea, please.　冷たいお茶を入れてください。

That's a good idea.　それはいい考えですね。

発音練習

✎ **確認問題 ❷**　解答➡p.242

日本文に合うように，（　　）に適する語を入れよう。

1. どうぞ私といっしょに来てください。── わかりました。

　　(　　　　　　　) with me, (　　　　　　　).　── OK.

2. お母さん，これらの花を買ってください。── いいですよ。

　　(　　　　　　) (　　　　　　　　) these flowers, Mom.　── Sure.

24 Be 〜.「〜しなさい」

● be動詞を使った命令文の形に注意しよう。

> ### **Be** careful.
> 気をつけなさい。

▶ be動詞の命令文は，原形beで始める。「〜しなさい」「〜でありなさい」「〜になりなさい」などの意味を表す。

（**用語**）beは, am, is, areなどのbe動詞の原形。

▶ be動詞の命令文も，pleaseをつけてややていねいな言い方にすることができる。

Please be careful.（どうぞ気をつけてください。）
＝Be careful, **please**.

ポイント

ふつうの文	**You**	**are** careful.（あなたは注意深いです。）

↓ 主語は省略　↓ 原形のbeで始める

命令文	**Be** careful.（注意深くしなさい。→気をつけなさい。）

be動詞の原形

 会話でチェック！ →外国人に日本の食べ物を紹介しています。

発音練習

　Is this Japanese *takoyaki*?　　これが日本のたこ焼きですか。

　Yes. Try it, please.　　はい。食べてみてください。

　Thank you.　　ありがとう。

　But **be** careful. 👅 It's very hot.　　でも気をつけて。とても熱いですよ。

 **確認問題 ③**　解答➡p.242

例にならって日本文に合う英文を書こう。

［例］You aren't careful.（あなたは注意深くありません。）

　→ <u>Be careful.</u>（注意深くしなさい。）

1. You aren't kind to animals.（あなたは動物にやさしくありません。）

　→ ＿＿＿＿＿＿＿＿＿＿＿＿ to animals.（動物にやさしくしなさい。）

2. You aren't quiet.（あなたは静かではありません。）

　→ ＿＿＿＿＿＿＿＿＿＿＿＿, please.（どうか静かにしてください。）

80

いろいろな命令文

Don't ～. / Let's ～.

音声

25 Don't use ～.「～を使ってはいけません」

● してはいけないこと，してほしくないことの伝え方を覚えよう。

> 例文
> # **Don't** use Japanese in class.
> 授業中に日本語を使ってはいけません。

> ▶「～してはいけません」「～するな」「～しないでください」と禁止を表す命令文は，命令文の前に**Don't**を置く。

> ▶ be動詞を使った命令文では**Don't be** ～.となる。
> **Don't be** late for school.（学校に遅刻するな。）

（**用語**）禁止を表す命令文は，否定の命令文ともいう。

前か後ろにpleaseをつけると，ややていねいな言い方になる。

> 命令文　Use Japanese in class.
> 　↓ Don'tを置く　　　　　　　　　　　　（授業中に日本語を使いなさい。）
> 禁止の命令文　**Don't** use Japanese in class.
> 　Don't＋動詞の原形

会話でチェック！ →英語の授業中です。

	Watashi wa	ワタシハ…。
	Don't use Japanese in class.	授業中は日本語を使ってはいけません。
	I am ... from ... Japan.	私は…日本…出身です。
	Good.　Don't be shy.	いいですよ。恥ずかしがらないで。

発音練習

確認問題 ❹　解答➡p.242

日本文に合うように，（　）に適する語を入れよう。

1. 今，ゲームをしてはいけません。　（　　　　　　　　）play games now.
2. 怖がらないでください。　　　　　（　　　　　　）（　　　　　　　　）afraid, please.

第4章　命令文

81

26 **Let's have 〜.「〜を食べましょう」**
● 「〜しましょう」と相手を誘う表現を覚えよう。

例文 **Let's** have lunch together.
いっしょにお昼ご飯を食べましょう。

▶「（いっしょに）〜しましょう」と相手を勧誘するときは，〈Let's＋動詞の原形〜.〉の形を使う。

Let's 〜.の文は，話し手（I）と相手（you）がいっしょに何かをすることを意味する。

▶ Let's 〜.の文への答え方も覚えておこう。

[同意するとき]	Yes, let's. (はい, そうしましょう。)
	All right. / OK. (いいですよ。)
[同意しないとき]	No, let's not. (いいえ, やめましょう。)

⚠ Let's 〜.の否定文は Let's not 〜.(〜しないでおこう。)となる。
　Let's not go there. (そこへ行かないでおきましょう。)

命令文	Have lunch. (お昼ご飯を食べなさい。)
	[→命令された相手が食べる]
↓ Let'sを置く	
勧誘の文	**Let's** have lunch together.
〈Let's＋動詞の原形〉	[→話し手と相手がいっしょに食べる]

会話でチェック! →もうお昼です。

Let's have lunch together. 🔊　いっしょにお昼ご飯を食べましょう。

OK. Let's eat hamburgers.　いいですよ。ハンバーガーを食べましょう。

No, let's not. I don't like meat.　いいえ, やめましょう。肉は好きではありません。

発音練習

 確認問題 ⑤ 解答➡p.242

日本文に合うように，（　）に適する語を入れよう。

1. 音楽を聞こうよ。
　（　　　　　）（　　　　　　　）to some music.
2. ここで写真を撮りましょう。── はい, そうしましょう。
　（　　　　　）（　　　　　　　）a picture here. ── Yes, （　　　　　　）.

相手に命令や依頼をする文　　　　Wash 〜.（動詞の原形）

☑ 22 **Wash 〜.** 「〜を洗いなさい」

> **Wash** your hands.　　　　　　　　　（手を洗いなさい。）

▶「〜しなさい」「〜してください」と相手に命令したり依頼したりする文を命令文という。

▶ 命令文は主語を省略して，動詞の原形で始める。

☑ 23 **Please open 〜.** 「〜を開けてください」

> **Please** open the window.　　　　　　（窓を開けてください。）

▶ 命令文にpleaseをつけると，「（どうぞ）〜してください」と命令口調を和らげ，ややていねいに依頼する言い方になる。pleaseの位置は，命令文の前でも後ろでもよい。

☑ 24 **Be 〜.** 「〜しなさい」

> **Be** careful.　　　　　　　　　　　　（気をつけなさい。）

▶ be動詞を使った「〜しなさい」「〜でありなさい」「〜になりなさい」などの意味の命令文は，原形beで始める。

▶ be動詞の命令文も，pleaseをつけてややていねいな言い方にすることができる。

いろいろな命令文　　　　　　　Don't 〜. / Let's 〜.

☑ 25 **Don't use 〜.** 「〜を使ってはいけません」

> **Don't** use Japanese in class.　　（授業中に日本語を使ってはいけません。）

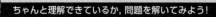

▶ 「～してはいけません」「～するな」「～しないでください」と禁止を表す命令文は，ふつうの命令文の前にDon'tを置く。

▶ be動詞を使った命令文ではDon't be ～.となる。

✔ 26 Let's have ～. 「～を食べましょう」

> **Let's** have lunch together. （いっしょにお昼ご飯を食べましょう。）

▶ 「（いっしょに）～しましょう」と相手を勧誘するときは，〈Let's ＋動詞の原形～.〉の形を使う。

▶ Let's ～.の文への答え方も覚えておこう。

[同意するとき] 　Yes, let's. （はい，そうしましょう。）
　　　　　　　　All right. / OK. （いいですよ。）
[同意しないとき] No, let's not. （いいえ，やめましょう。）

▶ Let's ～.の否定文はLet's not ～. （～しないでおこう。）となる。

まとめておこう

いろいろな命令文

ふつうの命令文	Read the book. （その本を読みなさい。） Be quiet. （静かにしなさい。）
ややていねいな命令文	Please help me. （私を手伝ってください。） ＝Help me, please.
禁止の命令文	Don't run here. （ここで走ってはいけません。） Don't be noisy. （さわがしくしてはいけません。）
勧誘の命令文	Let's play soccer. （サッカーをしましょう。） ── Yes, let's. （はい，そうしましょう。） 　　 No, let's not. （いいえ，やめましょう。）

1 次の（　）内から適する語を選びなさい。

(1) Please（stands, stand）up.　　　　　　　　　　　　　_____

(2)（Don't, Not）speak in this room.　　　　　　　　　　_____

(3)（Do, Be）careful, Becky.　　　　　　　　　　　　　_____

(4)（Let, Let's）read together.　　　　　　　　　　　　_____

2 次の英文を，（　）内の指示にしたがって書きかえなさい。

(1) You do your homework.　（「～しなさい」という意味の文に）

_____

(2) You eat these cookies.　（「～するな」という意味の文に）

_____

(3) You are quiet, Yuki.　（「～しなさい」という意味の文に）

_____

(4) We go to the cafe.　（「～しましょう」という意味の文に）

_____

3 次の日本文の意味を表す英文を，（　）内の語句を並べかえて作りなさい。

(1) クリス，自分の部屋を掃除しなさい。

（ your / clean / room ）, Chris.

_____, Chris.

(2) このコンピューターを使ってはいけません。

（ computer / use / don't / this ）.

_____

(3) その問題について話しましょう。

（ the problem / talk / about / let's ）.

_____

4 次の英文を日本語になおしなさい。

(1) Don't eat too much.

_____

(2) Write to me soon, please.

_____

(3) Let's walk in the park.

_____

(4) Please don't be angry.

_____

5 次の日本文に合うように，＿＿＿に適する語を入れなさい。

(1) ドアを閉めなさい。

_____ the door.

(2) どうぞここへ来てください。

_____ here, _____.

(3) 建物の中を走らないでください。

_____ _____ in the building, please.

(4) ここにあなたの名前を書いてください。

_____ _____ your _____ here.

(5) ケン，そんなに速くしゃべらないで。

_____ _____ so fast, Ken.

(6) 今晩はテレビを見ないでおきましょう。

_____ _____ watch TV this evening.

6 次の日本文を英語になおしなさい。

今日の午後，映画を見に行こうよ。　　　　　＊映画を見に行く：go to the movies

── そうしよう。2時に駅で会おう。

_____

_____

第**5**章

複数の文

名詞の複数形

～s / ～es

27 名詞の複数形

● 名詞が「2つ以上」を表すときの形を覚えよう。

> 例文
> # I have two **dogs**.
> 私は2匹のイヌを飼っています。

> ▶「2つ以上のもの」や「2人以上の人」を表すときは，名詞を
> 複数形にする。複数形は主に名詞の終わり（語尾）にs / es
> をつけて作る。
>
> I have a **dog**.　[dog＝単数形]
> （私は1匹のイヌを飼っています。）
> I have two **dogs**.　[dogs＝複数形]
> （私は2匹のイヌを飼っています。）

（用語）「1つ，1人」を表す形を単数形という。

◆名詞の複数形の作り方

ふつうの語 →sをつける	dog(イヌ) → dog**s** apple(リンゴ) → apple**s** book(本) → book**s**
s / x / sh / chで終わる語 →esをつける	bus(バス) → bus**es** box(箱) → box**es** dish(皿) → dish**es** watch(腕時計) → watch**es**
〈子音字＋y〉で終わる語 →yをiに変えてesをつける	city(市) → cit**ies** country(国) → countr**ies**

※〈母音字＋y〉で終わる語はそのままsをつける。
　boy(男の子) → boy**s**

sのつけ方に注意が
必要な語もあるんだ
ね。

（用語）
母音字：母音 (a, i, u, e,
oなど) を表す文字。
子音字：子音 (母音以外の
音) を表す文字。

注意すべき複数形の作り方

- oで終わる語にはsをつけるものとesをつけるものがある。

  piano(ピアノ) → piano**s**

  photo(写真) → photo**s**

  tomato(トマト) → tomato**es**

  potato(ジャガイモ) → potato**es**

- f / feで終わる語はf / feをvに変えてesをつける。

  leaf(葉) → lea**ves**

  life(生活) → li**ves**

- sやesをつけず, 不規則な形になるものもある。

  child(子ども) → child**ren**

  man(男の人) → m**e**n

  woman(女の人) → wom**e**n

  foot(足) → f**ee**t

- 単数形と複数形が同じ形のものもある。

  fish(魚) → fish

  Japanese(日本人) → Japanese

◆複数形のs / esの発音

単数形の語尾の発音によって変わる。

たいていの語 →[z ズ]
pen**s**(ペン)[penz ペンズ]　day**s**(日)[deiz デイズ]
girl**s**(女の子)[gə:rlz ガールズ]
※dsは[dz ヅ]と発音する。
friend**s**(友達)[frendz フレンヅ]

[k ク][p プ][t ト] →[s ス]
book**s**(本)[buks ブックス]　map**s**(地図)[mæps マップス]
※tsは[ts ツ]と発音する。　cat**s**(ネコ)[kæts キャッツ]

[s ス][z ズ][ʃ シ][ʒ ジ][tʃ チ][dʒ ヂ] →[iz イズ]
bus**es**(バス)[bʌ́siz バスィズ]
box**es**(箱)[bʌ́ksiz バクスィズ]
dish**es**(皿)[díʃiz ディッシィズ]
watch**es**(腕時計)[wʌ́tʃiz ワッチィズ]

第**5**章

複数の文

89

日本語に合うように，（　）に適する語を入れよう。

1. 1本の鉛筆　　a pencil　　→ 2本の鉛筆　　two（　　　　　　）
2. 1人の赤ん坊　a baby　　　→ 2人の赤ん坊　two（　　　　　　）
3. 1台のバス　　a bus　　　　→ 3台のバス　　three（　　　　　　）
4. 1人の女の人　a woman　　→ 4人の女の人　four（　　　　　　）

28 How many ～?「いくつの～ですか」

● 数をたずねる言い方を覚えよう。

> **How many dogs** do you have?
> 例文 —— I have two.
> あなたはイヌを何匹飼っていますか。 —— 2匹飼っています。 🎧

▶「いくつの～」と数をたずねるときは how many を使う。
〈how many＋名詞の複数形〉を文の最初に置き，その
あとに疑問文の形を続ける。

▶答えるときは具体的な数を答える。

（**参照**）数の表し方
>> p.104

ポイント

| 疑問文 | Do you have two dogs? |

〈how many＋名詞の複数形〉を文頭に

| how many の疑問文 | **How many dogs** do you have? |

疑問文の語順

| 答えの文 | I have two (dogs). / Two. |

—— dogsは省略してもよい

会話 でチェック！ →ペットの話をしています。 🎧

発音練習

Do you have any pets?
あなたはペットを飼っていますか。

Yes, I do. I have dogs and cats.
はい，飼っています。イヌとネコを飼っています。

How many dogs do you have? ✎
あなたはイヌを何匹飼っていますか。

I have two.
2匹飼っています。

日本文に合うように，（　　）に適する語を入れよう。

1. あなたはリンゴが何個ほしいですか。—— 2個ほしいです。

    How many （　　　　　　） （　　　　　　） （　　　　　　　　） want?

    —— I want （　　　　　　　）.

2. あなたは本を何冊持っていますか。—— 10冊持っています。

    （　　　　　　） （　　　　　　　） （　　　　　　　　） do you have?

    —— （　　　　　　　） （　　　　　　　） ten books.

29 数えられない名詞

▶ 1つ，2つ…と数えられない名詞もある。数えられない名詞はa / anがつかず，複数形にもならない。

I like **dogs**. (私はイヌが好きです。)

[いろいろなイヌを思い浮かべて複数形にしている。]

I like **milk**. (私は牛乳が好きです。)

× I like a milk.　× I like milks.

[牛乳には形がないのでaもつけず，複数形にもしない。]

▶ [数えられない名詞の種類]

1. 地名・人名など

    Japan(日本), Kyoto(京都), Kate(ケイト), Smith(スミス) など

2. 決まった形を持たない物質など

    milk(牛乳), tea(お茶), coffee(コーヒー), bread(パン), water(水), rain(雨), air(空気), paper(紙), money(お金) など

3. 教科・スポーツの名前や，形のない概念など

    math(数学), English(英語), tennis(テニス), soccer(サッカー) など
    love(愛), music(音楽), time(時間), homework(宿題) など

⚠ 数えられない名詞でも，容器や形などを表す語を使って，次のように数量を示すことができる。

    a **cup** of milk (カップ1杯の牛乳)
    two **glasses** of water (グラス2杯の水)

27の複数形にできる名詞は「数えられる名詞」である。

第**5**章　複数の文

用語　1～3の数えられない名詞はそれぞれ次のように呼ばれる。
1. ＝固有名詞
2. ＝物質名詞
3. ＝抽象名詞

音声

「いくつかの〜」

some 〜 / any 〜

30 **some 〜**「いくつかの〜」「いくらかの〜」

● 数をはっきり言わないときの some の使い方を学習しよう。

例文
I eat **some** bananas every day.
私は毎日（何本かの）バナナを食べます。

▶〈some ＋数えられる名詞の複数形〉は「いくつかの〜，何人かの〜」の意味で，数をはっきり言わないときに使う。

someは日本語に訳さなくてもいい場合が多い。

I have **some** friends in America.
（私はアメリカに（何人かの）友達がいます。）

▶〈some ＋数えられない名詞〉は「いくらかの〜」の意味で，量をはっきり言わないときに使う。

I want **some** tea. （私は（いくらかの）お茶がほしいです。）

会話 でチェック！　→フルーツの話をしています。

発音練習

Do you like fruit? あなたはフルーツが好きですか。

Yes, I do. はい，好きです。

Do you eat fruit for breakfast? 朝ご飯にフルーツを食べますか。

Yes, I eat **some** bananas every day. はい，毎日バナナを食べます。

✎ **確認問題 ③**　解答 ➡ p.242

日本文に合うように，（　　）に適する語を入れよう。

1. 私はかばんにノートを何冊か持っています。

   I have (　　　　　　) (　　　　　　　　) in my bag.

2. 私は朝ご飯に牛乳をいくらか飲みます。

   I drink (　　　　　) (　　　　　　　　) for breakfast.

92

31 any 〜「1つでも〜」「いくらかでも〜」

●疑問文で使うanyの用法を学習しよう。

例文

Do you have **any** brothers?

あなたには（1人でも）兄弟がいますか。

▶ 疑問文ではふつうsomeでなく**any**を使う。〈any＋数えられる名詞の複数形〉は「1つでも〜，1人でも〜」の意味，〈any＋数えられない名詞〉は「いくらかでも〜」の意味を表す。

このanyも, 日本語に訳さなくてもいい場合が多い。

Do you have **any** money?
(あなたは(いくらかでも)お金を持っていますか。)

会話でチェック! →兄弟のことをたずねられました。

Do you have **any** brothers?	あなたには兄弟がいますか。
Yes, I do.	はい, います。
How many brothers do you have?	何人の兄弟がいますか。
I have three brothers.	3人の兄弟がいます。

確認問題 ④ 解答 ➡ p.242

次の英文を疑問文に書きかえよう。

1. You have some friends in America. (あなたはアメリカに何人か友達がいます。)
   → Do you have (　　　　　　) (　　　　　　) in America?
2. You have some time now. (あなたは今, いくらかの時間があります。)
   → Do you have (　　　　　　) (　　　　　　) now?

32 not any 〜「1つも〜ない」「少しも〜ない」

●否定文で使うanyの用法を学習しよう。

例文

I **don't** have **any** classes today.

私は今日, 授業が1つもありません。

▶ 否定文ではふつう some でなく any を使う。〈not any ＋数えられる名詞の複数形〉は「1つも～ない，1人も～ない」，〈not any ＋数えられない名詞〉は「少しも～ない」の意味を表す。

ないことを強調する表現だよ。

I **don't** have **any** homework today.
（私は今日は宿題が少しもありません。）

⚠ not any ～は no ～で言いかえられる。
I **don't** have **any** CDs.
＝I have **no** CDs. （私は CD を1枚も持っていません。）

会話 でチェック！ →今日は何曜日でしょうか。 🎧

発音練習

Are you free now? あなたは今，ひまですか。

Yes, I am. It's Sunday! I **don't** have **any** classes today.

はい，ひまです。日曜日ですよ！　私は今日，授業が1つもありません。

✏ 確認問題 ❺ 解答➡p.242

次の英文を否定文に書きかえよう。

1. I have some friends in America. （私はアメリカに何人か友達がいます。）

→ I don't have (　　　　　　) (　　　　　　　) in America.

2. I have some time now. （私は今，時間がいくらかあります。）

→ I don't have (　　　　　) (　　　　　) now.

⚠ 「たくさんの～」「少しの～」を表す語句も覚えておこう。

「**たくさんの～，多くの～**」
many［数］/ **much**［量］/ **a lot of**［数・量］
I have **many** friends.
＝I have **a lot of** friends.
（私にはたくさんの友達がいます。）
Do you have **much** money now?
＝Do you have **a lot of** money now?
（あなたは今，たくさんのお金を持っていますか。）
「**少しの～**」
a few［数］/ **a little**［量］
I know **a few** Chinese words.
（私は少しの［2，3の］中国語の単語を知っています。）
I have **a little** money now.
（私は今，少しのお金を持っています。）

（**注意**）
〈**many** ＋数えられる名詞の複数形〉は「数」が多いことを表す。
〈**much** ＋数えられない名詞〉は「量」が多いことを表す。
a lot of は数・量のどちらにも使える。

（**注意**）
〈**a few** ＋数えられる名詞の複数形〉は「数」が少ないことを表す。
〈**a little** ＋数えられない名詞〉は「量」が少ないことを表す。

主語が複数形の文

 音声

We are ～. / They like ～.

33 **We are ～.** 「私たちは～です」

● 主語が複数のときの表現を覚えよう。

例文

We are good friends.

私たちは仲のよい友達です。 🎧

第 **5** 章

複数の文

▶ 複数を表す代名詞には，we（私たちは）/ you（あなたたちは）/ they （彼らは / 彼女らは / それらは）がある。

▶ we / you / they が主語の文では，be動詞は are を使う。

You are junior high school students.（あなたたちは中学生です。）
They are happy.（彼らは［彼女らは］幸せです。）

▶ 主語が複数の文では are のあとの名詞も複数形にする。

I **am** a student.　［主語 I が単数なので a student。］
（私は生徒です。）
We **are** students.　［主語 we が複数なので students。］
（私たちは生徒です。）

▶ 疑問文にするときは，are を主語の前に出す。答えるときも are を使う。

Are you students?（あなたたちは生徒ですか。）
—— Yes, we **are**. / No, we **aren't**.
（はい，そうです。/ いいえ，ちがいます。）
Are they teachers?（彼らは先生ですか。）
—— Yes, they **are**. / No, they **aren't**.
（はい，そうです。/ いいえ，ちがいます。）

▶ 否定文にするときは，are のあとに not を置く。

We **are not** busy.（私たちは忙しくありません。）
They **aren't** from Canada.（彼らはカナダ出身ではありません。）

---

you には「あなたは」と「あなたたちは」の両方の意味がある。

（**参照**） 代名詞のまとめ >> p.121

（**短縮形**）

we are → we're
you are → you're
they are → they're

（**復習**） 前に学習した疑問文の作り方を思い出そう。>> p.36

（**復習**） 前に学習した否定文の作り方を思い出そう。>> p.43

（**短縮形**）

are not → aren't

95

▶ 一般動詞の主語が複数形の場合は，I (私は) や you (あなたは) が主語のときと同じように考えればよい。

We like music very much.

（私たちは音楽がとても好きです。）

They go to school by bus.

（彼らはバスで学校へ行きます。）

復習 一般動詞の文を復習しよう。>> p.52

▶ 一般動詞の主語が複数形の疑問文は，〈Do ＋主語＋一般動詞〜？〉の形になる。答えるときは do / don't を使う。

Do you play soccer at school?

—— Yes, we **do**. / No, we **don't**.

（あなたたちは学校でサッカーをしますか。—— はい，します。/ いいえ，しません。）

復習 一般動詞の疑問文の形を思い出そう。>> p.54

▶ 一般動詞の主語が複数形の否定文は，動詞の前に do not [don't] を置き，〈主語＋ do not [don't] ＋一般動詞〜.〉の形になる。

We don't have any food now.

（今，私たちは少しも食べ物を持っていません。）

復習 一般動詞の否定文の形を思い出そう。>> p.57

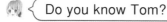

会話 で チェック！ →友達のトムのことを聞かれました。

発音練習

Do you know Tom?

あなたはトムを知っていますか。

Yes, I do. **We are** good friends. We go to school together every day.

はい，知っています。ぼくたちは仲のよい友達です。毎日いっしょに学校へ行きます。

確認問題 ❻ 解答➡p.242

日本文に合うように，( ) に適する語を入れよう。

1. 彼らは先生です。

( ) are ( ).

2. あなたたちは大阪出身ですか。—— はい，そうです。

( ) ( ) from Osaka? —— Yes, we ( ).

3. 彼らは英語を話しますか。—— いいえ，話しません。

( ) ( ) speak English? —— No, they ( ).

4. 私たちはこの町に住んでいません。

We ( ) ( ) in this town.

34 複数を表す名詞が主語の文

● 複数を表す名詞が主語になるときの表現を見てみよう。

例文 **Bob and Kate are** soccer fans.

ボブとケイトはサッカーファンです。

▶ 名詞の複数形や A and B（AとB）など複数を表す名詞が主語の場合も，we / you / they が主語の文と同じように考える。

Cats are cute.（ネコはかわいいです。）

The girls like this song.（その女の子たちはこの歌が好きです。）

▶ 疑問文や否定文も同じように考える。

Do your parents speak English?

── Yes, they **do**. / No, they **don't**.

（あなたの両親は英語を話しますか。── はい，話します。/ いいえ，話しません。）

Mary and I aren't sisters.　We are friends.

（メアリーと私は姉妹ではありません。私たちは友達です。）

主語が複数ならbe動詞はareだよ。

your parentsは，答えの文ではthey（彼らは）という代名詞にする。

Mary and Iは，代名詞で表すとwe（私たちは）。

会話でチェック！ →友達のボブとケイトの話をしています。

Bob and Kate are soccer fans.

ボブとケイトはサッカーファンです。

Do they watch soccer on TV?

彼らはテレビでサッカーを見ますか。

Yes, they do.　They play soccer, too.

はい，見ます。彼らはサッカーをプレーもします。

 発音練習

確認問題 ⑦　解答➡p.242

日本文に合うように，（　）に適する語を入れよう。

1. 彼女の子どもたちはとても親切です。

　Her （　　　　） （　　　　　　） very kind.

2. あなたとマイクはクラスメイトですか。

　（　　　　　） you （　　　　　） Mike classmates?

3. その男の子たちはあなたの名前を知りません。

　The （　　　　） （　　　　　　） know your name.

35 These are 〜.「これらは〜です」

●主語が these / those のときの表現を見てみよう。

例文 **These are** my parents.

こちらは私の両親です。

▶ this / that の複数形は these(これら) / those(あれら)。あとに be動詞がくる場合は are を使って, These are 〜.(これらは〜です。) / Those are 〜.(あれらは〜です。)とする。

Those are cherry trees. (あれらは桜の木です。)

▶ 疑問文・否定文は主語が複数形の文と同じように考える。

Are these your books?
—— Yes, they are. / No, they aren't.
(これらはあなたの本ですか。)
—— はい, そうです。/ いいえ, ちがいます。

What **are these**? —— They are oranges.
(これらは何ですか。—— オレンジです。)

Those are not birds. (あれらは鳥ではありません。)

（復習）this / that の 使い方を復習しよう。
≫ p.37

答えの文の主語は代名詞 they にする。

会話でチェック! →ホームステイする留学生アンを出迎えます。

発音練習

Hello! Are you Ann?　　こんにちは! あなたがアンですか。

Yes. Are you Ken?　　はい。あなたがケンですか。

Yes. Welcome to my home.
These are my parents.　　そうです。わが家へようこそ。こちらがぼくの両親です。

確認問題 ⑧　解答➡p.243

下線部を複数形にして書きかえるとき, (　　)に適する語を入れよう。

1. This is my textbook. (これは私の教科書です。)
   → (　　　　　　) (　　　　　　　) my textbooks.

2. Is that your dog? (あれはあなたのイヌですか。)
   → Are (　　　　　　) your (　　　　　　)?

名詞の複数形　　　　　　　　　　　　　　　　　　　～s / ～es

☑ **27 名詞の複数形**

> I have two **dogs**.　　　　　　　　　　　　（私は2匹のイヌを飼っています。）

▶ 「2つ以上のもの」や「2人以上の人」を表すときは，名詞を複数形にする。複数形は主に名詞の終わり（語尾）に s / es をつけて作る。

▶ 1つ，2つ…と数えられない名詞は a / an がつかず，複数形にもならない。

☑ **28 How many ～?**　「いくつの～ですか」

> **How many dogs** do you have?　　（あなたはイヌを何匹飼っていますか。）
> ── I have two.　　　　　　　　　（── 2匹飼っています。）

▶ 「いくつの～」と数をたずねるときは how many を使う。〈how many＋名詞の複数形〉を文の最初に置き，そのあとに疑問文の形を続ける。

「いくつかの～」　　　　　　　　　　　　　　　　　some ～ / any ～

☑ **30 some ～**　「いくつかの～」「いくらかの～」

> I eat **some** bananas every day.
> （私は毎日（何本かの）バナナを食べます。）

▶ 〈some＋数えられる名詞の複数形〉「いくつかの～，何人かの～」は，数をはっきり言わないときに，〈some＋数えられない名詞〉「いくらかの～」は，量をはっきり言わないときに使う。

▶ 疑問文ではふつう any を使う。〈any＋数えられる名詞の複数形〉は「1つでも～，1人でも～」の意味を，〈any＋数えられない名詞〉は「いくらかでも～」の意味を表す。

> **31** Do you have **any** brothers? （あなたは（1人でも）兄弟がいますか。）

第5章 複数の文

▶ 否定文ではふつう any を使う。〈not any ＋数えられる名詞の複数形〉は「1つも〜ない,
1人も〜ない」,〈not any ＋数えられない名詞〉は「少しも〜ない」の意味を表す。

32 **I don't** have **any** classes today.

(私は今日, 授業が1つもありません。)

主語が複数形の文   We are 〜. / They like 〜.

✓ 33 **We are 〜.** 「私たちは〜です」

> **We are** good friends.   (私たちは仲のよい友達です。)

▶ 複数を表す代名詞 we ／ you ／ they が主語の文では, be 動詞は are を使う。主語が複
数の文では are のあとの名詞も複数形にする。

▶ 疑問文にするときは are を主語の前に出す。答えるときも are を使う。

▶ 否定文にするときは are のあとに not を置く。

▶ 一般動詞の主語が複数形の場合は, I（私は）や you（あなたは）が主語のときと同じように考
えればよい。一般動詞の主語が複数形の疑問文は,〈Do ＋主語＋一般動詞〜?〉の形に
なる。答えるときは do / don't を使う。

▶ 一般動詞の主語が複数形の否定文は, 動詞の前に do not [don't] を置き,〈主語＋ do
not [don't] ＋一般動詞〜.〉の形になる。

▶ 名詞の複数形や A and B など複数を表す名詞が主語の場合も, we ／ you ／ they が主
語の文と同じ。疑問文や否定文も同じように考える。

34 **Bob and Kate are** soccer fans. (ボブとケイトはサッカーファンです。)

✓ 35 **These are 〜.** 「これらは〜です」

> **These are** my parents.   (こちらは私の両親です。)

▶ this / that の複数形 these（これら）/ those（あれら）のあとに be 動詞がくる場合は, These
are 〜.（これらは〜です。）/ Those are 〜.（あれらは〜です。）とする。疑問文・否定文は
主語が複数形の文と同じように考える。

定期試験対策問題 （解答➡p.253）

1 例にならって，次の名詞の複数形を書きなさい。

（例） book → **books**

(1) pen　＿＿＿＿＿＿　(2) hand　＿＿＿＿＿＿

(3) dish　＿＿＿＿＿＿　(4) brother　＿＿＿＿＿＿

(5) box　＿＿＿＿＿＿　(6) story　＿＿＿＿＿＿

(7) leaf　＿＿＿＿＿＿　(8) man　＿＿＿＿＿＿

2 次の（　）内から適する語を選びなさい。

(1) (This, These) pencil is short.　＿＿＿＿＿＿

(2) Are those new? —— Yes, (they, it) are.　＿＿＿＿＿＿

(3) We are good (friend, friends).　＿＿＿＿＿＿

(4) I have (a, some) pictures.　＿＿＿＿＿＿

(5) Some bread (is, are) on the table.　＿＿＿＿＿＿

(6) Our house (are, is) white.　＿＿＿＿＿＿

3 次の問いに対する答えとして適するものを，ア～オから1つずつ選びなさい。

(1) Do the students study Japanese?　＿＿＿＿＿＿

(2) Are these apples?　＿＿＿＿＿＿

(3) Do you have any coins?　＿＿＿＿＿＿

(4) Are you brothers?　＿＿＿＿＿＿

(5) How many pets do you have?　＿＿＿＿＿＿

ア	Yes, we are.
イ	No, they don't.
ウ	I have two.
エ	No, they're not.
オ	Yes, I do.

4 次の英文を，（　）内の指示にしたがって書きかえなさい。

(1) I am busy. （下線部をwe に変えて）

＿＿＿＿＿＿＿＿＿＿＿＿＿＿＿＿＿＿＿＿＿＿＿

(2) This is an egg. （下線部をthese に変えて）

＿＿＿＿＿＿＿＿＿＿＿＿＿＿＿＿＿＿＿＿＿＿＿

(3) We have a cat. （下線部をtwoに変えて）

_____

(4) Those are planes. （疑問文にして，Yesで答える）

_____

(5) I have some video games. （否定文に）

_____

5 次の日本文の意味を表す英文を，（　　）内の語句を並べかえて作りなさい。

(1) ぼくらはクラスメイトではありません。

(are / classmates / not / we).

_____

(2) あれらの本はおもしろいですか。

(books / interesting / those / are)?

_____

(3) あなたはよい映画を知っていますか。

(any / know / do / movies / you / good)?

_____

(4) 私はいくつかのおもしろい話を知っています。

(funny / I / some / stories / know).

_____

(5) お子さんは何人ですか。

(you / children / many / have / do / how)?

_____

(6) 彼女たちはこの家に住んでいません。

(live / do / this house / they / not / in).

_____

6 次の英文を日本語になおしなさい。

(1) I don't like any sports.

_____

⑵ You are good singers.

_____

⑶ Are they your classmates?

_____

⑷ Mary and I are not sisters. We are friends.

_____

⑸ I see some children in the park.

_____

7 次の日本文に合うように，＿＿に適する語を入れなさい。

⑴ 彼らはここに住んでいますか。

_____ _____ _____ here?

⑵ あなたは今日何か宿題がありますか。

Do you have _____ homework today?

⑶ 私はマンガ本を1冊も読みません。

I don't read _____ comic books.

⑷ 私は今お金を少しも持っていません。

I have _____ money now.

⑸ 川にたくさんの魚が見えます。

I see a _____ of fish in the river.

⑹ 彼らは英語とフランス語を話します。

_____ _____ _____ and French.

⑺ 今日は1つもテストがありません。

We _____ have any _____ today.

⑻ 私は毎朝，牛乳をカップに2杯飲みます。

I drink _____ _____ _____ milk every morning.

⑼ トムとマイクは中学生です。

Tom and Mike _____ junior high school _____.

⑽ あれらは何ですか。

_____ _____ those?

数の表し方

● **英語の数の表し方には，次の２つがある。**

①**基数**＝「1，2，3，…」のように個数を数えるときなどの言い方。

②**序数**＝「第〜」「〜番目」など順序を表す言い方。

４以上の序数は〈基数＋th〉の形になる（※つづりが変化する場合に注意）。

	①基数	②序数		①基数	②序数
1	one	**first**※1	21	twenty-one※2	twenty-first※3
2	two	**second**	29	twenty-nine	twenty-ninth
3	three	**third**	30	thirty	thirtieth
4	four	fourth	40	**forty**	fortieth
5	five	**fifth**	50	fifty	fiftieth
6	six	sixth	60	sixty	sixtieth
7	seven	seventh	70	seventy	seventieth
8	eight	**eighth**	80	eighty	eightieth
9	nine	**ninth**	90	ninety	ninetieth
10	ten	tenth	100	one hundred	one hundredth
11	eleven	eleventh	101	one hundred (and) one※4	one hundred (and) first
12	twelve	**twelfth**	115	one hundred (and) fifteen	one hundred (and) fifteenth
13	thirteen	thirteenth	200	two hundred※5	two hundredth
14	fourteen	fourteenth	999	nine hundred (and) ninety-nine	nine hundred (and) ninety-ninth
15	fifteen	fifteenth			
16	sixteen	sixteenth			
17	seventeen	seventeenth			
18	eighteen	eighteenth	1000	one thousand	one thousandth
19	nineteen	nineteenth	2000	two thousand	two thousandth
20	twenty	**twentieth**			

※1　太字の語はつづりに注意。

※2　21〜99で1の位が1〜9の語は，10の位と1の位の間にハイフン(-)を入れてつづる。

※3　2けた以上の序数は，最後の語だけを序数の形にする。

※4　101以上は，hundredのあとにandを入れても入れなくてもよい。

※5　hundred，thousandは複数形にしない。× two hundred<u>s</u> / × five thousand<u>s</u>

第**6**章

likes, has の文

一般動詞（≫p.106 ～）の解説動画を確認しよう！

解説動画

3人称単数現在の文

He likes 〜. / She has 〜.

36 **He likes 〜.**「彼は〜が好きです」

● 「彼」や「彼女」が主語の場合の一般動詞の形を学習しよう。

> 例文
>
> # He **likes** Japan.
>
> 彼は日本が好きです。

▶ 主語が3人称（I / you以外）の単数（1つ，1人）で，現在のことを述べる文を3人称単数現在の文という。3人称単数現在の文では，一般動詞の語尾にs / esをつける。

My sister **goes** to school by bike. ［My sister＝3人称単数］
（私の姉は自転車で学校へ行きます。）

用語 このs / esを「3人称単数現在のs / es」という。簡単に「3単現のs」ということもある。

▶ 3人称単数現在の文では，haveはhasになる。

She **has** a cute cat.
（彼女はかわいいネコを飼っています。）

⚠ 主語が3人称単数であっても，canなどの助動詞の形は変わらない。また，助動詞の後ろにくる動詞はつねに原形（変化しないもとの形）で，3人称単数現在のs [es]はつかない。
　　He **swims**.（彼は泳ぎます。）
　　He **can** swim.（彼は泳ぐことができます。）
　　× He can**s** swim. / × He can swim**s**.

用語 「人称」には次の3つがある。
1人称：I（私は），we（私たちは）
2人称：you（あなたは，あなたたちは）
3人称：he / she / it（彼は / 彼女は / それは），they（彼らは / 彼女らは / それらは）など

I	**like**	Japan.	→主語Iは**1人称単数**
He	**likes** Japan.		→主語Heは**3人称単数**

└ 3単現のs

They	**have**	a cute cat.	→主語Theyは**3人称複数**
She	**has**	a cute cat.	→主語Sheは**3人称単数**

have → has

◆ 3人称単数現在の s / es のつけ方

ふつうの動詞 → s をつける	like(好む) → like**s** answer(答える) → answer**s** know(知っている) → know**s**
s / x / sh / ch / o で 終わる動詞 → es をつける	wash(洗う) → wash**es** teach(教える) → teach**es** go(行く) → go**es** do(する) → do**es**
〈子音字 + y〉で終わる動詞 → y を i に変えて es をつける	study(学ぶ) → stud**ies** try(試す) → tr**ies**

※〈母音字 + y〉で終わる語はそのまま s をつける。
　play(遊ぶ) → play**s**

◆ s / es の発音

[z ズ]	play**s** [pleiz プレイズ]　　know**s** [nouz ノウズ]
[s ス]	like**s** [laiks ライクス]　　hel**ps** [helps ヘルプス]
[iz イズ]	wash**es** [wáʃiz ワシィズ] watch**es** [wátʃiz ワッチィズ]

（復習）名詞の複数
形の作り方とほぼ同じ。
≫ p.88

（参照）母音字・子音
字 ≫ p.88

（発音）
ds [dz ヅ] / ts [ts ツ]
reads [ri:dz リーヅ]
eats [i:ts イーツ]
不規則な発音
does [dʌz ダズ]
says [sez セズ]

likes, has の文
第6章

会話でチェック!　→留学生のジョンの話をしています。

 Is John from Canada?　　ジョンはカナダ出身ですか。

Yes, he is. He likes Japan.
He studies Japanese hard.
はい, そうです。彼は日本が好きです。
彼は日本語を熱心に勉強します。

発音練習

確認問題 ①　解答➡p.243

日本文に合うように, （　）に適する語を入れよう。
1. メアリーはこの歌を知っています。
　Mary (　　　　　　) this song.
2. 彼はたくさんの本を持っています。
　(　　　　　　) (　　　　　　) a lot of books.
3. 私の父は毎週, 車を洗います。
　My (　　　　　) (　　　　　　　) his car every week.

3人称単数現在の疑問文

Does he like 〜?

37 **Does he like 〜?「彼は〜が好きですか」**

● 「3単現」の文の疑問文の作り方と，答え方を覚えよう。

Does he **like** music?
—— Yes, he **does**. / No, he **doesn't**.

彼は音楽が好きですか。—— はい，好きです。/ いいえ，好きではありません。

▶ He likes 〜.など3単現のsがついた一般動詞の文の疑問文は，
〈Does＋主語＋動詞の原形〜?〉の形になる。

×Does he likes 〜?
としないよう注意!

▶ Does he 〜?には，「はい」なら Yes, he does., 「いいえ」
なら No, he doesn't.と答える。疑問文の主語に応じた代名
詞he / she / itを使う。

Does your sister have a racket?
—— Yes, she **does**. / No, she **doesn't**.

（あなたの妹さんはラケットを持っていますか。
—— はい，持っています。/ いいえ，持っていません。）

No, he [she] doesn't.は
No, he [she] does not.
とも言う。

ポイント

| ふつうの文 | He **likes** music. | （彼は音楽が好きです。） |

主語の前にDoses　　sをとって原形に

疑問文 **Does** he **like** music?

答えの文 Yes, he **does**. / No, he **doesn't**.

会話でチェック! →ジャックが何かを持っています。

Jack has a guitar. **Does** he **like** music?

ジャックがギターを持っています。彼は音楽が好きですか。

Yes, he **does**. How about you?

はい，好きです。あなたはどうですか。

I like music, too.

私も音楽が好きです。

108

確認問題 ②　解答➡p.243

次の英文を疑問文に書きかえ，答えの文も完成させよう。

1. She lives in London.（彼女はロンドンに住んでいます。）

→ (　　　　　) (　　　　　　　) live in London? —— Yes, she (　　　　　).

2. Ken has a dog.（ケンはイヌを飼っています。）

→ (　　　　　) Ken (　　　　　　) a dog? —— No, (　　　　　) (　　　　　).

[38] What does she 〜？「彼女は何を〜しますか」

● whatを使った「3単現」の文の疑問文の作り方と，答え方を覚えよう。

例文

What does she teach?
—— She teaches English.

彼女は何を教えていますか。 —— 彼女は英語を教えています。

▶「何を〜しますか」とたずねるときはwhatを文の最初に置き，そのあとに疑問文の形を続ける。

（**参照**）what, whoなどは疑問文の最初に置く。
>> p.55

▶ 答えの文の動詞に3単現のsをつけるのを忘れないこと。

ポイント

疑問文　　　　**Does** she **teach** English?

whatを文頭に　　　　　　　　　（彼女は英語を教えますか。）

whatの疑問文　**What does** she **teach**?

疑問文の語順

答えの文　She teaches English.

3単現のsをつける

会話でチェック!　→友達のお姉さんの話をしています。

My sister is a teacher.　　私の姉は教師なの。

What does she **teach**?　お姉さんは何を教えているの。

She teaches English.　　英語を教えているわ。

発音練習

確認問題 ③　解答➡p.243

下線部が答えの中心になるように，疑問文の(　　)に適する語を入れよう。

1. (　　　　　) (　　　　　　) she (　　　　　　) for her birthday?

—— She wants a new bag.

3人称単数現在の否定文

She doesn't eat 〜.

39 **She doesn't eat 〜.「彼女は〜を食べません」**

● 「3単現」の文の否定文の作り方を覚えよう。

> 例文
> # She **doesn't eat** breakfast.
> 彼女は朝ご飯を食べません。

▶ She likes 〜. など3単現のsがついた一般動詞の文の否定文は，動詞の原形の前に does not [doesn't] を置き，〈主語＋does not [doesn't] ＋動詞の原形〜.〉の形にする。

My father **doesn't have** a car. （私の父は車を持っていません。）

短縮形
does not → doesn't

ポイント

 ふつうの文 She **eats** breakfast. （彼女は朝ご飯を食べます。）

does not [doesn't]を置く ↓　　　　↓ sをとって原形に

否定文 She **doesn't eat** breakfast.
〈doesn't＋動詞の原形〉

会話でチェック! →友達にはお姉さんがいます。

> Do you eat breakfast with your sister?

あなたはお姉さんといっしょに朝ご飯を食べるの？

> No, I don't. She **doesn't eat** breakfast.

いや，食べないよ。彼女は朝ご飯を食べないんだ。

> Oh, that's not good.

ああ，それはよくないね。

 確認問題 4 解答➡p.243

次の英文を否定文に書きかえよう。

1. He gets up at six. → He (　　　　　) (　　　　　　) up at six.
2. Ann has a camera. → Ann (　　　　　) (　　　　　　) a camera.

3人称単数現在の文　　　　　He likes 〜. / She has 〜.

☑ **36 He likes 〜.** 「彼は〜が好きです」

> He **likes** Japan. （彼は日本が好きです。）

▶ 主語が3人称（I / you以外）の単数（1つ，1人）で，現在のことを述べる文を3人称単数現在の文という。3人称単数現在の文では，一般動詞の語尾にs / es（3単現のs）をつける。

▶ 3人称単数現在の文では，haveはhasになる。

3人称単数現在の疑問文　　　　Does he like 〜?

☑ **37 Does he like 〜?** 「彼は〜が好きですか」

> **Does** he **like** music?
> —— Yes, he **does**. / No, he **doesn't**.
> （彼は音楽が好きですか。 —— はい，好きです。/ いいえ，好きではありません。）

▶ He likes 〜. など3単現のsがついた一般動詞の文の疑問文は，〈Does＋主語＋動詞の原形〜?〉の形になる。

▶ Does he 〜?には，「はい」ならYes, he does.と答え，「いいえ」ならNo, he doesn't.と答える。疑問文の主語に応じた代名詞he / she / itを使う。

> she, he, it, Kumiko, Ken
> などが主語になるときは一般動
> 詞にs/esがつくんだね。

☑ ③8 **What does she 〜?** 「彼女は何を〜しますか」

> **What does** she **teach**? （彼女は何を教えていますか。）
> —— She teaches English. （—— 彼女は英語を教えています。）

▶ 「何を〜しますか」とたずねるときはwhatを文の最初に置き, そのあとに疑問文の形を続ける。

3人称単数現在の否定文　　　　　　　She doesn't eat 〜.

☑ ③9 **She doesn't eat 〜.** 「彼女は〜を食べません」

> She **doesn't eat** breakfast. （彼女は朝ご飯を食べません。）

▶ She likes 〜. など3単現のsがついた一般動詞の文の否定文は, 動詞の原形の前にdoes not [doesn't] を置き,〈主語＋does not [doesn't] ＋動詞の原形〜.〉の形にする。

まとめておこう

3人称単数現在の一般動詞の文の形
動詞にsがつくかどうかなどに注意しよう。

ふつうの文			He		likes	Japan	.
疑問文		Does	he		like	Japan	?
whatの疑問文	What	does	he		like		?
否定文			He	does not [doesn't]	like	Japan	.
答えの文	Yes, he does. No, he does not [doesn't].						
答えの文	He likes Japan.						

112

1 例にならって，次の動詞の3人称単数現在形を書きなさい。

(例) play → **plays**

(1) look　＿＿＿＿＿＿　(2) sing　＿＿＿＿＿＿

(3) make　＿＿＿＿＿＿　(4) go　＿＿＿＿＿＿

(5) study　＿＿＿＿＿＿　(6) have　＿＿＿＿＿＿

(7) watch　＿＿＿＿＿＿　(8) see　＿＿＿＿＿＿

2 次の単語の下線部の発音が [s ス] なら s，[z ズ] なら z，[iz イズ] なら iz を書きなさい。

(1) like<u>s</u>　＿＿＿＿　(2) play<u>s</u>　＿＿＿＿　(3) wash<u>es</u>　＿＿＿＿

(4) trie<u>s</u>　＿＿＿＿　(5) take<u>s</u>　＿＿＿＿　(6) cook<u>s</u>　＿＿＿＿

(7) doe<u>s</u>　＿＿＿＿　(8) run<u>s</u>　＿＿＿＿　(9) swim<u>s</u>　＿＿＿＿

3 次の（　）内から適する語句を選びなさい。

(1) Lucy (speak, speaks) Japanese well.　＿＿＿＿＿＿

(2) (Do, Does) he study English? —— No, he (do, does) not.　＿＿＿＿＿＿　＿＿＿＿＿＿

(3) (Do, Does) cats like fish? —— Yes, they (do, does).　＿＿＿＿＿＿　＿＿＿＿＿＿

(4) Ken (doesn't sing, don't sing) English songs.　＿＿＿＿＿＿

(5) My friends (live, lives) near here.　＿＿＿＿＿＿

4 次の（　）内の語を適する形に変えなさい。ただし，変える必要がなければそのまま書きなさい。また，(1)～(6)とも現在の文とします。

(1) Tom (come) to my house every morning.　＿＿＿＿＿＿

(2) He (have) three children.　＿＿＿＿＿＿

(3) Does Mr. Yamada (live) in this city?　＿＿＿＿＿＿

(4) My grandmother (don't) eat *natto*.　＿＿＿＿＿＿

(5) My parents (speak) English.　＿＿＿＿＿＿

(6) What does the word mean? —— It (mean) "kind" in Japanese.　＿＿＿＿＿＿

5 次の英文を, (　　)内の指示にしたがって書きかえなさい。

(1) I like dogs. （下線部をYumi に変えて）

_____

(2) She has a brother. （疑問文にして, Yesで答える）

_____

(3) He has a lot of friends. （疑問文にして, Noで答える）

_____

(4) My father watches TV. （否定文に）

_____

(5) He wants a new shirt. （下線部をたずねる文に）

_____

(6) We have two cats and a dog. （下線部をMy grandmotherに変えて）

_____

6 次の日本文の意味を表す英文を, (　　)内の語句を並べかえて作りなさい。

(1) 彼はあなたを知りません。

(you / does / know / not / he).

_____

(2) カイトは土曜日に何をしますか。

(Kaito / on / does / what / Saturdays / do)?

_____

(3) あなたのお姉さんはアメリカ合衆国に住んでいますか。

(the U.S. / does / in / live / your sister)?

_____

(4) 私の兄は学校へ自転車で行きます。

(to / my brother / by bike / school / goes).

_____

(5) 彼女は何冊の本を持っていますか。

(books / she / does / have / how many)?

_____

7 次の日本文に合うように，＿＿＿に適する語を入れなさい。

(1) 彼女は京都に家を持っています。

＿＿＿＿＿＿ ＿＿＿＿＿＿ ＿＿＿＿＿＿ ＿＿＿＿＿＿ in Kyoto.

(2) ケンは少しも手紙を書きません。

Ken ＿＿＿＿＿＿ ＿＿＿＿＿＿ any letters.

(3) エミはサッカーが好きですか。―― いいえ，好きではありません。

＿＿＿＿＿＿ Emi ＿＿＿＿＿＿ soccer?

―― No, ＿＿＿＿＿＿ ＿＿＿＿＿＿.

(4) 彼は日曜日に何をしますか。―― 私たちとサッカーをします。

＿＿＿＿＿＿ ＿＿＿＿＿＿ ＿＿＿＿＿＿ do on Sunday?

―― ＿＿＿＿＿＿ ＿＿＿＿＿＿ soccer with us.

(5) グリーン先生が毎日，私たちに英語を教えてくれます。

Ms. Green ＿＿＿＿＿＿ ＿＿＿＿＿＿ to us every day.

(6) あなたのお姉さんは朝食に何を食べますか。

＿＿＿＿＿＿ ＿＿＿＿＿＿ your sister ＿＿＿＿＿＿ for breakfast?

(7) レンは手に何を持っていますか。―― 彼は手に消しゴムを持っています。

What ＿＿＿＿＿＿ Ren ＿＿＿＿＿＿ in his hand?

―― ＿＿＿＿＿＿ ＿＿＿＿＿＿ an eraser in his hand.

8 次の日本文を英語になおしなさい。

(1) ミヤタさん(Ms. Miyata)は病院で(at the hospital)働いています。

＿＿＿＿＿＿＿＿＿＿＿＿＿＿＿＿＿＿＿＿＿＿＿＿＿＿＿＿＿＿＿＿

(2) 私の父はこのコンピューターを使いません。

＿＿＿＿＿＿＿＿＿＿＿＿＿＿＿＿＿＿＿＿＿＿＿＿＿＿＿＿＿＿＿＿

(3) タロウは彼女をよく知っています。

＿＿＿＿＿＿＿＿＿＿＿＿＿＿＿＿＿＿＿＿＿＿＿＿＿＿＿＿＿＿＿＿

(4) 私たちの町には2つの大きな公園があります。

＿＿＿＿＿＿＿＿＿＿＿＿＿＿＿＿＿＿＿＿＿＿＿＿＿＿＿＿＿＿＿＿

(5) 私の学校は8時半に始まります。

＿＿＿＿＿＿＿＿＿＿＿＿＿＿＿＿＿＿＿＿＿＿＿＿＿＿＿＿＿＿＿＿

副詞

● 名詞以外の，動詞・形容詞・副詞について説明（修飾）するのが副詞である（名詞を修飾するのは形容詞。≫p.50）。副詞は次のようなさまざまな意味を表す。

- **状態** : fast (速く)，well (じょうずに)，hard (熱心に)，slowly (ゆっくりと)
- **場所** : here (ここで[に])，there (そこで[に])，home (家で[に])
- **時** : today (今日)，tomorrow (明日)，now (今)，then (そのとき)
- **頻度** : sometimes (ときどき)，often (よく)，usually (たいてい)，always (いつも)
- **程度** : very (とても)，much (とても)，a little (少し)
- **その他** : only (ただ〜だけ)，so (そのように)，too (〜もまた)

● 副詞の位置にはおおよそのきまりがある。

(1)動詞を修飾する場合：文の最後に置く。

Horses run **fast**. (ウマは速く走ります。)

動詞　副詞
┗━━━━ 動詞を修飾

She speaks English **well**. (彼女は英語をじょうずに話します。)

動詞　　　　　　　　副詞
┗━━━━━━━━━━ 動詞を修飾

(2)形容詞や他の副詞を修飾する場合：それらの前。

John is **very** tall. (ジョンはとても背が高いです。)

副詞　形容詞
┗━━━ 形容詞を修飾

She studies **very** hard. (彼女はとても熱心に勉強します。)

副詞　他の副詞
┗━━━ 他の副詞を修飾

(3)頻度を表す副詞：一般動詞の前，be 動詞・助動詞のあと。

My father **sometimes** comes home late.　[一般動詞 comes の前]
(父はときどき遅く帰宅します。)

Mary is **always** careful.　[be 動詞のあと]
(メアリーはいつも慎重です。)

┌──── 修飾 ────┐　…(1)文の最後
He **usually** walks **very fast**. (彼はたいてい，とても速く歩きます。)
　　　　　　　　　　　┗─ 修飾 ─┘ …(2)副詞 fast の前
┗──── 頻度を表す副詞 …(3)一般動詞の前

第**7**章

代名詞

「～は［が］」「～の」を表す代名詞

I / you / he, my / your / hisなど

40 「～は」「～が」を表す代名詞

● 主語になる代名詞の形をまとめて覚えよう。

> 例文
> # I know Kate. She is from Canada.
> 私はケイトを知っています。彼女はカナダ出身です。

▶ I / you / he / she / itのように，人やものの名前を表す語［名詞］の代わりに使う語を代名詞という。「～は」「～が」の意味で文の主語になるときの代名詞の形は次の通り。

（用語）主語になるときの形を主格という。

	単数	複数
1人称	I(私は)	we(私たちは)
2人称	you(あなたは)	you(あなたたちは)
3人称	he(彼は) she(彼女は) it(それは)	they (彼らは / 彼女らは / それらは)

（注意）youは単数と複数が同じ形。

⚠ 「人称」には1人称・2人称・3人称がある（≫p.106）。
　　1人称＝「自分」(私，私たち)
　　2人称＝「相手」(あなた，あなたたち)
　　3人称＝「自分・相手」以外のすべて(人やものも含む)

（用語）この章で学習する代名詞を人称代名詞という。this / that（≫p.37）なども代名詞で，これらは指示代名詞という。

41 「～の」「～のもの」を表す代名詞

● 所有の意味を表す代名詞の形をまとめて覚えよう。

> 例文
> # That is my bike. Yours is over there.
> それは私の自転車です。あなたのはあそこにあります。

▶ 所有を表す代名詞には，my（私の）などのように名詞の前につく代名詞と，yours（あなたのもの）などのように「～のもの」の意味を表す代名詞がある。

	単数	複数
1人称	my（私の）	our（私たちの）
	mine（私のもの）	ours（私たちのもの）
2人称	your（あなたの）	your（あなたたちの）
	yours（あなたのもの）	yours（あなたたちのもの）
3人称	his（彼の） her（彼女の） its（それの）	their （彼らの / 彼女らの / それらの）
	his（彼のもの） hers（彼女のもの） ※「それのもの」はない。	theirs （彼らのもの / 彼女らのもの / それらのもの）

⚠ 名詞で「〜の」「〜のもの」を表すときは、〈's〉をつける。

Jane（ジェーン） → Jane**'s**（ジェーンの，ジェーンのもの）

the boy（その男の子）

　→ the boy**'s**（その男の子の，その男の子のもの）

複数形のsがついた名詞には、〈'〉だけをつける。

those girl**s**（あの女の子たち）

　→ those girl**s'**（あの女の子たちの，あの女の子たちのもの）

用語 「〜の」の意味を表す形を**所有格**という。「〜のもの」の意味を表す形を**所有代名詞**という。

注意 hisは所有格と所有代名詞が同じ形。

用語 〈'〉という記号を**アポストロフィ**という。

sのつかない複数形（≫ p.89）には〈's〉をつける。

children**'s**

men**'s**

会話でチェック! →自分の自転車が見つかりません。

 Is this your bike?

これはあなたの自転車ですか。

Yes, that's **my** bike. **Yours** is over there.

はい，それはぼくの自転車です。あなたのはあそこにあります。

 発音練習

Oh, thank you.

ああ，ありがとう。

🖊 **確認問題 ①** 解答➡p.243

下線部に注意して，日本文に合うように，（　）に適する語を入れよう。

1. 彼らは私たちのクラスメイトです。

　（　　　　　） are （　　　　　　　） classmates.

2. この本は私のものです。あの本は彼女のものです。

　This book is （　　　　　　　）. That book is （　　　　　　　）.

3. このイヌは彼らのです。その耳はとても長いです。

　This dog is （　　　　　　　）. （　　　　　　　） ears are very long.

4. あなたたちの車は小さいです。私たちのを使いましょう。

　（　　　　　　　） car is small. Let's use （　　　　　　　）.

「〜を」「〜に」を表す代名詞

me / you / him / her など

42 「〜を」「〜に」を表す代名詞

●動詞の目的語になる代名詞の形を学ぼう。

例文

That's Bob. Do you know **him**?

あれはボブです。あなたは彼を知っていますか。

▶ 動詞のあとにくる「〜を」「〜に」を表す語を目的語という。次の文では Bob という名詞が目的語になっている。

Do you know Bob? [Bob=名詞が目的語]

（あなたはボブを知っていますか。）

復習
目的語 》p.52

▶ 名詞は主語でも目的語でも同じ形だが，代名詞が目的語になるときは，次のような形になる。この形を目的格という。

	単数	複数
1人称	me（私を）	us（私たちを）
2人称	you（あなたを）	you（あなたたちを）
3人称	him（彼を） her（彼女を） it（それを）	them （彼らを / 彼女らを / それらを）

注意 you と it は主格と目的格が同じ形。her は所有格と目的格が同じ形。

ポイント

That's <u>Bob</u>. Do you know **him**?

代名詞が目的語 ↑「彼を」 him=Bob

Bob knows **me** very well. （ボブは私をとてもよく知っています。）

I love **you**. （私はあなたを愛しています。）

I have a bike. I ride **it** every day.

（私は自転車を持っています。私は毎日それに乗ります。）

They are my friends. I like **them**.

（彼らは私の友達です。私は彼らが好きです。）

I love you. は「私はあなたたちを愛しています」の意味にもなる。

目的語の訳は「〜を」のほか，「〜に」「〜が」などとなる場合もある。

⚠ in（〜の中に）やwith（〜といっしょに）などの前置詞のあとに代名詞がくる
場合も，目的格を使う。
　　Bob is my friend. I play games with **him** every day.
　　（ボブは私の友達です。私は毎日，彼とゲームをします。）
　　This is my bag. I have some books in **it**.
　　（これは私のかばんです。私はその中に何冊かの本を持っています。）

（**参考**）in / with / on
/ at / forなど，名詞や代
名詞の前に置いて使う語
を前置詞という。≫p.190

（**用語**）前置詞のあと
にくる名詞・代名詞を前
置詞の目的語という。

（**会話**でチェック！）　→あそこにいるのはボブです。　　　　　　　　　　　　

 That's Bob. Do you know him? 🔊　　あれはボブです。あなたは彼を知って
いますか。

🎤 発音練習

No, I don't.　　いいえ，知りません。

He is my friend. I play games with him every day.　　彼はぼくの友達です。ぼくは毎日，彼
とゲームをします。

（**確認問題** ❷）　解答➡p.243

日本文に合うように，（　　）に適する語を入れよう。
1. どうか私たちを手伝ってください。
　　Please help (　　　　　　　　).
2. 彼はネコとイヌを飼っています。彼はそれらが大好きです。
　　He has a cat and a dog. He (　　　　　　　) (　　　　　　　　　) very much.
3. こちらは私の祖母です。私は彼女といっしょに住んでいます。
　　This is my grandmother. I live (　　　　　　　) (　　　　　　　　).

◆ 人やものを表す代名詞［人称代名詞］のまとめ

数	人称	意味	〜は［が］	〜の	〜を［に］	〜のもの
単数	1人称	私	I	my	me	mine
	2人称	あなた	you	your	you	yours
	3人称	彼	he	his	him	his
		彼女	she	her	her	hers
		それ	it	its	it	—
複数	1人称	私たち	we	our	us	ours
	2人称	あなたたち	you	your	you	yours
	3人称	彼ら/彼女ら/それら	they	their	them	theirs

「〜は[が]」「〜の」を表す代名詞　I / you / he, my / your / hisなど

☑ ⓵⓪ 「〜は」「〜が」を表す代名詞

> **I** know Kate.　**She** is from Canada.
> （私はケイトを知っています。彼女はカナダ出身です。）

▶ 人やものの名前を表す語［名詞］の代わりに使う語を代名詞という。「〜は」「〜が」の意味で文の主語になる代名詞にはIやsheなどがある。

☑ ⓵⓵ 「〜の」「〜のもの」を表す代名詞

> That is **my** bike.　**Yours** is over there.
> （それは私の自転車です。あなたのはあそこにあります。）

▶ 所有を表す代名詞には，my（私の）など名詞の前につく代名詞と，yours（あなたのもの）などの意味の代名詞がある。

▶ 名詞で「〜の」「〜のもの」を表すときは，Jane**'s**（ジェーンの，ジェーンのもの）のように名詞に〈's〉をつける。

「〜を」「〜に」を表す代名詞　me / you / him / herなど

☑ ⓵⓶ 「〜を」「〜に」を表す代名詞

> That's Bob.　Do you know **him**?
> （あれはボブです。あなたは彼を知っていますか。）

▶ 動詞のあとにくる「〜を」「〜に」を表す語を目的語という。

▶ 代名詞が目的語になるときはhimなどの目的格の形になる。

▶ in（〜の中に）やwith（〜といっしょに）などの前置詞のあとに代名詞がくる場合も，himなどの目的格を使う。

1 次の文の＿＿に下線の語を言いかえた適切な代名詞を入れなさい。

(1) I like <u>animals</u>. Do you like ＿＿＿＿＿＿?

(2) This is <u>Kenta</u>. ＿＿＿＿＿＿ is my classmate.

(3) I have <u>a sister</u>. I like ＿＿＿＿＿＿ very much.

(4) <u>We</u> have a problem. Please help ＿＿＿＿＿＿.

(5) <u>I</u> have a good friend. He knows ＿＿＿＿＿＿ well.

2 次の＿＿に適する語を，右の ☐ から選んで書きなさい。

(1) Look at the stars in the sky! ＿＿＿＿＿＿ are beautiful.

(2) This is a nice jacket. I like ＿＿＿＿＿＿.

(3) I have a brother. He does ＿＿＿＿＿＿ homework every day.

(4) Ms. Green lives here. This is ＿＿＿＿＿＿ house.

his	her
your	it
you	they

3 次の文に続ける文として適するものを，ア〜オから1つずつ選びなさい。

(1) This is a book about Japan. ＿＿＿＿＿

(2) These are Yumi and Riku. ＿＿＿＿＿

(3) My mother likes music. ＿＿＿＿＿

(4) Bob and I like sports. ＿＿＿＿＿

(5) Mr. Brown teaches English. ＿＿＿＿＿

ア	They are from Japan.
イ	She plays the piano well.
ウ	He's our teacher.
エ	It's very interesting.
オ	We play baseball.

4 次の問いに対する答えとして適するものを，ア〜オから1つずつ選びなさい。

(1) Do you drink milk? ＿＿＿＿＿

(2) Is that your bike? ＿＿＿＿＿

(3) Do you know that little girl? ＿＿＿＿＿

(4) Is this my seat? ＿＿＿＿＿

(5) Do you know Miho's brothers? ＿＿＿＿＿

ア	Yes. They're my friends.
イ	No. I don't like it.
ウ	Yes. She's Jane's sister.
エ	No. Mine is over here.
オ	Yes. It's yours.

第7章

代名詞

123

5 次の日本文の意味を表す英文を，（　）内の語句を並べかえて作りなさい。

(1) 生徒たちは昼食の前に手を洗います。

(hands / the students / their / wash) before lunch.

_____ before lunch.

(2) 私の言うことを注意して聞いてください。

(to / please / carefully / listen / me).

_____

(3) これは彼へのプレゼントです。

(is / him / a present / this / for).

_____

6 次の英文を日本語になおしなさい。

(1) Thank you for your time.

_____

(2) I don't know Mike's sisters. Do you know them?

_____

(3) Tokyo is a very big city. A lot of people visit it every year.

_____

7 次の日本文に合うように，____に適する語を入れなさい。

(1) この花を知っていますか。── はい。その名前を知っています。

Do you know this flower? ── Yes. I know _____ _____.

(2) このかばんは私の父のものです。

This bag is _____ _____.

(3) これは私たちの部屋で，あなたたちのは隣です。

This is _____ _____ and _____ is next door.

(4) 私は毎日，彼らと学校へ行きます。

I go to school _____ _____ every day.

(5) 彼女はいつも自分の髪をさわります。

She always touches _____ _____.

第 **8** 章

疑問詞で始まる疑問文

疑問詞で始まる疑問文（>> p.126 〜）の解説動画を確認しよう！

whatの疑問文①

What 〜?

43 **What do you 〜?「あなたは何を〜しますか」**
● whatで始まる疑問文を確認しよう。

例文

What do you want for your birthday?
── I want a new T-shirt.

あなたは誕生日に何がほしいですか。── 私は新しいTシャツがほしいです。

▶「何を」「何が」などとたずねるときは疑問詞whatを文の最初に置き，そのあとに疑問文の形を続ける。

What is your favorite subject? ── It's English.
（あなたの好きな科目は何ですか。── 英語です。）
What do you eat for lunch? ── I eat rice balls.
（あなたは昼食に何を食べますか。── 私はおにぎりを食べます。）
What's wrong with you? ── I have a cold.
（あなたはどうしましたか。── 私はかぜをひいているんです。）

復習 基本的な
What 〜?の文を復習しよう。
≫p.39
≫p.55
≫p.109

会話でチェック! →もうすぐ誕生日です。

What do you want for your birthday?

誕生日に何がほしいですか。

I want a new T-shirt.

新しいTシャツがほしいです。

All right. I'll buy a nice one.

わかりました。すてきなのを買いますよ。

Thank you.

ありがとう。

発音練習

確認問題 ❶ 解答➡p.243

日本文に合うように，（　）に適する語を入れよう。

1. あの白い建物は何ですか。── 私の学校です。
   （　　　　）（　　　　　　　） that white building? ── It's my school.
2. 彼は手に何を持っていますか。── コインを持っています。
   （　　　　）（　　　　　　　） he have in his hand? ── He has a coin.

126

44 **What do you do?**「あなたは何をしますか」

● 「何をしますか」と動作の内容をたずねる表現を覚えよう。

例文

What do you **do** after school?
―― I play tennis every day.

あなたは放課後に何をしますか。―― 私は毎日テニスをします。

▶「何をしますか」と動作そのものの内容をたずねるときは〈What do [does] ＋主語＋ do ～?〉の形を用いる。

2つ目のdoは「する，行う」の意味だよ。

▶ 答えるときは，具体的な動作を表す動詞を使って答える。

+α あとに時や場所などを表す語句がつかず，What do you do?だけでたずねると，ふつうは職業をたずねる文になる。
What do you do? ―― I'm a teacher.
（あなたのお仕事は何ですか。―― 私は教師です。）

ポイント

疑問文　　　Do you play tennis after school?

whatの疑問文　**What** do you **do**　　　after school?

答えの文　I play tennis.

会話でチェック！　→新しくできた友達と話しています。

 What do you **do** after school? 　放課後には何をするの。

 I play tennis every day.　毎日テニスをするんだ。

 I like tennis, too. Let's play together.　ぼくもテニスが好き。いっしょにやろうよ。

発音練習

✏ **確認問題 ②**　解答➡p.243

日本文に合うように，（　）に適する語を入れよう。

1. 彼らはそのお祭りで何をしますか。―― 踊ります。
　（　　　　　　） do they do at the festival? ―― They（　　　　　　）.
2. お仕事は何ですか。―― 医者です。
　（　　　　　　）（　　　　　　） you do? ―― I am a doctor.

第8章 疑問詞で始まる疑問文

127

45 What color 〜?「何色が〜ですか」

● whatを使って「何の〜，どんな〜」とたずねる表現を覚えよう。

例文

What color do you like?
—— I like blue.

あなたは何色が好きですか。—— 私は青が好きです。

▶「何の〜，どんな〜」とたずねるときは〈what＋名詞〉を使う。〈what＋名詞〉を文の最初に置き，そのあとに疑問文の形を続ける。

▶whatのあとには名詞の単数形も複数形もくる。

What sports do you play? —— I play soccer.

（あなたはどんなスポーツをしますか。—— 私はサッカーをします。）

What flower is this? —— It's a rose.

（これは何の花ですか。—— バラです。）

> 答えるときは，具体的なものを答えるんだね。

ポイント

〈what＋名詞〉の疑問文 ▶ **What color** do you like?

疑問文の語順

答えの文 　I like blue.

会話でチェック! →色について話しています。

What color do you like?	何色が好きですか。
I like blue.	青が好きです。
So you have a blue bag.	それで青いバッグを持っているんですね。
Yes. I have a blue cap, too.	はい。青い帽子も持っています。

発音練習

✎ **確認問題 ❸** 解答➡p.243

日本文に合うように，(　　)に適する語を入れよう。

1. 彼のシャツは何色ですか。—— 黄色です。

　What (　　　　　) (　　　　　　　) his shirt? —— It's yellow.

2. ジェーンは何語を話しますか。—— 英語を話します。

　(　　　　　　) language (　　　　　) Jane speak?

　—— She speaks English.

whatの疑問文②

What time ～? など

46 **What time is it?「何時ですか」**

●時刻をたずねる表現を覚えよう。

例文

What time is it?
—— It's eight thirty.

何時ですか。—— 8時30分です。

▶「何時」と時刻をたずねるときは**what time**を使う。itは時刻を表す文の主語で，「それは」の意味はない。

▶答えるときは，〈It is [It's] ＋時刻.〉の形で答える。「～時…分」というときは〈時＋分〉の順で数字を並べる。「～時ちょうど」のときは〈時〉または〈時＋o'clock〉となる。
It's three. / It's three **o'clock**.（3時です。）

 参照 時刻の言い方 >>p.132

ポイント

時刻をたずねる文 **What time** is it?
↓
答えの文 It's **eight thirty**.
〈時 ＋ 分〉

日本語のように「時」や「分」は言わないんだね。

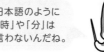

会話でチェック! →お母さんがやって来ました。

 Get up, Tom! ／ 起きなさいよ，トム！

 What time is it? ／ 何時なの？

発音練習

 It's eight thirty. ／ 8時30分よ。

 Eight thirty? Oh, no! I'm late! ／ 8時30分？ そんな！ 遅刻だ！

 確認問題 ④ 解答➡p.243

日本文に合うように，（ ）に適する語を入れよう。

1. 今は何時ですか。—— 5時です。

   What （ ） （ ） it now? —— （ ） five.

129

47 What time do you 〜? 「何時に〜しますか」

●何かをする時刻をたずねる表現を覚えよう。

例文

What time do you go to bed?
—— I go to bed at eleven.

あなたは何時に寝ますか。 —— 私は11時に寝ます。

▶ 「何時に〜しますか」とたずねるときは，what timeのあと
に疑問文の形を続ける。

▶ 「…時に（〜します）」は〈at＋時刻〉を使う。

What time does your mother leave home?
—— **At** seven twenty.

（あなたのお母さんは何時に家を出ますか。—— 7時20分です。）

At 〜. だけで答えて
もいいんだね。

ポイント

疑問文 Do you go to bed <u>at eleven</u>? （あなたは11時に寝ますか。）

時刻をたずねる文 **What time** do you go to bed?

疑問文の語順

答えの文 I go to bed <u>at eleven</u>.

会話でチェック! →友達はいつも眠そうです。

発音練習

What time do you go to bed? —— あなたは何時に寝るの？

At eleven. —— 11時だよ。

That's a little late. —— 少し遅いね。

I have a lot of homework every day. —— 毎日たくさん宿題があるんだ。

確認問題 ⑤ 解答➡p.243

日本文に合うように，（ ）に適する語を入れよう。

1. 学校は何時に始まりますか。—— 8時45分に始まります。

What （ ） （ ） school start?
—— It starts （ ） eight forty-five.

130

48 ## What day is it today? 「今日は何曜日ですか」

● 曜日をたずねる表現を覚えよう。

例文
What day is it today?
── It's Friday.
今日は何曜日ですか。── 金曜日です。

▶「何曜日ですか」は what day を使ってたずねる。

▶〈It is [It's] ＋曜日.〉で答える。

➕ⓐ 曜日をたずねる表現には次のようなものもある。
What day is today? / **What day** of the week is it today?

> このitも「それは」の意味
> はない。
>
> （参照）
>
> 曜日の言い方 >> p.132

49 ## What is the date today? 「今日は何日ですか」

● 日付をたずねる表現を覚えよう。

例文
What is the date today?
── It's May 1.
今日は何月何日ですか。── 5月1日です。

▶「何月何日ですか」は What is the date? という。

▶〈It is [It's] ＋月＋日（序数）.〉で答える。

⚠ May 1 は May first，または May the first と読む。

> （参照）
>
> 序数 >> p.104
> 日付の言い方 >> p.132

会話 でチェック！ →飛行機に乗ってやっとアメリカに着きました。

👧 Now we're in America.　　今，私たちはアメリカにいます。

👦 **What day is it? What's the date** today? 🗣　何曜日ですか。今日は何月何日ですか。

👧 It's Friday, May 1.　　5月1日金曜日です。

> 発音練習

✏ **確認問題 ⑥**　解答 ➡ p.243

日本文に合うように，（　）に適する語を入れよう。

1. 今日は何曜日ですか。── 日曜日です。
   What (　　　　　) is (　　　　　) today? ── (　　　　　) Sunday.
2. 今日は何月何日ですか。── 7月4日です。
   What (　　　　　) the (　　　　　) today? ── (　　　　　) July 4.

第8章 疑問詞で始まる疑問文

●「時刻」の言い方

〈時＋分〉の順に数字を並べる。[　　]内のような言い方もある。

7:00 ＝ seven（o'clock）※1

7:15 ＝ seven fifteen 　　　[a quarter past seven 　※2]

7:30 ＝ seven thirty 　　　　[half past seven 　※3]

7:45 ＝ seven forty-five 　　[a quarter to eight 　※4]

7:50 ＝ seven fifty 　　　　　[ten to eight]

※1　ちょうどの時刻のときはo'clockをつける（省略可）。

※2　a quarterは「15分」, past ～は「～を過ぎて」。

※3　halfは「半分」。1時間の半分で「30分」ということ。

※4　to ～は「～まで」の意味。「8時まで（あと）15分」ということ。

⚠ 「午前・午後」は次のように表す。

eight in the morning / 8 a.m.（午前8時）

three in the afternoon / 3 p.m.（午後3時）

●「曜日」の言い方　　　　　●「月」の言い方

月曜日	Monday	1月	January	7月	July
火曜日	Tuesday	2月	February	8月	August
水曜日	Wednesday	3月	March	9月	September
木曜日	Thursday	4月	April	10月	October
金曜日	Friday	5月	May	11月	November
土曜日	Saturday	6月	June	12月	December
日曜日	Sunday				

●「日付」の言い方

〈月＋日（序数）〉で表す。[序数については ≫p.104]

1月29日 ＝ January 29 / January 29th

※January（the）twenty-ninthと読む。

●「年」の言い方

数字を2けたずつ区切って読む。

1985 ＝ nineteen eighty-five

2024 ＝ twenty twenty-four

ただし, 2000年以降はtwo thousand ～という言い方もする。

2000 ＝ two thousand

2003 ＝ two thousand（and）three / twenty-oh-three

2024 ＝ two thousand（and）twenty-four / twenty twenty-four

who / whose / which の疑問文

音声

Who ～? / Whose ～? / Which ～?

---

50 **who** 「だれ」

● 「だれ」と人についてたずねる表現を覚えよう。

> **例文**
> **Who** lives in that house?
> —— Mr. Brown does.
>
> あの家にはだれが住んでいますか。—— ブラウン先生が住んでいます。

▶「だれ」とたずねるときは疑問詞 who を使う。

Who are those girls? —— They are my friends.
（あの女の子たちはだれですか。—— 彼女たちは私の友達です。）

▶「だれが～しますか」と主語をたずねるときは〈Who ＋動詞～?〉とし，〈主語＋ does [do].〉の形で答える。

＋α who は「だれを」と動詞の目的語になることもある。
Who does Emi like? —— She likes Mike.
（エミはだれが好きですか。—— 彼女はマイクが好きです。）

ポイント

ふつうの文 Mr. Brown lives in that house.
（あの家にはブラウン先生が住んでいます。）

whoの疑問文 **Who** lives in that house?

↓ lives のくり返しを避けて，does で答える

答えの文 Mr. Brown does.

会話でチェック! →向こうに大きな家が見えます。

Who lives in that house?	あの家にはだれが住んでいますか。	
Mr. Brown does.	ブラウン先生が住んでいます。	
Who's Mr. Brown?	ブラウン先生ってだれですか。	
He's my English teacher.	私の英語の先生です。	

復習 基本的な Who ～? の文を復習しよう。》p.42

短縮形
who is → who's

who は3人称単数扱いなので，Who lives ～? のように動詞に3単現の s がつくことに注意。

第8章

疑問詞で始まる疑問文

発音練習

解答➡p.243

確認問題 ⑦

日本文に合うように，（　）に適する語を入れよう。

1. あの女の人はだれですか。—— メアリーです。

　（　　　　　　　）（　　　　　　　　　） that woman? —— That's Mary.

2. 毎日だれが朝食を作りますか。—— 私です。

　（　　　　　　　）（　　　　　　　　　） breakfast every day? —— I (　　　　　　).

51 whose「だれの」

● 「だれの」と持ち主についてたずねる表現を覚えよう。

例文

Whose guitar is this?
—— It's mine.

これはだれのギターですか。—— 私のです。

▶「だれの」とたずねるときは疑問詞 whose を使う。

▶「…はだれの～ですか」とたずねるときは，〈Whose＋名詞＋is [are]＋主語?〉という形になる。

Whose shoes are these?
—— They are Tom's.
（これはだれの靴ですか。—— トムのです。）

▶答えるときは mine（私のもの），Tom's（トムのもの）など「～のもの」という意味の語句を使う。

＋α　whose が「だれのもの」という意味で，後ろに名詞がこない形で使われることもある。

Whose is this bag? —— It's mine.
（このかばんはだれのものですか。—— 私のです。）

shoesが複数だから areを使うんだね。

参照　「～のもの」の
表し方 ≫p.118

ポイント

| 疑問文 | Is this <u>your guitar</u>? （これはあなたのギターですか。） |

yourをwhoseにする

| whoseの疑問文 | **Whose guitar** is this? |

〈whose＋名詞〉疑問文の語順

| 答えの文 | It's mine. 「～のもの」の形で答える |

Whose guitar is this? これはだれのギター？

It's mine. I play it every day. ぼくのだよ。毎日弾くよ。

Do you like singing, too? 歌うのも好きなの？

Yes, I often sing with my sister. うん, よく妹といっしょに歌うよ。

確認問題 ⑧ 解答➡p.243

日本文に合うように，(　　)に適する語を入れよう。

1. あれはだれのかばんですか。―― ユカのです。

(　　　　　　) (　　　　　　　　) is that? ―― It's (　　　　　　).

2. これらはだれの本ですか。―― 彼のです。

(　　　　　) books (　　　　　　) these? ―― They are (　　　　　　).

---

52 which「どちら，どれ，どちらの～，どの～」

●いくつかのうちから選ぶ場合のたずね方を覚えよう。

例文
Which dog is yours?
—— This black one is mine.

どちらのイヌがあなたのですか。―― この黒いのが私のです。

▶ 2つのうちの「どちらか」，3つ以上のうちの「どれか」をたずねるときは疑問詞whichを使う。

Which is your cup? —— This small one.

（どれがあなたのカップですか。―― この小さいのです。）

> 答えの文のoneは「もの」という意味の代名詞で, 前の名詞のくり返しを避けるために使われる。
> This black **one**
> = This black **dog**

▶〈which＋名詞〉は「どちらの～，どの～」の意味になる。

Which bus goes to the station?

—— That one does.

（どちらのバスが駅へ行きますか。―― あのバスです。）

Which train line do you take every day?

—— I take the Tokaido Line.

（あなたはどの鉄道路線に毎日乗りますか。―― 私は東海道線に乗ります。）

ポイント

ふつうの文 This is your cup.（これはあなたのカップです。）

whichの疑問文 **Which** is your cup?
whichのみ

ふつうの文 This dog is yours.（このイヌはあなたのものです。）

whichの疑問文 **Which dog** is yours?
〈which＋名詞〉

ふつうの文 That bus goes to the station.
（あのバスは駅へ行きます。）

whichの疑問文 **Which bus** goes to the station?
〈which＋名詞〉

ふつうの文 You take the Tokaido Line.
（あなたは東海道線に乗ります。）

whichの疑問文 **Which train line** do you take?
〈which＋名詞〉　　　疑問文の語順

⚠ whatは範囲を決めずに「何」とたずねる場合，whichは決まった範囲から「どちら，どれ」とたずねる場合に用いる。

What is your favorite flower?（好きな花は何ですか。）
Which is your favorite flower?
（あなたの好きな花はどちら［どれ］ですか。）
What color do you like?（あなたは何色が好きですか。）
Which color do you like?
（あなたはどの［どちらの］色が好きですか。）

ちがいを確認しよう。

会話でチェック! →イヌがたくさん写った写真を見ています。

発音練習

These dogs are cute. **Which dog** is yours?
これらのイヌはかわいいですね。どのイヌがあなたのですか。

This black one is mine.
この黒いのが私のです。

What is his name?
名前は何ですか。

His name is Kuro.
名前はクロです。

136

日本文に合うように，（　）に適する語を入れよう。

1. どちらが彼女の帽子ですか。── この白いのが彼女のです。

　　（　　　　　　）（　　　　　　　　）her hat? ── This white one is hers.

2. どの列車が仙台へ行きますか。── あれです。

　　（　　　　　　）train（　　　　　　　　）to Sendai? ── That one.

53 Which ～, this or that?「これとあれのどちらが～ですか」

● 「AかBか」と選択肢を挙げてたずねる表現を覚えよう。

例文

Which do you like, pork **or** chicken?
── I like chicken.

ポークとチキンではあなたはどちらが好きですか。── 私はチキンが好きです。 🎧

▶ 2つのものから選んでもらうときは，〈Which ～, A or B?〉
のようにwhichの疑問文のあとに選択肢を挙げる。　（参照）or ≫ p.223

Which is your bike, this **or** that? ── This is mine.

（これとあれのどちらがあなたの自転車ですか。── これが私のです。）

Which dog is yours, the black one **or** the white one?
── The black one.

（黒いのと白いののどちらのイヌがあなたのですか。── 黒いのです。）

会話でチェック!　→夕食のメニューの相談をしています。 🎧

Which do you like, pork **or** chicken? 🔊
ポークとチキンではどちらが好きですか。

I like chicken.
チキンが好きです。

OK.　Let's eat chicken for dinner today, then.
わかりました。では，今日は夕食にチキンを食べましょう。

発音練習

✐ **確認問題 ⑩** 　解答➡p.243

日本文に合うように，（　）に適する語を入れよう。

1. オレンジとリンゴのどちらがほしいですか。── リンゴがほしいです。

　　（　　　　　　）do you want, an orange（　　　　　　　　）an apple?
　　── I want an apple.

where / when / why の疑問文

Where ～? / When ～? / Why ～?

54 where「どこに」「どこで」「どこへ」

● もののある場所や，人のいる場所をたずねる表現を覚えよう。

例文
Where do you live?
—— I live in Yokohama.
あなたはどこに住んでいますか。—— 私は横浜に住んでいます。

▶「どこに」「どこで」「どこへ」と場所をたずねるときは疑問詞 where を使う。

Where's your bag? —— It's on that desk.
(あなたのかばんはどこにありますか。—— あの机の上にあります。)

短縮形
where is → where's

ポイント

疑問文　　　Do you live in Yokohama?
(あなたは横浜に住んでいますか。)
whereの疑問文　**Where** do you live?
疑問文の語順

会話でチェック!　→外国から来た留学生と話しています。

発音練習

Where do you live? 　　　あなたはどこに住んでいますか。
I live in Yokohama.　　　私は横浜に住んでいます。
Where are you from?　　　どこの出身ですか。
I'm from India.　　　インド出身です。

確認問題 ⑪　解答➡p.243

日本文に合うように，(　　)に適する語を入れよう。
1. 私のネコはどこにいますか。—— ベッドの下にいます。
　　(　　　　　　) (　　　　　　　　) my cat? —— It's (　　　　　　) the bed.

138

55 when「いつ」

● 時をたずねる表現を覚えよう。

例文

When do you study at home?
—— I study after dinner.

あなたは家でいつ勉強しますか。—— 私は夕食後に勉強します。

▶「いつ」と時をたずねるときは疑問詞 when を使う。

When does summer vacation start? —— It starts in July.
（夏休みはいつ始まりますか。—— 7月に始まります。）

短縮形

when is → when's

ポイント

疑問文 Do you study at home <u>after dinner</u>?

（あなたは家で夕食後に勉強しますか。）

whenの疑問文 **When** do you study at home?

疑問文の語順

⚠ when はおおまかな時をたずねるのに対して、what time ははっきりした時刻をたずねるときに使う。
When are you free? —— On Sundays.
（あなたはいつひまですか。—— 日曜日です。）
What time do you have lunch? —— At 12:30.
（あなたは何時に昼食を食べますか。—— 12時半です。）

参照 what timeについては ≫ p.129

「毎週〜曜日に」という意味を表すとき、on Sundaysなど、曜日名にsをつけて複数形にする場合がある。

第**8**章 疑問詞で始まる疑問文

会話でチェック! →家での過ごし方について話しています。

When do you study at home? 家ではいつ勉強しますか。

I study after dinner. 夕食後に勉強します。

Do you have any free time? 自由時間はあるんですか。

Yes, I watch TV before dinner. はい、夕食前にテレビを見ます。

発音練習

 確認問題 ⑫ 解答➡p.243

日本文に合うように、(）に適する語を入れよう。
1. あなたの誕生日はいつですか。—— 3月17日です。
( ) ( ) your birthday? —— It's March 17.

56 why「なぜ」

●理由をたずねる表現を覚えよう。

Why do you like her?
—— **Because** she's kind.

あなたはなぜ彼女が好きなのですか。—— なぜなら彼女は親切だからです。

▶「なぜ」と理由をたずねるときは疑問詞 why を使う。

▶ 答えるときは because（なぜなら）を使って,〈Because＋主語＋動詞〜.〉の形で答える。

Why is your father angry?
—— **Because** I don't study hard.

（あなたのお父さんはなぜ怒っているのですか。
—— 私が熱心に勉強しないからです。）

> becauseのあとには
> 〈主語＋動詞〉が必要
> だよ。

ポイント

疑問文 　　　Do you like her?（あなたは彼女が好きですか。）

↓ whyを文の最初に置く

whyの疑問文 **Why** do you like her?

疑問文の語順
↓ 〈Because＋主語＋動詞〜.〉で答える

答えの文 **Because** she's kind.

会話でチェック! →仲のよい友達の話をしています。

発音練習

Mary and I are good friends.　　メアリーと私はよい友達です。

Why do you like her? 　あなたはなぜ彼女が好きなのですか。

Because she's kind to everyone.　なぜなら彼女はみんなに親切だからです。

確認問題 ⑬　解答➡p.243

日本文に合うように,（　）に適する語を入れよう。

1. なぜ彼はあなたを知っているのですか。—— なぜなら彼は私のクラスメイトだからです。
（　　　　　）（　　　　　　　） he know you?
—— （　　　　　　　） he is my classmate.

howの疑問文①

How ～?（どのように～）

🎧 音声

57 **how「どのようにして」**

●方法・手段をたずねる表現を覚えよう。

> **How** do you go to school?
> —— I go to school **by** bike. 🎧
>
> あなたはどのようにして学校へ行きますか。 —— 私は自転車で学校に行きます。

▶「どのようにして，どうやって，どう」と方法・手段をたずねるときは疑問詞howを使う。

▶答えるときは〈by＋交通手段〉〈with＋道具〉などを使ったり，具体的な方法・手段にあたる動詞を使ったりして答える。

How do you eat pizza? —— **With** a fork.
（あなたはどうやってピザを食べますか。 —— フォークで食べます。）

How does he go to work? —— He **walks**.
（彼はどのようにして仕事へ行きますか。 —— 歩いて行きます。）

〈**by**＋**交通手段**〉
by bus（バスで）
by train（電車で）
〈**with**＋**道具**〉
with a knife（ナイフで）

第**8**章 疑問詞で始まる疑問文

ポイント

疑問文 ▶ Do you go to school?（あなたは学校へ行きますか。）

↓ howを文の最初に置く

howの疑問文 ▶ **How** do you go to school?
疑問文の語順

〈by＋交通手段〉〈with＋道具〉などで答える

答えの文 ▶ I go to school **by** bike.

⚠ 「～は英語［日本語］で何と言いますか」とたずねるときにもhowを用いる。
How do you say "hana" in English?
—— We say "flower."
（「花」は英語で何と言いますか。—— flowerと言います。）

この文のyouは「英語を話すあなたたち」，weは「英語を話す私たち」という意味で，特に訳さなくてよい。

141

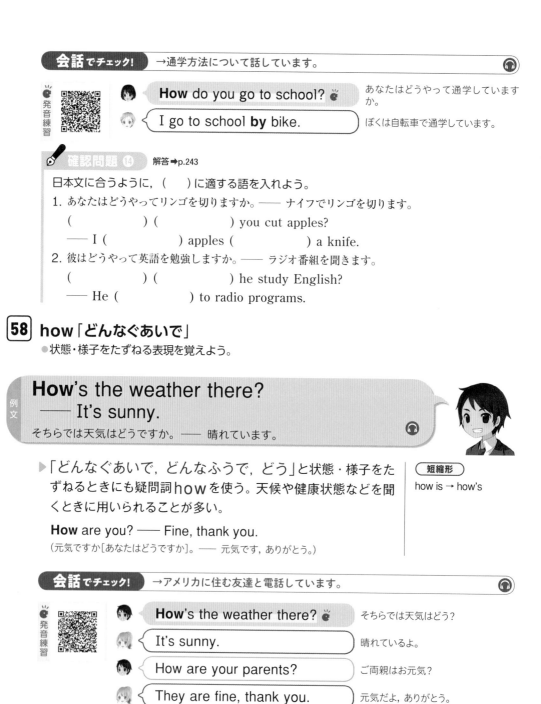

会話でチェック! →通学方法について話しています。

発音練習

How do you go to school?
あなたはどうやって通学していますか。

I go to school **by** bike.
ぼくは自転車で通学しています。

確認問題⑭ 解答➡p.243

日本文に合うように，（　）に適する語を入れよう。

1. あなたはどうやってリンゴを切りますか。── ナイフでリンゴを切ります。

（　　　　　　　）（　　　　　　　　　） you cut apples?

── I （　　　　　　　） apples （　　　　　　　） a knife.

2. 彼はどうやって英語を勉強しますか。── ラジオ番組を聞きます。

（　　　　　　　）（　　　　　　　　　） he study English?

── He （　　　　　　　） to radio programs.

58 how「どんなぐあいで」

● 状態・様子をたずねる表現を覚えよう。

例文

How's the weather there?
── It's sunny.

そちらでは天気はどうですか。── 晴れています。

▶「どんなぐあいで，どんなふうで，どう」と状態・様子をたずねるときにも疑問詞howを使う。天候や健康状態などを聞くときに用いられることが多い。

短縮形
how is → how's

How are you? ── Fine, thank you.
（元気ですか[あなたはどうですか]。── 元気です，ありがとう。）

会話でチェック! →アメリカに住む友達と電話しています。

発音練習

How's the weather there?
そちらでは天気はどう？

It's sunny.
晴れているよ。

How are your parents?
ご両親はお元気？

They are fine, thank you.
元気だよ，ありがとう。

確認問題 ⑮ 解答 ➡ p.243

日本文に合うように，（　　）に適する語を入れよう。

1. お兄さんとお姉さんはお元気ですか。── 元気です，ありがとう。

（　　　　　　）（　　　　　　　　　　） your brother and sister?

── They are（　　　　　　　　）, thank you.

2. あなたのネコのぐあいはどうですか。── とてもよいです。

（　　　　　　）（　　　　　　　　　　） your cat? ── Very well.

59 How about ～?「～はどうですか」

● 提案や勧誘をしたり，意見をたずねたりする表現を覚えよう。

例文

How about this yellow shirt?
── Nice.

この黄色いシャツはどうですか。── いいですね。

▶ How about ～?は「～はどうですか」「～はいかがですか」と提案や勧誘をしたり，意見を聞いたりするときに使う。

How about some tea?

── Yes, please. / No, thank you.

（お茶をいかがですか。── はい，お願いします。／いいえ，けっこうです。）

いろいろな場面で使える表現だね。

会話でチェック!　→友達とお店で服を選んでいます。

What do you think about this black jacket?

この黒いジャケットはどう?

I like bright colors.

明るい色が好きだな。

How about this yellow shirt?

この黄色いシャツはどう?

Nice. I like it.

いいね。気に入ったよ。

発音練習

確認問題 ⑯ 解答 ➡ p.243

日本文に合うように，（　　）に適する語を入れよう。

1. 彼の新しい映画はいかがですか。── とても気に入っています。

（　　　　　　）（　　　　　　　　　　） his new movie? ── I like it very much.

2. テニスをしましょう。明日はどうですか。── いいですよ。

Let's play tennis. （　　　　　　）（　　　　　　　　　　） tomorrow? ── OK.

第8章

疑問詞で始まる疑問文

howの疑問文②

How much ～? など

60 How much ～?「いくらですか」
● 値段をたずねる表現を覚えよう。

例文
How much is this doll?
—— It's five thousand yen.
この人形はいくらですか。—— 5,000円です。

▶「いくらですか」と値段をたずねるときはhow muchを使って，〈How much is [are]＋主語?〉のように言う。

How much are these oranges? —— Six dollars.
（これらのオレンジはいくらですか。—— 6ドルです。）

⚠ 〈How much＋名詞〉の形で「どれくらいの～」と量や程度をたずねることもできる。
How much water do you want?
—— I want a glass of water.
（どれくらいの水がほしいですか。—— コップ1杯ほしいです。）

参照「いくつの～」と数をたずねるときはhow manyを使う。
≫p.90

会話でチェック! →お店でかわいい人形を見つけました。

発音練習

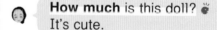
How much is this doll? It's cute. | この人形はいくらですか。かわいいですね。

It's five thousand yen. | 5,000円です。

Oh, it's expensive. | ああ，高いですね。

How about this one, then? | では，これはいかがですか。

 確認問題 ⑰ 解答➡p.243

日本文に合うように，（　）に適する語を入れよう。
1. この本はいくらですか。—— 750円です。
（　　　　　）（　　　　　　　　）is this book? —— （　　　　　）750 yen.
2. あなたはどれくらいのお金を持っていますか。—— 100円持っています。
（　　　　　）（　　　　　　　　）money do you have? —— I have 100 yen.

61 How old 〜? 「何歳ですか」

● 年齢をたずねる表現を覚えよう。

例文

How old are you?
—— I'm thirteen years old.

あなたは何歳ですか。 —— 13歳です。

▶ 「何歳ですか」と年齢をたずねるときは how old を使って，〈How old is [are] ＋主語?〉のように言う。

year(s) oldは
省略できるよ。

▶ 「〜歳です」と答えるときは〜 year(s) old を使う。

⚠ ものなどが「できてどれくらいか」をたずねるときにも使う。
How old is this school? —— It's forty years old.
（この学校はどれくらいの古さ［創立何年］ですか。—— 40年です。）

会話でチェック! →年齢をたずねられました。

How old are you? | あなたは何歳ですか。

I'm thirteen. | 13歳です。

Are you a junior high school student? | 中学生ですか。

Yes, I'm in the first grade. | はい，1年生です。

発音練習

✏ **確認問題 ⑱** 解答➡p.243

日本文に合うように，（　　）に適する語を入れよう。

1. あの歌手は何歳ですか。—— 彼は25歳です。

（　　　　　　）（　　　　　　　　）is that singer?

—— He's 25（　　　　　　）（　　　　　　）.

62 How long 〜? 「どれくらいの長さですか」

● 時間やものの長さをたずねる表現を覚えよう。

例文

How long is one class?
—— It's fifty minutes long.

1つの授業はどれくらいの長さですか。—— 50分です。

▶「どれくらいの長さですか」とたずねるときは **how long** を使って，〈How long is [are] ＋主語?〉のように言う。

▶答えるときは long を省略することもできる。

How long is this rope? —— It's 10 meters (long).
（このロープはどれくらいの長さですか。 —— 10メートルです。）

▶〈How ＋形容詞 [副詞] ～?〉のその他の疑問文。

How tall ～?　　[身長をたずねる]
How tall is he? —— He's 160 centimeters tall.
（彼の身長はどれくらいですか。 —— 160センチメートルです。）

How high ～?　　[高さをたずねる]
How high is the building? —— It's 50 meters high.
（そのビルはどれくらいの高さですか。 —— 50メートルです。）

How far ～?　　[距離をたずねる]
How far is it to the station? —— Two kilometers.
（駅まではどれくらいの距離ですか。 —— 2キロメートルです。）

How often ～?　　[回数・頻度をたずねる]
How often do you go there? —— Every day.
（あなたはどれくらいそこへ行きますか。 —— 毎日です。）

ものと時間のどちらの長さにも使えるよ。

how tall は木や塔など「(細長いものの) 高さ」をたずねるときにも使う。

often は「よく，しばしば」の意味で，how often は「どれくらいよく」の意味になる。

会話でチェック！　→授業の長さはどれくらいでしょうか。

発音練習

How many classes do you have every day?
毎日，授業はいくつありますか。

We have six classes.
6つあります。

How long is one class?
1つの授業はどれくらいの長さですか。

It's fifty minutes long.
50分です。

確認問題 ⑲　解答➡p.243

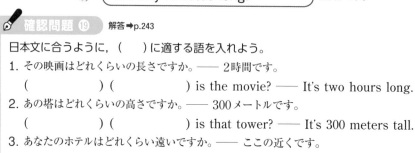

日本文に合うように，（ 　）に適する語を入れよう。
1. その映画はどれくらいの長さですか。 —— 2時間です。
（ 　　　　　）（ 　　　　　　　　） is the movie? —— It's two hours long.
2. あの塔はどれくらいの高さですか。 —— 300メートルです。
（ 　　　　　）（ 　　　　　　　　） is that tower? —— It's 300 meters tall.
3. あなたのホテルはどれくらい遠いですか。 —— ここの近くです。
（ 　　　　　）（ 　　　　　　　　） is your hotel? —— It's near here.

whatの疑問文①　　　　　　　　　　　　　　　　　　What 〜?

✓ 43 **What do you 〜?** 「あなたは何を〜しますか」

> **What** do you want for your birthday?　（あなたは誕生日に何がほしいですか。）
> —— I want a new T-shirt.　　　（—— 私は新しいTシャツがほしいです。）

▶ 疑問詞whatは「何を」「何が」という意味。「何をしますか」と動作そのものの内容をたずねるときは〈What do [does] ＋主語＋ do 〜?〉を使う。

44 **What** do you **do** after school? —— I play tennis every day.
（あなたは放課後に何をしますか。—— 私は毎日テニスをします。）

▶ 「何の〜, どんな〜」とたずねるときは〈what ＋名詞〉を使う。

45 **What color** do you like? —— I like blue.
（あなたは何色が好きですか。—— 私は青が好きです。）

whatの疑問文②　　　　　　　　　　　　　　　　　What time 〜?など

✓ 46 **What time is it?** 「何時ですか」

> **What time** is it?　　　　　　　　　　　（何時ですか。）
> —— It's eight thirty.　　　　　　　（—— 8時30分です。）

▶ 時刻はwhat timeを使ってたずね、〈It is [It's] ＋時刻.〉で答える。

▶ 「何時に〜しますか」はwhat timeを使い、答えで「…時に（〜します）」と言うときは〈at ＋時刻〉を使う。

47 **What time** do you go to bed? —— I go to bed at eleven.
（あなたは何時に寝ますか。—— 私は11時に寝ます。）

▶ 曜日はwhat dayを使ってたずね、〈It is [It's] ＋曜日.〉で答える。

48 **What day is it** today? —— It's Friday. （今日は何曜日ですか。—— 金曜日です。）

▶ 日付はwhat is the dateを使ってたずね、〈It is [It's] ＋月＋日（序数）.〉で答える。

49 **What is the date** today? —— It's May 1. （今日は何月何日ですか。—— 5月1日です。）

who / whose / which の疑問文 　Who ～? / Whose ～? / Which ～?

✓ 　**50 who** 「だれ」

> **Who** lives in that house? ── Mr. Brown does.
> （あの家にはだれが住んでいますか。── ブラウン先生が住んでいます。）

▶ 疑問詞 who は「だれ」の意味。「だれが～しますか」と主語をたずねるときは〈Who ＋動詞～?〉を使い,〈主語＋ does [do].〉で答える。

▶ 疑問詞 whose は「だれの」の意味。「…はだれの～ですか」は〈Whose ＋名詞＋ is [are] ＋主語?〉を使い,「～のもの」という意味の語句で答える。

　　51 　**Whose guitar** is this? ── It's mine. （これはだれのギターですか。── 私のです。）

▶ 疑問詞 which は「どちらか, どれか」「どちらの, どの」の意味。

　　52 　**Which dog** is yours? ── This black one is mine.
　　　　（どちらのイヌがあなたのですか。── この黒いのが私のです。）

▶ 2つのものから選んでもらうときは,〈Which ～, A or B?〉を用いる。

　　53 　**Which** do you like, pork **or** chicken? ── I like chicken.
　　　　（ポークとチキンではあなたはどちらが好きですか。── 私はチキンが好きです。）

where / when / why の疑問文 　Where ～? / When ～? / Why ～?

✓ 　**54 where** 「どこに」「どこで」「どこへ」

> **Where** do you live? ── I live in Yokohama.
> （あなたはどこに住んでいますか。── 私は横浜に住んでいます。）

▶ 「どこに」「どこで」「どこへ」と場所をたずねるときは疑問詞 where を使う。

▶ 「いつ」と時をたずねるときは疑問詞 when を使う。

　　55 　**When** do you study at home? ── I study after dinner.
　　　　（あなたは家でいつ勉強しますか。── 私は夕食後に勉強します。）

▶ 理由は疑問詞 why を使ってたずね,〈Because ＋主語＋動詞～.〉で答える。

　　56 　**Why** do you like her? ── **Because** she's kind.
　　　　（あなたはなぜ彼女が好きなのですか。── なぜなら彼女は親切だからです。）

howの疑問文① How 〜？（どのように〜）

57 how 「どのようにして」

How do you go to school?
—— I go to school **by** bike.

（あなたはどのようにして学校へ行きますか。）

（—— 私は自転車で学校に行きます。）

▶ 方法・手段「どのようにして，どうやって，どう」や，状態・様子「どんなぐあいで，どんなふうで，どう」をたずねるときは疑問詞howを使う。

58 **How**'s the weather there? —— It's sunny.
（そちらでは天気はどうですか。—— 晴れています。）

▶ How about 〜？は「〜はどうですか」「〜はいかがですか」と提案や勧誘をしたり，意見を聞いたりするときに使う。

59 **How about** this yellow shirt? —— Nice.
（この黄色いシャツはどうですか。—— いいですね。）

howの疑問文② How much 〜？など

60 How much 〜？ 「いくらですか」

How much is this doll?
—— It's five thousand yen.

（この人形はいくらですか。）

（—— 5,000円です。）

▶ 値段はhow muchを使って〈How much is [are]＋主語？〉などとたずねる。

▶ 年齢はhow oldを使って〈How old is [are]＋主語？〉とたずね，「〜歳です」と答えるときは〜 year(s) oldを使う。

61 **How old** are you? —— I'm thirteen years old.
（あなたは何歳ですか。—— 13歳です。）

▶ 長さはhow longを使って〈How long is [are]＋主語？〉とたずねる。

62 **How long** is one class? —— It's fifty minutes long.
（1つの授業はどれくらいの長さですか。—— 50分です。）

第8章 疑問詞で始まる疑問文

定期試験対策問題 （解答➡p.258）

1 次の____に適する語句を，右の ▢ から選んで書きなさい。（2回以上使ってもよい）

(1) _____ do you go to the dentist?

 —— I go to the dentist by bike.

(2) _____ is Mike? —— He is 170 centimeters tall.

(3) _____ is your sister? —— She is ten years old.

(4) _____ classes do you have today? —— I have six classes.

(5) _____ is your father? —— He's fine.

(6) _____ do you visit your grandparents?

 —— Well, about once a month.

how many
how tall
how often
how
how old

2 次の問いに対する答えとして適するものを，ア～ウから1つずつ選びなさい。

(1) How are you? —— (ア Hello.　イ By train.　ウ Fine, thank you.)

(2) Who is Yuki? —— (ア She is my sister.　イ She is happy.　ウ It's March.)

(3) How is the weather? —— (ア Two years old.　イ It is sunny.　ウ By bus.)

(4) Where is my cap? —— (ア It is mine.　イ It is the desk.　ウ On the desk.)

(5) How much is the ticket? —— (ア It's an hour.　イ It's 10 dollars.　ウ It's here.)

(6) What's the date today? —— (ア It's Saturday.　イ It's a week.　ウ It's May 5.)

3 次の文の下線部をたずねる文を作りなさい。

(1) The rope is eleven meters long.

_____

(2) It is October 23 today.

_____

(3) Mr. Saito teaches science.

_____

(4) Emi's birthday is January 2.

_____

4 次の日本文の意味を表す英文を，（　　　）内の語句を並べかえて作りなさい。

(1) だれがピアノを弾きますか。

（ piano / plays / who / the ）?

_____

(2) 彼は何時に起きますか。

（ get / time / he / up / does / what ）?

_____

(3) あなたの大好きな歌は何ですか。

（ is / song / favorite / what / your ）?

_____

(4) 英語で「地球」は何と言いますか。

（ do / say / how / you / English / "chikyu" / in ）?

_____

(5) あなたのお母さんのお仕事は何ですか。

（ your / do / does / what / mother ）?

_____

(6) どの電車が横浜に行きますか。

（ Yokohama / train / which / to / goes ）?

_____

(7) あなたたちはどこで昼食を食べますか。

（ you / lunch / where / have / do ）?

_____

(8) あなたはかばんの中に何を持っていますか。

（ you / do / have / bag / in / your / what ）?

_____

(9) 札幌の今日の天気はどうですか。

（ today / in / how / the weather / is / Sapporo ）?

_____

5 次の日本文に合うように，＿＿＿に適する語を入れなさい。

(1) 今何時ですか。

＿＿＿＿＿＿ ＿＿＿＿＿＿ is it now?

(2) どんなスポーツが好きですか。

＿＿＿＿＿＿ ＿＿＿＿＿＿ do you like?

(3) これはだれの本ですか。—— それは彼女のです。

＿＿＿＿＿＿ ＿＿＿＿＿＿ is this? —— It is ＿＿＿＿＿＿.

(4) チョコレートケーキとフルーツケーキとではあなたはどちらが好きですか。

＿＿＿＿＿＿ do you like, chocolate cake ＿＿＿＿＿＿ fruit cake?

(5) どちらがあなたの自動車ですか。—— あの赤いのが私のです。

＿＿＿＿＿＿ ＿＿＿＿＿＿ your car? —— That red ＿＿＿＿＿＿ is ＿＿＿＿＿＿.

(6) なぜあなたはここに住んでいるのですか。—— この近くの学校に通っているからです。

＿＿＿＿＿＿ ＿＿＿＿＿＿ you live here?

—— ＿＿＿＿＿＿ I go to school near here.

6 次の日本文を英語になおしなさい。

(1) 富士山の高さはどれくらいですか。

＿＿＿＿＿＿＿＿＿＿＿＿＿＿＿＿＿＿＿＿＿＿＿＿＿＿

(2) なぜクミはこの映画が好きなのですか。

＿＿＿＿＿＿＿＿＿＿＿＿＿＿＿＿＿＿＿＿＿＿＿＿＿＿

(3) このバッグはいくらですか。

＿＿＿＿＿＿＿＿＿＿＿＿＿＿＿＿＿＿＿＿＿＿＿＿＿＿

(4) 今日は何曜日ですか。

＿＿＿＿＿＿＿＿＿＿＿＿＿＿＿＿＿＿＿＿＿＿＿＿＿＿

7 次のようなとき英語でどのように言いますか。その英語を書きなさい。

(1) このカメラはどうですかとすすめるとき。

＿＿＿＿＿＿＿＿＿＿＿＿＿＿＿＿＿＿＿＿＿＿＿＿＿＿

(2) 週末に何をするかとたずねるとき。

＿＿＿＿＿＿＿＿＿＿＿＿＿＿＿＿＿＿＿＿＿＿＿＿＿＿

第9章

現在進行形の文

現在進行形

He is ～ing.

63 He is ～ing. 「彼は～しているところです」

● 「今行っている動作」を表す表現を覚えよう。

例文

He **is cooking** lunch now.

彼は今，お昼ご飯を作っているところです。

▶ 「～しているところです」「～しています」という進行中の
動作は現在進行形〈be動詞＋動詞のing形〉で表す。

▶ be動詞は主語によってam / are / isを使い分ける。

I **am** watching TV now. (私は今，テレビを見ています。)
└── 1人称単数

We **are** playing soccer. (私たちはサッカーをしています。)
└── 1人称複数

You **are** making noise. Be quiet.
└── 2人称単数・複数　　　　(あなた(たち)は物音を立てています。静かに。)

Kate **is** reading a book. (ケイトは本を読んでいます。)
└── 3人称単数

They **are** studying English. (彼らは英語を勉強しています。)
└── 3人称複数

（短縮形）次のような
be動詞の短縮形も用いら
れる。
He's cooking ....
I'm watching ....
We're playing ....
You're writing ....
They're studying ...

⚠ これまでに学習した動詞の形は現在形といい，現在の習慣や状態を表す。意
味のちがいに注意しよう。
　I **watch** TV after dinner every day.　[現在の習慣]
　(私は毎日，夕食後にテレビを見ます。)

「今見ています」と「毎
日見ます」のちがい
に注意。

 ポイント

現在形の文	He		cooks	lunch every day.
	be動詞を置く ↓		↓ 動詞のing形にする	（彼は毎日，お昼ご飯を作ります。）
現在進行形の文	He	**is**	**cooking**	lunch now.
		〈be動詞＋動詞のing形〉		

⚠ 次のような「状態を表す動詞」は進行形にはならない。

I **like** flowers.（私は花が好きです。）
She **knows** my name.（彼女は私の名前を知っています。）
I **have** a good watch.（私はよい腕時計を持っています。）
ただし，have が「食べる」「過ごす」の意味なら進行形にできる。
I **am having** lunch now.（私は今，お昼ご飯を食べています。）

×I **am liking** flowers.
×She **is knowing** my name.
×I **am having** a good watch.
その他の「状態を表す動詞」:
love（愛している）
want（ほしがっている）
see（見える）
hear（聞こえる）

◆ 動詞のing形の作り方

ふつうの動詞 →そのままingをつける	play（遊ぶ）→ play**ing** sing（歌う）→ sing**ing** study（勉強する）→ study**ing**
eで終わる動詞 →eをとってingをつける	use（使う）→ us**ing** make（作る）→ mak**ing**
〈短母音＋子音字〉で終わる動詞 →最後の文字を重ねてingをつける	run（走る）→ run**ning** swim（泳ぐ）→ swim**ming** sit（座る）→ sit**ting**

例外:
see（見る）→ see**ing**

（**発音**）短母音:「アー」
と伸ばしたり，「アイ」の
ように母音が続いたりし
ない，短い発音の母音。

（**参照**）子音字
>> p.88

会話 でチェック! →ケンは何をしているのでしょうか。

Where is Ken?
ケンはどこにいますか。

He's in the kitchen. He's cooking lunch now.
キッチンにいます。今，お昼ご飯を作っているところです。

発音練習

Does he cook every day?
彼は毎日，料理をしますか。

Yes, he does.
はい，します。

✎ **確認問題 ❶** 解答➡p.243

[   ]の動詞を使って，日本文に合うように，(   )に適する語を入れよう。

1. 今は雨が激しく降っています。 [rain]
   It (   ) (   ) hard now.
2. 私は新しいノートを使っています。 [use]
   (   ) (   ) a new notebook.
3. メアリーとトムは公園で走っています。 [run]
   Mary and Tom (   ) (   ) in the park.

現在進行形の疑問文

Are you 〜ing?

64 **Are you 〜ing?**「あなたは〜しているところですか」

●現在進行形でたずねる言い方を覚えよう。

> 例文
> **Are** you **listening** to music?
> —— Yes, I **am**. / No, I'm **not**.
>
> あなたは音楽を聞いているところですか。—— はい、聞いています。/ いいえ、聞いていません。

▶「〜しているところですか」「〜していますか」という現在進行形の疑問文は、be動詞を主語の前に出して、〈be動詞＋主語＋動詞のing形〜?〉で表す。

×Yes, I do. /
×No, I don't.
と答えないようにね!

▶答えるときも、〈Yes, 主語＋is [am, are]. / No, 主語＋is [am, are] not.〉とbe動詞を使う。

Is Jane **talking** with Emi? —— Yes, she **is**.

（ジェーンはエミと話していますか。—— はい、話しています。）

Are they **eating** dinner? —— No, they **aren't**.

（彼らは夕食を食べているところですか。—— いいえ、食べていません。）

ふつうの文 You **are** **listening** to music.
 be動詞を主語の前に （あなたは音楽を聞いています。）

疑問文 **Are** you **listening** to music?

答えの文 Yes, I **am**. / No, I **am not** [**I'm not**].

会話でチェック! →友達が電車でイヤホンをしています。

発音練習

Are you **listening** to music? 音楽を聞いているの?

 No, I'**m not**. I'm listening to some audio files from my English textbook.

いいえ、ちがうよ。英語の教科書の音声ファイルを聞いているの。

156

次の英文を疑問文に書きかえて，答えの文も完成させよう。

1. He is playing a game.
   → (　　　　　) he (　　　　　) a game? —— Yes, he (　　　　　).
2. You are using my racket.
   → (　　　　　) you (　　　　　) my racket?
   —— No, I'm (　　　　　). This is mine.

65 What are you ～ing?「何を～しているところですか」

●疑問詞のある現在進行形の疑問文を使ってみよう。

例文

What are you **looking** for?
—— I'm looking for my glasses.

あなたは何を探しているのですか。 —— 私はメガネを探しています。

▶「何を～しているところですか」のように疑問詞を使った現在進行形の疑問文は，疑問詞を文の最初に置き，そのあとに現在進行形の疑問文の形を続ける。

▶答えるときは，現在進行形の文で答える。

復習 疑問詞what の使い方を見直そう。
≫p.126

➕⍺ 「何をしているのですか」と動作そのものをたずねるときは，〈What＋be動詞＋主語＋doing?〉の形を使う。
What are they **doing**?（彼らは何をしているのですか。）
—— They are waiting for the bus.（バスを待っています。）

ポイント

疑問文　　　　　**Are** you **looking** for your glasses?
疑問詞にして文頭に
　　　　　　　　　　　　　　　　（あなたはメガネを探していますか。）
疑問詞のある疑問文　**What are** you **looking** for?

答えの文　　　　I'm looking for my glasses.

会話でチェック!　→メガネはどこにあるのでしょうか。

 What are you **looking** for? 　　何を探しているのですか。

I'm looking for my glasses.　　メガネを探しています。

Well, they're on your head.　　ええと，メガネは頭にのっていますよ。

発音練習

確認問題 ❸　解答➡p.243

日本文に合うように，（　）に適する語を入れよう。

1. 彼女は何を飲んでいるのですか。―― お茶を飲んでいます。

（　　　　　）（　　　　　）she（　　　　　）? ―― She's（　　　　　）tea.

2. あなたたちは何をしているのですか。―― 数学を勉強しています。

What（　　　　　）you（　　　　　）? ―― We're（　　　　　）math.

66 Who is 〜ing?「だれが〜していますか」

●動作の主語をたずねる言い方を覚えよう。

例文

Who is singing?
—— Yuki is.

だれが歌っているのですか。―― ユキです。

▶「だれが〜していますか」と動作をしている人［主語］をたずねるときは，〈Who is ＋動詞の ing 形〜?〉とする。

▶答えるときは，〈主語＋ be 動詞.〉の形で主語を答える。

> who は 3 人称単数扱いなので, be 動詞は is を使う。

ポイント

ふつうの文 Yuki is singing.（ユキが歌っています。）

↓たずねる主語を who に

主語をたずねる疑問文 Who is singing?

答えの文 Yuki is. ［←Yuki is singing. の singing を省略した形］

会話でチェック! →隣の部屋から歌とギターが聞こえてきます。

発音練習

Who is singing? だれが歌っているんですか。

Yuki is. She is a good singer. ユキです。彼女は歌がじょうずです。

確認問題 ❹　解答➡p.243

下線部をたずねる疑問文と，その答えの文を完成させよう。

1. Jack is driving the bus.（ジャックがバスを運転しています。）

（　　　　　）is（　　　　　）the bus? ――（　　　　　）（　　　　　）.

現在進行形の否定文

音声

I am not ~ing.

67 **I am not ~ing.**「私は~しているところではありません」

● 現在進行形の否定文の作り方を確認しよう。

例文

I am not watching TV.

私はテレビを見ているところではありません。

▶「~しているところではありません」「~していません」という現在進行形の否定文は，be動詞のあとにnotを置いて，〈主語＋be動詞＋not＋動詞のing形~.〉で表す。

We aren't talking about him.

（私たちは彼の話をしてはいません。）

短縮形 次のような短縮形も用いられる。
is not → isn't
are not → aren't

ポイント

ふつうの文 I am　　　watching TV.（私はテレビを見ているところです。）

↓ be動詞のあとにnot

否定文 I am **not** watching TV.

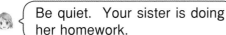**会話**でチェック！ →お母さんから話しかけられました。

Are you watching TV?

あなたはテレビを見ているの？

No, I**'m not watching** TV. I'm watching videos on my phone.

いいえ，テレビは見てないよ。携帯電話で動画を見ているよ。

Be quiet. Your sister is doing her homework.

静かにしなさい。妹が宿題をしているところですよ。

確認問題 ⑤　解答→p.243

次の英文を否定文に書きかえよう。

1. It is raining today. → It (　　　　) (　　　　) (　　　　) today.

2. I'm using my mother's computer.
   → (　　　　) (　　　　) (　　　　) my mother's computer.

現在進行形　　　　　　　　　　　　　　　　　　　He is ～ing.

☑ **63 He is ～ing.** 「彼は～しているところです」

> He **is cooking** lunch now.　　　（彼は今，お昼ご飯を作っているところです。）

▶「～しているところです」「～しています」という進行中の動作は現在進行形〈be動詞＋動詞のing形〉で表す。

現在進行形の疑問文　　　　　　　　　　　　　　Are you ～ing?

☑ **64 Are you ～ing?** 「あなたは～しているところですか」

> **Are** you **listening** to music?
> 　── Yes, I **am**. / No, I'm **not**.
> （あなたは音楽を聞いているところですか。　── はい，聞いています。/ いいえ，聞いていません。）

▶「～しているところですか」「～していますか」という現在進行形の疑問文は，be動詞を主語の前に出して，〈be動詞＋主語＋動詞のing形～?〉で表す。

▶答えるときも，〈Yes, 主語＋is [am, are]. / No, 主語＋is [am, are] not.〉とbe動詞を使う。

☑ **65 What are you ～ing?** 「何を～しているところですか」

> **What are** you **looking** for?　　　（あなたは何を探しているのですか。）
> 　── I'm looking for my glasses.　　（── 私はメガネを探しています。）

▶「何を～しているところですか」のように疑問詞を使った現在進行形の疑問文は，疑問詞を文の最初に置き，そのあとに現在進行形の疑問文の形を続ける。

☑ 66 **Who is ～ing?** 「だれが～していますか」

> **Who is singing?** （だれが歌っているのですか。）
> ── **Yuki is.** （── ユキです。）

▶ 「だれが～していますか」と動作をしている人［主語］をたずねるときは，〈Who is ＋動詞の ing 形～？〉とする。

▶ 答えるときは，〈主語 ＋ be 動詞.〉の形で主語を答える。

現在進行形の否定文   I am not ～ing.

☑ 67 **I am not ～ing.** 「私は～しているところではありません」

> **I am not watching TV.** （私はテレビを見ているところではありません。）

▶ 「～しているところではありません」「～していません」という現在進行形の否定文は，〈主語 ＋ be 動詞 ＋ not ＋動詞の ing 形～.〉となる。

まとめておこう

現在進行形の文の形

一般動詞の文や be 動詞の文と見比べてみよう（≫ p.53）。

ふつうの文			He	is		playing	soccer	.
疑問文		Is	he			playing	soccer	?
what の疑問文	What	is	he			playing		?
否定文			He	is	not	playing	soccer	.
				isn't				
答えの文	Yes, he is. No, he is not [isn't].							
答えの文	He is [He's] playing soccer.							

1 次の＿＿に，（　）内の語を適する形にして書きなさい。

(1) I am ＿＿＿＿＿ to school.　（go）

(2) Ken is ＿＿＿＿＿ his homework.　（do）

(3) They are ＿＿＿＿＿ in the pool.　（swim）

(4) Are you ＿＿＿＿＿ math?　（study）

(5) Who's ＿＿＿＿＿ a shower?　（take）

(6) He's not ＿＿＿＿＿ Japanese.　（speak）

2 次の英文を現在進行形の文に書きかえるとき，＿＿に適する語を入れなさい。

(1) Yumi <u>washes</u> the dishes. → Yumi ＿＿＿＿＿ ＿＿＿＿＿ the dishes.

(2) My sister <u>doesn't make</u> a cake. → My sister ＿＿＿＿＿ ＿＿＿＿＿ a cake.

(3) They <u>don't eat</u> breakfast. → They ＿＿＿＿＿ ＿＿＿＿＿ breakfast.

(4) <u>Do</u> you <u>look</u> at him? → ＿＿＿＿＿ you ＿＿＿＿＿ at him?

3 次の問いに対する答えとして適するものを，ア～エから1つずつ選びなさい。

(1) Is Kate studying?　＿＿＿＿＿

(2) Does she play the piano?　＿＿＿＿＿

(3) Who is dancing?　＿＿＿＿＿

(4) What is she doing?　＿＿＿＿＿

> ア　She is dancing.
> イ　Yes, she does.
> ウ　No, she's not.
> エ　My mother is.

4 次の英文を，（　）内の指示にしたがって書きかえなさい。

(1) You use my dictionary.　（現在進行形の文に）

＿＿＿＿＿＿＿＿＿＿＿＿＿＿＿＿＿＿＿＿＿＿

(2) She is talking with her friend.　（疑問文に）

＿＿＿＿＿＿＿＿＿＿＿＿＿＿＿＿＿＿＿＿＿＿

(3) Jim is playing baseball.　（否定文に）

＿＿＿＿＿＿＿＿＿＿＿＿＿＿＿＿＿＿＿＿＿＿

(4) They are running in the park. （下線部をたずねる文に）

_____

(5) Jim is playing the piano. （下線部をたずねる文に）

_____

(6) She's studying English now. （下線部をたずねる文に）

_____

5 次の日本文の意味を表す英文を，（　　）内の語を並べかえて作りなさい。

(1) 彼らはバスケットボールをしていません。

(basketball / are / they / playing / not).

_____

(2) 私たちはアヤを探しているところです。

(are / for / we / Aya / looking).

_____

(3) だれが自転車に乗っていますか。

(riding / is / bike / who / a)?

_____

(4) あなたは何を聞いているのですか。

(are / to / what / listening / you)?

_____

6 次の日本文に合うように，＿＿に適する語を入れなさい。

(1) ルーシーは歌を歌っていません。

Lucy ＿＿＿＿＿ ＿＿＿＿＿ a song.

(2) 私は毎日テレビを見ます。

I ＿＿＿＿＿ TV every day.

(3) 彼は今何をしていますか。── 彼は本を読んでいます。

What ＿＿＿＿＿ he ＿＿＿＿＿ now? ── He is reading a book.

(4) あなたはイヌを飼っていますか。

＿＿＿＿＿ you ＿＿＿＿＿ a dog?

7 次の日本文を英語になおしなさい。

(1) 彼らは公園で野球をしているところです。

_____

(2) あなたのお母さんはそこで何をしているのですか。

_____

(3) マキは今，眠っています。

_____

(4) だれがギターを弾いていますか。

_____

(5) 私は手紙を書いているのではありません。

_____

8 絵の中の女の子Mikaについて，与えられた語句を使って現在進行形の文を書きなさい。

(1) (sing)

_____

(2) (clean the floor)

_____

(3) (watch TV)

_____

(4) (wear a skirt)

_____

(5) (eat an apple)

_____

一般動詞 (過去形) (≫ p.166 〜) の解説動画を確認しよう！

be動詞 (≫ p.173 〜) の解説動画を確認しよう！

進行形 (≫ p.177 〜) の解説動画を確認しよう！

165

過去の文（一般動詞）

I played 〜. / I went 〜.

68 **I played 〜.「私は〜しました」**

● 過去のことを表す動詞の形を学習しよう。

例文

I **played** tennis yesterday.

私は昨日，テニスをしました。

▶「〜した」のように過去のことを表す文を過去の文という。

> **用語** 現在のことを表す文を現在の文といい，使われる動詞の形を現在形という。

▶ 過去の文では，動詞の過去形が使われる。多くの動詞は語尾にedまたはdをつけて過去形にする。

play ＋**ed** → play**ed**　　　like ＋**d** → like**d**

> **現在の文** I **play** tennis every day.（私は毎日，テニスをします。）
> ↓ 動詞を過去形にする
> **過去の文** I **played** tennis yesterday.
> 動詞＋ed ──── 過去を表す語句

▶ 過去の文では主語が何であっても，過去形の形は変わらない。

He **plays** tennis every day.　[現在の文]　（彼は毎日テニスをします。）
He **played** tennis yesterday.　[過去の文]　（彼は昨日テニスをしました。）

▶ 過去の文では，過去を表す語句が用いられることが多い。

last 〜 （この前の〜）	**last** night（昨夜）/ **last** week（先週） **last** Sunday（この前の日曜日）
〜 ago （〜前に）	a week **ago**（1週間前に） two days **ago**（2日前に）
その他	yesterday（昨日） yesterday afternoon（昨日の午後） then ＝ at that time（そのとき）

> 「毎日〜した」という文なら，every day も過去の文で使えるよ。

◆ 動詞の過去形の作り方

ふつうの動詞 →edをつける	play(遊ぶ) → play**ed** walk(歩く) → walk**ed** clean(掃除する) → clean**ed**
eで終わる動詞 →dをつける	like(好む) → like**d** dance(踊る) → dance**d** use(使う) → use**d**
〈子音字+y〉で終わる動詞 →yをiに変えてedをつける※	study(学ぶ) → stud**ied** try(やってみる) → tr**ied** carry(運ぶ) → carr**ied**
〈短母音+子音字〉で終わる動詞 →最後の文字を重ねてedをつける	stop(止まる) → stop**ped** plan(計画する) → plan**ned**

（参照）母音字 >> p.88

※〈母音字+y〉で終わる動詞はそのままedをつける。
　enjoy(楽しむ) → enjoy**ed**

◆ 過去形の語尾の発音

原形の語尾が有声音 →[d ド]と発音する	played [pleid プレイド] listened [lísnd リスンド] used [juːzd ユーズド] studied [stʌ́did スタディド]
原形の語尾が無声音 →[t ト]と発音する	walked [wɔːkt ウォークト] stopped [stɑpt スタップト] danced [dænst ダンスト] watched [wɑtʃt ワッチト]
原形の語尾が[t ト][d ド] →[id イド]と発音する	wanted [wɑ́ntid ワンティド] visited [vízitid ヴィズィティド] started [stɑ́ːrtid スターティド] needed [níːdid ニーディド]

（発音）短母音：「アー」と伸ばしたり，「アイ」のように母音が続いたりしない，短い発音の母音。

（発音）有声音：母音や[n] [m] [b] [z] [g] [v]などの子音。のどに手を当てて発音したとき，ふるえる音。
無声音：[p] [s] [k] [ʃ]などの子音。のどに手を当てて発音したとき，ふるえない音。

第**10**章

過去の文

会話でチェック！　→スポーツの話をしています。　

 I like tennis and soccer.　ぼくはテニスとサッカーが好きです。

 Do you often play them?　よくやるんですか。

 Yes, I **played** tennis yesterday.　はい，昨日はテニスをしました。

発音練習

確認問題 ❶   解答➡p.243

日本文に合うように，[　]の動詞を正しい形にして（　）に入れよう。

1. 彼は昨日，部屋を掃除しました。　[clean]

   He (　　　　　　) his room yesterday.

2. 雨は昨日の夜にやみました。　[stop]

   The rain (　　　　　　) last night.

3. 私はそのゲームをやってみて，気に入りました。　[try / like]

   I (　　　　　　) the game and (　　　　　　) it.

69 I went to 〜.「私は〜へ行きました」（不規則動詞）

● 不規則に変化する動詞の過去形を覚えよう。

> ### I **went** to a pet shop last week.
>
> 私は先週，ペットショップへ行きました。

▶ edやdをつけて過去形にするのではなく，go → went のように不規則に変化する動詞もある。

▶ edやdがついて過去形になる動詞を規則動詞，不規則に変化する動詞を不規則動詞という。

◆主な不規則動詞

形が大きく変わるもの	
go(行く) → **went**	see(見る) → **saw**
do(する) → **did**	have(持っている) → **had**
teach(教える) → **taught**	buy(買う) → **bought**
make(作る) → **made**	tell(告げる) → **told**
say(言う) → **said**	speak(話す) → **spoke**
母音字が1文字だけ変わるもの	
come(来る) → **came**	get(得る) → **got**
know(知っている) → **knew**	run(走る) → **ran**
sit(座る) → **sat**	write(書く) → **wrote**
形が変わらないもの	
cut(切る) → **cut**	put(置く) → **put**
read(読む) → **read**	

（参照） 動詞の不規則変化の表 >> p.188

（発音） saidは[seid セイド]ではなく[sed セッド]と発音する。

（発音） readの過去形は[red レッド]と発音する。

😊 Is this dog yours?　　　　　このイヌはあなたの？

😊 Yes. I **went** to a pet shop last week. ❀ I found him there.

うん。先週，ペットショップへ行ったの。そこで彼を見つけたんだ。

😊 Very cute!　　　　　とてもかわいいね！

🖊 **確認問題 ❷**　　解答➡p.243

[1] 日本文に合うように，[　　]の動詞を正しい形にして（　　）に入れよう。

1. 私たちは昨日，スーパーマーケットへ行きました。　[go]

   We (　　　　　　　) to the supermarket yesterday.

2. 私は今朝，宿題をしました。　[do]

   I (　　　　　　　) my homework this morning.

3. 彼はそのオレンジを切りました。　[cut]

   He (　　　　　　　) the orange.

4. 彼女は座って，その手紙を読みました。　[sit / read]

   She (　　　　　　) down and (　　　　　　　) the letter.

[2] （　　）に正しい形を入れて，これまでに学習した動詞の形を復習しよう。

原形	3人称単数現在形 (>> p.107)	ing形 (>> p.155)	過去形
例：play	plays	playing	played
1. walk	(　　　　)	(　　　　　)	(　　　　　)
2. watch	(　　　　)	(　　　　　)	(　　　　　)
3. carry	(　　　　)	(　　　　　)	(　　　　　)
4. stop	(　　　　)	(　　　　　)	(　　　　　)
5. use	(　　　　)	(　　　　　)	(　　　　　)
6. start	(　　　　)	(　　　　　)	(　　　　　)
7. have	(　　　　)	(　　　　　)	(　　　　　)
8. speak	(　　　　)	(　　　　　)	(　　　　　)
9. see	(　　　　)	(　　　　　)	(　　　　　)
10. make	(　　　　)	(　　　　　)	(　　　　　)
11. sit	(　　　　)	(　　　　　)	(　　　　　)
12. write	(　　　　)	(　　　　　)	(　　　　　)
13. say	(　　　　)	(　　　　　)	(　　　　　)
14. put	(　　　　)	(　　　　　)	(　　　　　)
15. come	(　　　　)	(　　　　　)	(　　　　　)

第**10**章

過去の文

70 Did you use 〜? 「あなたは〜を使いましたか」（疑問文）

●過去のことをたずねる表現を学習しよう。

例文

Did you **use** my eraser?
—— Yes, I **did**. / No, I **didn't**.

あなたは私の消しゴムを使いましたか。—— はい, 使いました。/ いいえ, 使いませんでした。

▶「〜しましたか」と過去のことをたずねるときは，主語の前に
Didを置き，〈Did＋主語＋動詞の原形〜？〉で表す。

▶主語が何であってもdidの形は変わらない。

▶Yes, 〜 did. / No, 〜 didn't. とdidを使って答える。

Did she **go** to school yesterday?
—— Yes, she **did**. / No, she **didn't**.

（彼女は昨日, 学校へ行きましたか。
—— はい, 行きました。/ いいえ, 行きませんでした。）

⚠ 一般動詞（現在）の疑問文と比べてみよう。
Does she go to school? —— Yes, she **does**. / No, she **doesn't**.
（彼女は学校へ行きますか。—— はい, 行きます。/ いいえ, 行きません。）

×Did you used
じゃないよ。動詞を
原形にするのを忘れ
ないでね！

（参照） 現在形の疑問
文 ≫p.54, 108

ポイント

ふつうの文 You **used** my eraser.
（あなたは私の消しゴムを使いました。）

↓Didを置く　　↓原形にする

疑問文 **Did** you **use** my eraser?

答えの文 Yes, I **did**. / No, I **didn't**.

会話でチェック！ →友達と2人で勉強をしています。

発音練習

Did you **use** my eraser? 　　私の消しゴムを使った？

No, I **didn't**.　　いいえ, 使わなかったよ。

I can't find it. Can I use yours?　　見つからないんだ。あなたのを使ってもいいかな。

Sure. Here it is.　　もちろん。はい, どうぞ。

Thank you!　　ありがとう！

次の英文を疑問文に書きかえて，答えの文も完成させよう。

1. You studied English yesterday.
   → (　　　　　　) you (　　　　　　) English yesterday?
   —— Yes, I (　　　　　　).
2. He came here.
   → (　　　　　　) he (　　　　　　) here? —— No, he (　　　　　　).

71 What did you do?「あなたは何をしましたか」

● 疑問詞で始まる過去の疑問文を確認しておこう。

例文

What did you **do** last Sunday?
—— I **went** to the supermarket.
この前の日曜日にあなたは何をしましたか。 —— スーパーへ行きました。

▶ 疑問詞を使ってたずねるときは，疑問詞を文の最初に置き，〈疑問詞＋did＋主語＋動詞の原形～？〉の形にする。

答えるときも過去形を使う。

Where did you **study**? —— I **studied** at home.
（あなたはどこで勉強しましたか。 —— 家で勉強しました。）

+α 「だれが～しましたか」は〈Who＋動詞の過去形～？〉の形で表す。
Who wrote this? —— Ken **did**. ［←didを使って答える。］
（だれがこれを書きましたか。 —— ケンが書きました。）

会話 でチェック!　→日曜日には何をしたでしょうか。

What did you **do** last Sunday?　この前の日曜日には何をしましたか。

I **went** to the supermarket.　スーパーへ行きました。

What did you buy?　何を買いましたか。

I bought some food and drinks.　食べ物と飲み物を買いました。

発音練習

下線部をたずねる疑問文を完成させよう。

1. You visited Kyoto <u>last week</u>. → (　　　　　　) did you (　　　　　　) Kyoto?
2. She bought <u>a hat</u> yesterday.
   → (　　　　　　) (　　　　　　) she (　　　　　　) yesterday?

第10章 過去の文

171

72 I didn't eat ～.「私は～を食べませんでした」(否定文)

●過去の否定文の作り方を確認しよう。

> 例文
> # I **didn't eat** breakfast this morning.
> 私は今朝，朝食を食べませんでした。

▶「～しなかった」という過去の否定文は，動詞の前にdid not [didn't]を置き，〈did not [didn't]＋動詞の原形～〉の形で表す。動詞は必ず原形にすることに注意。

短縮形
did not → didn't

▶主語が何であってもdidの形は変わらない。

He **did not play** baseball yesterday.
(彼は昨日，野球をしませんでした。)

Mary **didn't know** the boy's name.
(メアリーはその男の子の名前を知りませんでした。)

注意　動詞は原形。
×He did not playedとしないようにする。

 ポイント

ふつうの文 | I　**ate** breakfast this morning.
(私は今朝，朝食を食べました。)
didn'tを動詞の前に ↓　　↓ 原形にする

否定文 | I **didn't eat** breakfast this morning.

会話でチェック! →友達はおなかがすいているようです。

発音練習

> Are you hungry?

おなかがすいているの？

> Yes, I'm very hungry. I **didn't eat** breakfast this morning.

うん，とてもすいてる。今朝，朝食を食べなかったんだ。

> I see. Let's eat lunch early.

なるほど。昼食を早く食べよう。

 確認問題 ⑤ 　解答➡p.244

次の英文を否定文に書きかえよう。

1. He watched TV last night. → He (　　　　　) (　　　　　) TV last night.
2. We studied in the library together.
   → We (　　　　　) (　　　　　) in the library together.
3. I spoke to the girl. → I (　　　　　) not (　　　　　) to the girl.

172

過去の文（be動詞）

It was 〜.

音声

73 It was 〜.「〜でした」

● be動詞で過去のことを表す文の形を学習しよう。

> 例文 **It was sunny yesterday.**
> 昨日は晴れていました。

▶ 「〜だった」のようにbe動詞で過去のことを表すときは，be動詞の過去形 was / were を使う。was / were は主語に合わせて次のように使い分ける。

◆ be動詞の現在形・過去形のまとめ

主語	現在形	過去形
I	I **am** 〜.	I **was** 〜.
3人称単数	He **is** 〜.	He **was** 〜.
	She **is** 〜.	She **was** 〜.
	It **is** 〜.	It **was** 〜.
you, 複数	You **are** 〜.	You **were** 〜.
	We **are** 〜.	We **were** 〜.
	They **are** 〜.	They **were** 〜.

I **was** sick last week.
（私は先週，病気でした。）

Yumi **was** in the garden then.
（ユミはそのとき，庭にいました。）

You **were** very kind to her.
（あなたは彼女にとてもやさしかったです。）

My parents **were** classmates in junior high school.
（私の両親は中学校でクラスメイトでした。）

was / were の後ろに場所を表す語（句）がくると，「〜にいた［あった］」の意味になるよ。

第**10**章

過去の文

> What did you do yesterday?

昨日は何をしたの。

> It **was** sunny, so I went to the park with my dog.

晴れていたから, イヌを連れて公園へ行ったよ。

確認問題 ⑥ 解答➡p.244

日本文に合うように, ( )に適する語を入れよう。

1. 彼女はハワイでとても幸せでした。

   She ( ) very happy in Hawaii.

2. 私たちはそのとき彼の家の近くにいました。

   We ( ) near his house at that time.

[74] Were you 〜? 「あなたは〜でしたか」 (疑問文)

● be動詞の過去の疑問文と, 答え方を学習しよう。

例文

Were you busy last night?
—— Yes, I **was**. / No, I **wasn't**.

あなたは昨夜, 忙しかったですか。 —— はい, 忙しかったです。/ いいえ, 忙しくありませんでした。

▶「〜でしたか」「〜にいました [ありました] か」とたずねるときは,〈Was [Were] +主語〜?〉で表す。Yesなら was [were], Noなら wasn't [weren't] を使って答える。

Were your parents at home this morning?
—— Yes, they **were**. / No, they **weren't**.

(あなたの両親は今朝, 家にいましたか。
—— はい, いました。/ いいえ, いませんでした。)

be動詞を主語の前に出すのは, 現在の文と同じだね。

ポイント

ふつうの文 You **were** busy last night.

be動詞を主語の前に

(あなたは昨夜, 忙しかったです。)

疑問文 **Were** you busy last night?

答えの文 Yes, I **was**. / No, I **wasn't**.

	Did you watch that TV show?	あのテレビ番組を見た？
	No, I didn't. Was it good?	いいえ，見なかった。よかった？
	Yes. **Were** you busy last night?	うん。昨日の夜は忙しかったの？
	Yes, I had a lot of homework.	うん，宿題がたくさんあったんだ。

確認問題 ⑦ 解答➡p.244

次の英文を疑問文に書きかえて，答えの文も完成させよう。

1. He was kind.

　→ (　　　　　　) (　　　　　　　　　) kind? ── Yes, he (　　　　　　　).

75 Where was ～?「～はどこにありましたか」

●疑問詞で始まるbe動詞の過去の疑問文を見てみよう。

例文

Where was your key?
── It **was** under the bed.

あなたのかぎはどこにありましたか。── ベッドの下にありました。

▶「いつ～でしたか」「どこにありましたか」とたずねるとき
は，〈疑問詞＋was [were]＋主語～?〉の形で表す。答える
ときはYes / Noは使わず，具体的に答える。

When was his birthday party? ── It was last Sunday.

（彼の誕生日パーティーはいつでしたか。── この前の日曜日でした。）

	I lost my key last night.	私は昨日の夜に，かぎをなくしました。
	Did you find it?	見つけましたか。
	Yes, but I looked for it for two hours.	はい，でも2時間探しました。
	Where was it?	どこにありましたか。
	It **was** under the bed.	ベッドの下にありました。

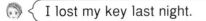

日本文に合うように，（　　）に適する語を入れよう。

1. あなたはそのとき，どこにいましたか。── キッチンにいました。

（　　　　　　）（　　　　　　　　　　）you then? ── I was in the kitchen.

2. 映画はどうでしたか。── とても気に入りました。

（　　　　　　）（　　　　　　　　　　）the movie? ── I loved it.

76 It wasn't 〜.「それは〜ではありませんでした」（否定文）

● be動詞の過去の否定文を学習しよう。

例文

The soup **wasn't** hot.
スープは熱くありませんでした。

▶「〜ではなかった」「〜にいなかった」などの否定文は，
was / wereのあとにnotを置いて，was not [wasn't] 〜 /
were not [weren't] 〜で表す。

I **was not** angry. （私は怒っていませんでした）

Taku and I **weren't** in the same class.
（タクと私はいっしょのクラスではありませんでした。）

×I didn't angry.
としないように注意
しよう。

 →友達がレストランで食事をしました。

発音練習

Did you enjoy the restaurant?　　あなたはそのレストランを楽しんだ？

No, I didn't like the food.　　いいえ，食べ物が気に入らなかったよ。

What was wrong?　　何がよくなかったの？

The soup **wasn't** hot, and the
salad wasn't fresh. 🍽　　スープが熱くなくて，サラダが新鮮じゃ
なかったんだ。

次の英文を否定文に書きかえよう。

1. I was in Hokkaido last Sunday. → I（　　　　　　　）in Hokkaido last Sunday.

2. He was hungry then. → He（　　　　　　）（　　　　　　　）hungry then.

3. We were late for school this morning.

→ We（　　　　　　）late for school this morning.

過去進行形の文

🎧 音声

I was ～ing.

77 I was ～ing. 「私は～していました」

● 「過去に行っていた動作」を表す表現を覚えよう。

> 例文
> # I **was taking** a bath then.
> 私はそのとき，お風呂に入っていました。
> 🎧

▶「～していた」「～しているところだった」のように過去のあるときに行われている最中だった動作は，**過去進行形**〈was [were] ＋動詞のing形〉で表す。

🔁復習　現在進行形を復習しよう。》p.154

Tom **was looking** for you a few minutes ago.
（数分前にトムがあなたを探していました。）

We **were swimming** in the pool.
（私たちはプールで泳いでいました。）

The students **were listening** to the teacher.
（生徒たちは先生の言うことを聞いていました。）

ポイント

過去形 ▶ I 　　took 　a bath last night.
was / wereを置く ↓　　↓ 動詞のing形にする　　　　　　（私は昨夜，お風呂に入りました。）

過去進行形 ▶ I **was taking** a bath then.

⚠ 過去形は「すでに終わった動作の全体」を表す。
　I **wrote** the letter yesterday.
　（私は昨日，その手紙を書きました。）
　→手紙を書くという動作は昨日終わっている。

⚠ 次のような「状態を表す動詞」は進行形にならない。
　The man **had** two sons.（その男性には息子が2人いました。）
　She **knew** my name.（彼女は私の名前を知っていました。）

その他の「状態を表す動詞」：
like（好む）
want（ほしがっている）
see（見える）
hear（聞こえる）

▶ 動詞のing形の作り方は現在進行形の場合と同じだが，もう一度確認しておこう。

◆ 動詞のing形の作り方

ふつうの動詞 →そのままingをつける	play（遊ぶ）→ play**ing** sing（歌う）→ sing**ing**
eで終わる動詞 →eをとってingをつける	use（使う）→ us**ing** make（作る）→ mak**ing** 例外：see（見る）→ see**ing**
〈短母音＋子音字〉で終わる動詞 →最後の文字を重ねてingをつける※	run（走る）→ run**ning** swim（泳ぐ）→ swim**ming** sit（座る）→ sit**ting**

参照 短母音と子音字については >> p.155

※〈短母音＋子音字〉で終わる動詞でも，次のような場合はそのままingをつける。
  2音節でアクセントが前にある語：
    visit（訪れる）→ visiting   listen（聞く）→ listening
  子音字の前に同じ文字が2つ続く語：
    look（見る）→ looking   cook（料理する）→ cooking

ieで終わる動詞は，ieをyに変えてingをつけるが，数は多くない。
die（死ぬ）→ dying
lie（横になる）→ lying

会話でチェック！ →なぜ電話が通じなかったのでしょうか。 🎧

発音練習

> I called you at eight, but you didn't answer.

8時に電話しましたが，あなたは出ませんでした。

> Sorry, I **was taking** a bath then.

すみません，私はそのときお風呂に入っていました。

> That's OK.

いいんですよ。

✎ **確認問題 ⑩** 解答➡p.244

[　]の動詞を使って，日本文に合う英文を完成させよう。

1. 彼はステージの上で歌っていました。　[sing]

　　He (　　　　　　) (　　　　　　　) on the stage.

2. 私たちはそのとき，お昼ご飯を作っていました。　[make]

　　We (　　　　　　) (　　　　　　　) lunch at that time.

78 Were you ～ing?「あなたは～していましたか」(疑問文)

●過去進行形の疑問文と, 答え方を学習しよう。

Were you sleeping?
── Yes, I was. / No, I wasn't.

あなたは眠っていたのですか。 ── はい, 眠っていました。/ いいえ, 眠っていませんでした。

▶ 「～していましたか」という過去進行形の疑問文は, 〈Was [Were]＋主語＋動詞のing形～?〉の形で表す。

| ふつうの文 | You **were sleeping**. |
| 疑問文 | **Were** you **sleeping**? |

▶ Yesなら was [were], No なら wasn't [weren't] を使って答える。

Were they **studying** English at that time?
── Yes, they **were**. / No, they **weren't**.

(彼らはそのとき英語を勉強していましたか。
── はい, 勉強していました。/ いいえ, 勉強していませんでした。)

×Did you sleeping?
としないように注意
しよう。

会話でチェック! →昨日の夜, 何があったのでしょうか。

It was a very big storm.
とても大きな嵐でしたね。

What are you talking about?
あなたは何のことを言っているのですか。

The storm last night. **Were you sleeping?**
昨日の夜の嵐ですよ。あなたは眠っていたのですか。

Yes, I **was**. I went to bed early last night.
はい, 眠っていました。昨日の夜, 私は早く寝たんです。

発音練習

 確認問題 ⑪ 解答➡p.244

次の英文を過去進行形の疑問文に書きかえて, 答えの文も完成させよう。

1. It was raining last night.
　→ (　　　　　) it (　　　　　) last night?
　　── Yes, (　　　　　) (　　　　　).
2. You were reading the book in your room.
　→ (　　　　　) you (　　　　　) the book in your room?
　　── No, (　　　　　) (　　　　　).

第**10**章

過去の文

179

79 What were you doing?「あなたは何をしていましたか」

●疑問詞で始まる過去進行形の疑問文を見てみよう。

> **例文**
>
> # What were you doing there?
> ## —— I was waiting for a friend.
>
> あなたはあそこで何をしていましたか。—— 私は友達を待っていました。

▶「何を～していましたか」などの疑問詞を使った過去進行形の疑問文は，疑問詞を文の最初に置き，そのあとに過去進行形の疑問文の形を続ける。

▶ 答えるときは，Yes / No ではなく，過去進行形の文で答える。

What were you **looking** for? —— I **was looking** for my shoes.

（あなたは何を探していましたか。—— 私の靴を探していました。）

⚠️ 「だれが～していましたか」という疑問文は，who を主語にして次のように表す。答え方にも注意。

Who was playing the piano? —— Kenji **was**.

（だれがピアノを弾いていましたか。—— ケンジです。）

Kenji was. = Kenji was playing the piano.

会話でチェック! →クラスメイトを校門のところで見かけました。

発音練習

> I saw you at the school gate.
> **What were** you **doing** there?

校門であなたを見たよ。あそこで何をしていたの？

> I **was waiting** for a friend.

友達を待っていたんだ。

> Who were you waiting for?

だれを待っていたの？

> It's a secret.

それは秘密だよ。

✏️ **確認問題 ⑫**　解答➡p.244

日本文に合うように，（　）に適する語を入れよう。

1. 彼は昨日の午後，何をしていましたか。—— テニスをしていました。

（　　　　　）（　　　　　　　　）he doing yesterday afternoon?

—— （　　　　　　）（　　　　　　　） playing tennis.

2. あなたはどこで勉強していたのですか。—— 家で勉強していました。

（　　　　　）（　　　　　　　） you （　　　　　　）?

—— I （　　　　　）（　　　　　　） at home.

180

80 I wasn't ～ing. 「私は～していませんでした」（否定文）

● 過去進行形の否定文を学習しよう。

例文 <big>**I wasn't listening** to you.</big>

私はあなたの言うことを聞いていませんでした。

▶「～していなかった」という過去進行形の否定文は，was [were]のあとにnotを置いて，〈was [were] not＋動詞のing形〉で表す。

短縮形
was not → wasn't
were not → weren't

The train **was not** running. (電車は走っていませんでした。)
The girls **weren't enjoying** the party.
(女の子たちはパーティーを楽しんでいませんでした。)

 ポイント

ふつうの文 I was listening to you.

↓ was / wereのあとにnotを置く　（私はあなたの言うことを聞いていました。）

否定文 I was **not** [wasn't] listening to you.

会話でチェック！ →父親がエミに話しかけます。

Did you do your homework, Emi? ── 宿題をやったの, エミ？

Sorry, I **wasn't listening** to you. What did you say? ── ごめんなさい, 言うことを聞いていなかった。何と言ったの？

Did you do your homework? ── 宿題をしたの？

Yes, I did it before dinner. ── うん, 夕食前にしたよ。

 発音練習

 確認問題 ⑬ 解答➡p.244

次の英文を否定文に書きかえよう。

1. She was using the dictionary.
   → She (　　　　　) (　　　　　　　) the dictionary.
2. I was carrying my favorite bag.
   → I (　　　　　) (　　　　　　　) (　　　　　　　　) my favorite bag.
3. We were swimming at the beach.
   → We (　　　　　) (　　　　　　　) at the beach.

第**10**章

過去の文

過去の文 (一般動詞)　　I played 〜. / I went 〜.

✓　68 **I played 〜.**　「私は〜しました」

> **I played** tennis yesterday.　　　　　（私は昨日, テニスをしました。）

▶「〜した」のように過去のことを表す文を過去の文という。

▶ 過去の文では, 動詞の過去形が使われる。多くの動詞は語尾にedまたはdをつけて過去形にする。

▶ edやdをつけて過去形にするのではなく, go→wentのように不規則に変化する動詞もある。edやdがついて過去形になる動詞を規則動詞, 不規則に変化する動詞を不規則動詞という。

69　I **went** to a pet shop last week.
（私は先週, ペットショップへ行きました。）

✓　70 **Did you use 〜?**　「あなたは〜を使いましたか」（疑問文）

> **Did** you **use** my eraser?
> —— Yes, I **did**. / No, I **didn't**.
> （あなたは私の消しゴムを使いましたか。 —— はい, 使いました。 / いいえ, 使いませんでした。）

▶「〜しましたか」と過去のことをたずねるときは, 主語の前にDidを置き,〈Did＋主語＋動詞の原形〜?〉で表す。Yes, 〜 did. / No, 〜 didn't.とdidを使って答える。

▶ 疑問詞を使ってたずねるときは, 疑問詞を文の最初に置き,〈疑問詞＋did＋主語＋動詞の原形〜?〉の形にする。

71　**What did** you **do** last Sunday?
—— I **went** to the supermarket.
（この前の日曜日にあなたは何をしましたか。 —— スーパーへ行きました。）

▶「〜しなかった」という過去の否定文は, 動詞の前にdid not [didn't]を置き,〈did not [didn't]＋動詞の原形〜〉の形で表す。動詞は必ず原形にすることに注意。

72　I **didn't eat** breakfast this morning.
（私は今朝, 朝食を食べませんでした。）

☑ **73 It was ～.** 「～でした」

> It **was** sunny yesterday.   （昨日は晴れていました。）

▶ 「～だった」のようにbe動詞で過去のことを表すときは，be動詞の過去形was / were
を使う。was / wereは主語に合わせて使い分ける。

☑ **74 Were you ～?** 「あなたは～でしたか」（疑問文）

> **Were** you busy last night?
> ── Yes, I **was**. / No, I **wasn't**.
> （あなたは昨夜，忙しかったですか。 ── はい，忙しかったです。 / いいえ，忙しくありませんでした。）

▶ 「～でしたか」「～にいました[ありました]か」とたずねるときは，〈Was [Were]＋
主語～?〉で表す。Yesならwas [were]，Noならwasn't [weren't]を使って答える。
▶ 「いつ～でしたか」「どこにありましたか」とたずねるときは，〈疑問詞＋was [were]
＋主語～?〉の形で表す。
　　75 Where was your key? ── It **was** under the bed.
　　　（あなたのかぎはどこにありましたか。── ベッドの下にありました。）

☑ **76 It wasn't ～.** 「それは～ではありませんでした」（否定文）

> The soup **wasn't** hot.   （スープは熱くありませんでした。）

▶ 「～ではなかった」「～にいなかった」の否定文は，was / wereのあとにnotを置いて，
was not [wasn't] ～ / were not [weren't] ～で表す。

第**10**章

過去の文

過去進行形の文

I was ～ing.

✓ **77 I was ～ing.** 「私は～していました」

> I **was taking** a bath then.　　　　（私はそのとき, お風呂に入っていました。）

▶「～していた」「～しているところだった」のように過去のあるときに行われている最中だった動作は, 過去進行形〈was [were]＋動詞のing形〉で表す。

✓ **78 Were you ～ing?** 「あなたは～していましたか」(疑問文)

> **Were** you **sleeping**?　　　　（あなたは眠っていたのですか。）
> —— Yes, I **was**. / No, I **wasn't**.　　（—— はい, 眠っていました。／いいえ, 眠っていませんでした。）

▶「～していましたか」という過去進行形の疑問文は,〈Was [Were]＋主語＋動詞のing形～?〉の形で表す。Yesならwas [were]. Noならwasn't [weren't]を使って答える。

▶「何を～していましたか」などの疑問詞を使った過去進行形の疑問文は, 疑問詞を文の最初に置き, そのあとに過去進行形の疑問文の形を続ける。

> **79** **What were** you **doing** there? —— I **was waiting** for a friend.
> （あなたはあそこで何をしていましたか。—— 私は友達を待っていました。）

▶「～していなかった」という過去進行形の否定文は, was [were]のあとにnotを置いて,〈was [were] not＋動詞のing形〉で表す。

> **80** I **wasn't listening** to you.
> （私はあなたの言うことを聞いていませんでした。）

1 次の動詞の過去形を書きなさい。

(1) like _____ (2) enjoy _____

(3) study _____ (4) drop _____

(5) do _____ (6) have _____

(7) go _____ (8) be _____

(9) buy _____ (10) read _____

(11) eat _____ (12) take _____

(13) see _____ (14) win _____

(15) say _____ (16) make _____

2 次の＿＿に，（　　）内の語を適する形にして書きなさい。形を変える必要がないものは，そのまま書きなさい。

(1) We were _____ TV at eight yesterday. （watch）

(2) Miho _____ her tennis match last Saturday. （lose）

(3) My uncle _____ his car last year. （sell）

(4) It _____ really hot last summer. （be）

(5) Did they _____ up together? （grow）

3 次の問いに対する答えとして適するものを，ア～オから1つずつ選びなさい。

(1) Did your mother say yes? _____

(2) When did you first meet Jane? _____

(3) What did they do in the afternoon? _____

(4) Who broke my cup? _____

(5) Where was your key? _____

ア I did. I'm sorry.	イ They played soccer in the park.
ウ I met her about a year ago.	エ It was under my bed.
オ Yes, she did. But my father said no.	

第**10**章

過去の文

4 次の英文を，（　　）内の指示にしたがって書きかえなさい。

(1) Taro left a message for me.　（否定文に）

(2) I took a bath last night.　（at nine を加えて過去進行形の文に）

(3) He goes to school by bike every day.　（every day を yesterday に変えて）

(4) You were singing in the music room.　（疑問文に）

(5) You were in the kitchen a little while ago.　（疑問文に）

(6) Shiho bought <u>some milk</u> at the supermarket.　（下線部をたずねる文に）

5 次の日本文の意味を表す英文を，（　　）内の語句を並べかえて作りなさい。

(1) あなたは昨日何を着ていましたか。

(were / what / you / yesterday / wearing)?

(2) パーティーは5時まで始まりませんでした。

(until five / didn't / the party / start).

(3) 彼女の誕生日はいつでしたか。

(her / was / when / birthday)?

(4) 窓は1日中開いていました。

(were / day / open / all / the windows).

(5) 彼女は音楽を聞いていませんでした。

(wasn't / to / she / music / listening).

6 次の英文を日本語になおしなさい。

(1) Your story was true.

_____

(2) He had a good time with his friends.

_____

(3) We were not happy about the food.

_____

(4) Who was on the phone?

_____

7 次の日本文に合うように，____に適する語を入れなさい。

(1) ユウタは私について何を言っていましたか。—— 特に何も。

_____ _____ Yuta _____ about me? —— Nothing special.

(2) 試験は難しかったですか。—— はい，難しかったです。

_____ the examination difficult? —— Yes, _____ _____ .

(3) 赤ちゃんは泣いていませんでした。彼女は眠っていました。

The baby _____ _____ crying. She _____ _____ .

(4) あなたは昨日，弟を助けてあげましたか。—— はい。私は彼の宿題を手伝いました。

_____ you _____ your brother yesterday?

—— _____ , I _____ . I helped him with his homework.

8 次の日本文を英語になおしなさい。

(1) 彼女は先週，祖父母に手紙を書きました。

_____

(2) 私たちはこの前の日曜日はとても忙しかったです。

_____

(3) あなたはこのシャツをどこで買いましたか。

_____

(4) 彼はそこで何をしていましたか。

_____

動詞の不規則変化

● 過去形が不規則に変化する主な動詞

原形	過去形	3単現	ing形	意味
be	was，were	is	being	～である
become	became	becomes	becoming	～になる
begin	began	begins	beginning	始める
break	broke	breaks	breaking	壊す
bring	brought	brings	bringing	持ってくる
build	built	builds	building	建てる
buy	bought	buys	buying	買う
come	came	comes	coming	来る
cut	cut	cuts	cutting	切る
do	did	does	doing	する
drink	drank	drinks	drinking	飲む
drive	drove	drives	driving	運転する
eat	ate	eats	eating	食べる
feel	felt	feels	feeling	感じる
find	found	finds	finding	見つける
forget	forgot	forgets	forgetting	忘れる
get	got	gets	getting	得る
give	gave	gives	giving	与える
go	went	goes	going	行く
have	had	has	having	持っている

hear	heard	hears	hearing	聞く
know	knew	knows	knowing	知っている
leave	left	leaves	leaving	去る
lose	lost	loses	losing	失う
make	made	makes	making	作る
meet	met	meets	meeting	会う
read [riːd]	read [red]	reads	reading	読む
ride	rode	rides	riding	乗る
run	ran	runs	running	走る
say	said [sed]	says [sez]	saying	言う
see	saw	sees	seeing	見る
sell	sold	sells	selling	売る
send	sent	sends	sending	送る
sing	sang	sings	singing	歌う
sit	sat	sits	sitting	座る
sleep	slept	sleeps	sleeping	眠る
speak	spoke	speaks	speaking	話す
stand	stood	stands	standing	立つ
swim	swam	swims	swimming	泳ぐ
take	took	takes	taking	とる
teach	taught	teaches	teaching	教える
tell	told	tells	telling	話す
think	thought	thinks	thinking	考える
understand	understood	understands	understanding	理解する
write	wrote	writes	writing	書く

前置詞

● at, in, on など，名詞や代名詞の前に置いて「時」「場所」などさまざまな意味を表す語を前置詞という。

● 〈前置詞＋名詞［代名詞］〉のかたまりで，直前の名詞や代名詞を修飾したり（形容詞の働き），前の動詞などを修飾したり（副詞の働き）する。

名詞　　〈前置詞＋名詞〉
The cat **on** the bed is sleeping.（ベッドの上のネコは眠っています。）
└─修飾──┘　…名詞catを修飾 ＝形容詞の働き

動詞　　　　　〈前置詞＋名詞〉
The cat is sleeping **on** the bed.（ネコはベッドの上で眠っています。）
└──修飾──┘　…動詞is sleepingを修飾 ＝副詞の働き

⚠ 前置詞のあとにくる名詞や代名詞を前置詞の目的語という。上の例ではthe bedが前置詞の目的語である。

● 主な前置詞とその意味を覚えておこう。

I get up **at** seven every morning.（私は毎朝7時に起きます。）

Please wait **at** the front door.（玄関で待ってください。）

We have a lot of snow **in** winter.（冬にはたくさんの雪が降ります。）

The books **in** this bag are mine.（このかばんの中の本は私のものです。）

She practices the piano **on** Sundays.（彼女は日曜日にピアノを練習します。）

I watch movies **on** my smartphone.（私はスマホで映画を見ます。）

Let's go **to** the supermarket.（スーパーマーケットに行きましょう。）

My school is ten minutes **from** my house.（私の学校は家から10分です。）

This is a present **for** you.（これはあなたのためのプレゼントです。）

Do you know the name **of** this fish?（この魚の名前を知っていますか。）

Please tell me **about** your country.（あなたの国について私に話してください。）

I wash my hands **before** dinner.（私は夕食の前に手を洗います。）

What do you do **after** school every day?（毎日，学校のあとで何をしますか。）

My father goes to work **by** bus.（父はバスで仕事に行きます。）

Bob lives **with** his grandmother.（ボブはおばあさんといっしょに住んでいます。）

There is ～. の文

音声

There is 〜.

「〜があります」「〜がいます」

81 **There is＋単数名詞.** 「〜があります」「〜がいます」
● 「〜がある」「〜がいる」ことを伝える表現を覚えよう。

例文

There is a box on the table.

テーブルの上に箱があります。

▶〈There＋be動詞〜.〉で「〜がある」「〜がいる」という
意味を表す。「〜」が単数名詞ならbe動詞はisを使う。

▶ものが「ある」場合も人や動物が「いる」場合も使える。
There's a cat in the box. （箱の中にネコがいます。）

（短縮形）
there is → there's

▶名詞のあとには「〜に」など場所を表す語句がくることが多
い。in 〜「〜の中に」/ on 〜「〜の上に」/ under 〜「〜の下
に」/ near 〜「〜の近くに」/ in front of 〜「〜の前に」など。

⚠ There is 〜.のthereには「そこに」の意味はなく,「そこに〜があります」
という場合は文末にthere（そこに）を置く。
There is a bag **there**. （そこにかばんがあります。）

ポイント

there	be動詞	主語	場所を表す語句
There	**is**	a box	on the table.
「あります」		「箱が」	「テーブルの上に」

※主語の位置に注意。

会話でチェック! →テーブルの上に何かがあります。

発音練習

There is a box on the table. 　テーブルの上に箱があります。

What is it? 　それは何でしょうか。

Look! There's an apple pie in it. 　見て! 中にアップルパイがあります。

Oh, that is my favorite kind of pie! 　ああ, それは私の好きな種類のパイで
すね!

解答➡p.244

日本文に合うように，（　）に適する語を入れよう。

1. 私の家にはピアノが1台あります。

    (　　　　　　　) (　　　　　　　　　　) a piano in my house.

2. あの橋の上に女の子が1人います。

    (　　　　　　) a girl (　　　　　　　　　) that bridge.

82　There are＋複数名詞．「～があります」「～がいます」

● 複数のものや人などが「ある」「いる」ことを表す形を覚えよう。

> 例文
> # There are some students in the gym.
> 体育館に何人かの生徒がいます。

▶ 複数のものや人・動物が「ある」「いる」という場合，be動詞をareにして〈There are＋複数名詞．〉の形で表す。

There're two parks near my house.
（私の家の近くには公園が2つあります。）

⚠ 「～」にくる名詞が「数えられない名詞」の場合は，〈There is＋数えられない名詞．〉のように単数名詞と同じくisを使う。
　　There **is** some water in the cup. ［waterは数えられない名詞］
　　（カップの中に水があります。）

短縮形
there are → there're

参照 数えられない名詞 ≫ p.91
some / any ≫ p.92

 **会話でチェック!**　→体育館から声が聞こえます。

There are some students in the gym. 🏀 What are they doing?

体育館に何人かの生徒がいます。彼らは何をしていますか。

発音練習

They are playing basketball.

バスケットボールをしています。

Really?　Let's join them.

本当に?　仲間に入れてもらいましょう。

 解答➡p.244

日本文に合うように，（　）に適する語を入れよう。

1. 駅の近くにはたくさんの店があります。

    (　　　　　　　) (　　　　　　　　　　) many stores near the station.

2. その教室には20人の子どもがいます。

    (　　　　　　　) twenty children in the classroom.

83 There was 〜.「〜がありました」「〜がいました」

●過去に「〜があった」「〜がいた」という意味を表す形を覚えよう。

例文

There was a big park here.

ここには大きな公園がありました。

▶ 過去に「〜があった」「〜がいた」という場合，be動詞を過去形にする。「〜が」の名詞が単数なら〈There was ＋単数名詞.〉，複数なら〈There were ＋複数名詞.〉の形で表す。

There were a lot of stars in the sky.

（空にはたくさんの星がありました。）

会話でチェック！ →新しいビルが建ったようです。

Is this a new building?　これは新しいビルですか。

Yes. It wasn't here last year.
There was a big park here.　はい。去年はここにありませんでした。ここには大きな公園がありました。

Did you play in the park?　あなたはその公園で遊びましたか。

Yes. I often played soccer here.　はい。ここでよくサッカーをしました。

確認問題 ③　解答➡p.244

日本文に合うように，（　　）に適する語を入れよう。

1. その家の前には1人の男の人がいました。

　（　　　　　　　）（　　　　　　　　　） a man in front of the house.

2. 机の上には5冊の本がありました。

　（　　　　　　　）（　　　　　　　　　） five books on the desk.

＋α　「その本は〜にあります」「私の両親は〜にいます」と特定のものや人などが「ある[いる]場所」を伝える場合は，There is 〜.の文ではなく，〈主語＋be動詞＋場所を表す語句.〉の形を使う。

　The book is **on** the desk.　[その本がある場所を伝える]
　（その本は机の上にあります。）
　My parents are **in** Hokkaido now.　[私の両親がいる場所を伝える]
　（私の両親は今，北海道にいます。）

There is 〜.の文で「〜が」にあたる語句は，初めて話題にする不特定のものや人。

注意 ×There is the book on the desk.

There is 〜. の疑問文

音声

「〜がありますか」「〜がいますか」

84 **Is there 〜?**「〜がありますか」「〜がいますか」

● There is 〜.の疑問文の形を覚えよう。

例文
> **Is there** a station near your house?
> —— Yes, **there is**. / No, **there isn't**.
>
> あなたの家の近くには駅がありますか。—— はい, あります。/ いいえ, ありません。

▶「〜がありますか」「〜がいますか」とたずねるときは, be 動詞をthereの前に出して,〈be動詞＋there＋名詞?〉の形で表す。「〜が」にあたる名詞が単数か複数か, また文が現在のことか過去のことかによって, is / are / was / were を使い分ける。

▶答えるときはYes, there is. / No, there isn't. などで答える。

Were there any people in the room?
—— Yes, **there were**. / No, **there weren't**.
(部屋には人がいましたか。
—— はい, いました。/ いいえ, いませんでした。)

Was there a lot of food at the party?
—— Yes, **there was**. / No, **there wasn't**.
(パーティーではたくさんの食べ物がありましたか。
—— はい, ありました。/ いいえ, ありませんでした。)

疑問文では〈any＋名詞〉が使われることも多い。anyはふつう日本語には訳さない。

参照 some / any
≫p.92

foodなど数えられない名詞は単数扱いなので, be動詞は is / wasを用いる。

会話でチェック! →何で通学していますか。

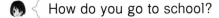 How do you go to school?
あなたはどうやって学校へ行きますか。

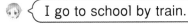 I go to school by train.
私は電車で学校へ行きます。

Is there a station near your house?
あなたの家の近くには駅がありますか。

Yes, **there is**. I can walk there.
はい, あります。そこへ歩いて行けます。

発音練習

195

次の英文を疑問文に書きかえて，答えの文も完成させよう。

1. There is a zoo in your city.

→ (　　　　　　) (　　　　　　) a zoo in your city?

―― Yes, (　　　　　　) (　　　　　　).

2. There were some people under the tree.

→ (　　　　　　) (　　　　　　) any people under the tree?

―― No, (　　　　　　) (　　　　　　).

85　How many ～ are there? 「いくつの～がありますか」

● 「いくつあるか」と数をたずねる疑問文の形を覚えよう。

例文

How many apples **are there** in the bag?
―― **There are** five apples.

その袋に何個のリンゴが入っていますか。―― 5個のリンゴが入っています。

▶ 「いくつの～がありますか」と数をたずねるときは，How many ～ are there? の形で表す。

How many people **were there** in the stadium?
―― About two hundred.

（スタジアムには何人の人がいましたか。―― 約200人です。）

会話でチェック!　→果物屋さんに来ています。

発音練習

How many apples **are there** in the bag?　　その袋に何個のリンゴが入っていますか。

There are five apples.　　5個のリンゴが入っています。

Thank you.　　ありがとう。

下線部をたずねる疑問文を完成させよう。

1. There are <u>six</u> rooms in this house.

→ (　　　　　　) many rooms are (　　　　　　) in this house?

2. There were <u>twelve</u> students on the bus.

→ How (　　　　　　) students (　　　　　　) there on the bus?

There is 〜.の否定文

 音声

「〜はありません」「〜はいません」

86 There isn't 〜.「〜はありません」「〜はいません」

● There is 〜.の否定文の形を覚えよう。

例文

There isn't a hospital near here.

この近くに病院はありません。

▶「〜はない」「〜はいない」という否定文は, be動詞のあとにnotを置いて, There is not [isn't] 〜. / There are not [aren't] 〜.の形で表す。過去の文ではThere was not [wasn't] 〜. / There were not [weren't] 〜.となる。

There wasn't an answer from her. (彼女から返事はありませんでした。)

▶ any (1つも, 少しも) で否定の意味を強調することがある。

参照 some / any
>> p.92

There aren't any cars on the street. (通りには車が1台もありません。)

会話でチェック! →友達はかぜをひいているようです。

You need to see a doctor.	医者に診てもらう必要があるよ。
But **there isn't** a hospital near here.	でも, この近くには病院がないよ。
I can call a taxi for you.	あなたのためにタクシーを呼べるよ。
That's OK. I just need some rest.	大丈夫。少し休憩が必要なだけだよ。

発音練習

確認問題 ⑥ 解答 ➡ p.244

次の英文を否定文に書きかえよう。

1. There is a museum in this town.

→ ( ) ( ) a museum in this town.

2. There are some clouds in the sky.

→ There ( ) any ( ) in the sky.

87 **There is no 〜.「〜はありません」「〜はいません」**

● no を使った否定文の形を覚えよう。

例文

There are no classes today.

今日は授業がありません。

▶ 名詞の前に no を置いた There is [are] no 〜. の形で，「〜は1つもない」「〜は1人もいない」という否定文の意味を表す。

There is no hospital near here. (この近くに病院はありません。)
There were no students in the gym.
(体育館には生徒が1人もいませんでした。)

×There aren't no classes .... と しないように注意しよう。

▶ not any を使った文とほぼ同じ意味になる。

There are **no** classes today. 例文
＝There are**n't any** classes today.

+α no のあとに数えられる名詞がくる場合，「ふつう1つくらいしかないと思っているもの」がない場合は単数形，「ふつう複数あると思っているもの」が1つもない場合は複数形を用いる。
There is **no TV** in this classroom. ［no＋単数名詞］
(この教室にはテレビがありません。)
There are **no desks** in this classroom. ［no＋複数名詞］
(この教室には机が1つもありません。)

会話でチェック! →朝，お父さんから話しかけられました。

発音練習

Did you do your homework last night?

昨日の夜，宿題をしたのかい？

No, I didn't. **There are no** classes today. We have a sports day.

しなかったよ。今日は授業がないんだ。運動会なんだよ。

 確認問題 **7** 解答➡p.245

次の英文を，no を使って同じ意味の否定文に書きかえよう。

1. There are not any stores on this street.
　　→ There (　　　　　　) (　　　　　　　　) stores on this street.

198

There is 〜.　　　　「〜があります」「〜がいます」

☑ 81 **There is ＋単数名詞.**　「〜があります」「〜がいます」

> **There is** a box on the table.　　　　（テーブルの上に箱があります。）

▶ 〈There ＋ be 動詞〜.〉で「〜がある」「〜がいる」という意味を表す。「〜」が単数名詞ならbe動詞はisを使い，複数ならareにして〈There are ＋複数名詞.〉の形で表す。

> 82 **There are** some students in the gym.
> （体育館に何人かの生徒がいます。）

▶ ものが「ある」場合も人や動物が「いる」場合も使える。

▶ 名詞のあとには「〜に」など場所を表す語句がくることが多い。

☑ 83 **There was 〜.**　「〜がありました」「〜がいました」

> **There was** a big park here.　　　　（ここには大きな公園がありました。）

▶ 過去に「〜があった」「〜がいた」という場合，be動詞を過去形にする。「〜が」の名詞が単数なら〈There was ＋単数名詞.〉，複数なら〈There were ＋複数名詞.〉の形で表す。

There is 〜.の疑問文　　　「〜がありますか」「〜がいますか」

☑ 84 **Is there 〜?**　「〜がありますか」「〜がいますか」

> **Is there** a station near your house?
> —— Yes, **there is**. / No, **there isn't**.
> （あなたの家の近くには駅がありますか。—— はい，あります。/ いいえ，ありません。）

▶ 「〜がありますか」「〜がいますか」とたずねるときは，be動詞をthereの前に出して，〈be動詞＋there ＋名詞?〉の形で表す。

☑ **85 How many ～ are there?** 「いくつの～がありますか」

> **How many** apples **are there** in the bag?
> —— **There are** five apples.
> （その袋に何個のリンゴが入っていますか。—— ５個のリンゴが入っています。）

▶ 「いくつの～がありますか」と数をたずねるときは，How many ～ are there?の形で表す。

There is ～.の否定文　　　「～はありません」「～はいません」

☑ **86 There isn't ～.** 「～はありません」「～はいません」

> **There isn't** a hospital near here.　　（この近くに病院はありません。）

▶ 「～はない」「～はいない」という否定文は，be動詞のあとにnotを置いて，There is not [isn't] ～. / There are not [aren't] ～.の形で表す。過去の文ではThere was not [wasn't] ～. / There were not [weren't] ～.となる。

☑ **87 There is no ～.** 「～はありません」「～はいません」

> **There are no** classes today.　　（今日は授業がありません。）

▶ 名詞の前にnoを置いたThere is [are] no ～.の形で，「～は１つもない」「～は１人もいない」という否定文の意味を表す。

〈no＋名詞〉で文が否定の意味になるよ！

定期試験対策問題 （解答➡p.264）

1 次の文の＿＿に, **is / are** のどちらか適切なほうを入れなさい。

(1) There ＿＿＿＿＿＿ a bookstore next to the post office.

(2) There ＿＿＿＿＿＿ no water in the glass.

(3) ＿＿＿＿＿＿ there any orange juice in the fridge?

(4) There ＿＿＿＿＿＿ not any kids around here.

(5) ＿＿＿＿＿＿ there any other ideas?

(6) There ＿＿＿＿＿＿ so many people in the hall.

2 次の英文を, （　　）内の指示にしたがって書きかえなさい。

(1) There was a movie theater in my town. （a を two に変えて）

＿＿＿＿＿＿＿＿＿＿＿＿＿＿＿＿＿＿＿＿＿＿＿＿＿＿＿＿＿＿＿＿

(2) There are summer programs for children under five. （疑問文に）

＿＿＿＿＿＿＿＿＿＿＿＿＿＿＿＿＿＿＿＿＿＿＿＿＿＿＿＿＿＿＿＿

(3) There is a notebook on the table. （過去の文に）

＿＿＿＿＿＿＿＿＿＿＿＿＿＿＿＿＿＿＿＿＿＿＿＿＿＿＿＿＿＿＿＿

(4) There was enough food for four people. （否定文に）

＿＿＿＿＿＿＿＿＿＿＿＿＿＿＿＿＿＿＿＿＿＿＿＿＿＿＿＿＿＿＿＿

(5) There are twenty books on the shelf. （下線部をたずねる文に）

＿＿＿＿＿＿＿＿＿＿＿＿＿＿＿＿＿＿＿＿＿＿＿＿＿＿＿＿＿＿＿＿

3 次の日本文の意味を表す英文を, （　　）内の語句を並べかえて作りなさい。

(1) 放課後にピアノのレッスンがあります。

(after / a piano lesson / there / school / is).

＿＿＿＿＿＿＿＿＿＿＿＿＿＿＿＿＿＿＿＿＿＿＿＿＿＿＿＿＿＿＿＿

(2) 壁には写真は1枚もかかっていません。

(any / aren't / there / on the wall / photos).

＿＿＿＿＿＿＿＿＿＿＿＿＿＿＿＿＿＿＿＿＿＿＿＿＿＿＿＿＿＿＿＿

4 次の英文を日本語になおしなさい。

(1) There were no people in the house.

_____

(2) Is there any hope for our future?

_____

(3) There were some questions from the students.

_____

(4) There are good times and bad times.

_____

(5) There wasn't much sugar in the bag.

_____

5 次の日本文に合うように，＿＿に適する語を入れなさい。

(1) 今は時間がありません。

　　There ＿＿＿＿＿＿＿＿ time right now.

(2) 机の上に何冊か本があります。

　　＿＿＿＿＿＿＿＿ ＿＿＿＿＿＿＿＿ a few books on the desk.

(3) 村へ行く道は一本もありません。

　　There is ＿＿＿＿＿＿＿＿ ＿＿＿＿＿＿＿＿ to the village.

(4) ポットの中にいくらかコーヒーはありますか。

　　＿＿＿＿＿＿＿＿ ＿＿＿＿＿＿＿＿ any coffee in the pot?

6 次の日本文を英語になおしなさい。ただし，**there** を使うこと。

(1) 昨日，サッカーの試合がありました。

_____

(2) 質問はありますか。

_____

(3) 地球上には何人の人がいますか。

_____

第 **12** 章

未来の文

未来の文①

be going to

88 **I'm going to 〜.**「私は〜するつもりです」
● 未来の意志や予定を表すbe going toの用法を学習しよう。

> 例文
>
> # I'm going to visit my aunt tomorrow.
>
> 私は明日，おばを訪ねるつもりです。

▶「〜するつもりだ」「〜する予定だ」のように未来の意志や
予定を表すときには〈be going to ＋動詞の原形〉を使う。
be動詞は主語によってam / is / areを使い分ける。

She **is going to** study in America next year.
（彼女は来年，アメリカで勉強する予定です。）

We**'re going to** have a party this evening.
（私たちは今晩，パーティーを開きます。）

> （短縮形）be動詞は
> I'm, you're, she'sなど
> の短縮形にすることも多
> い。

▶ 未来の文では，未来を表す語句が用いられることが多い。

next week（来週）/ next month（来月）/ next year（来年）
next Sunday（今度の日曜日）
tomorrow（明日）/ tomorrow afternoon（明日の午後） など

ポイント

| 現在の文 | I | visit my aunt every year. |

↓〈be going to ＋動詞の原形〉　　　　　↓（私は毎年，おばを訪ねます。）

| 未来の文 | I **am going to** visit my aunt tomorrow. |

会話でチェック！ →友達と明日の予定について話しています。

 発音練習

Let's go to a movie tomorrow.　明日，映画を見に行こうよ。

I'm sorry, but **I'm going to**
visit my aunt tomorrow. 　ごめん，明日はおばを訪ねるつもりなんだ。

How about next Sunday, then?　じゃあ，今度の日曜日はどう？

確認問題 ❶ 解答➡p.245

日本文に合うように，（　）に適する語を入れよう。

1. 私は明日，この映画を見るつもりです。

　　（　　　　　　）（　　　　　　　　　　）to watch this movie tomorrow.

2. ジョンは来月，横浜を訪れる予定です。

　　John（　　　　　　）（　　　　　　　　）（　　　　　　　　　）visit Yokohama next month.

89 It is going to 〜.「〜しそうです」

●近い未来の予測を表すbe going toの用法を学習しよう。

例文

It's going to rain soon.

もうすぐ雨が降りそうです。

▶ be going to 〜は，「（今にも）〜しそうだ」という近い未来の予測を表すときにも使える。

We **are going to** be late.（私たちは遅刻しそうです。）

会話でチェック！ →天気が変わりそうです。

Look at the sky.	空を見て。
Oh, it**'s going to** rain soon.	ああ，もうすぐ雨が降りそうです。
Do you have an umbrella?	かさを持っていますか。
No, I don't. Let's go home.	いいえ，持っていません。家に帰りましょう。

発音練習

確認問題 ❷ 解答➡p.245

日本文に合うように，（　）に適する語を入れよう。

1. その赤ちゃんは泣きそうです。

　　The baby（　　　　　　）（　　　　　　）（　　　　　　）cry.

➕α　現在進行形〈be動詞＋動詞のing形〉で，「〜する予定だ」という近い未来の確定した予定・計画を表すこともある。この用法では「行く」「来る」などの意味の動詞がよく使われる。

　　My grandmother **is coming** tomorrow.
　　（祖母が明日，来る予定です。）

よく使われる動詞：
go（行く）
come（来る）
leave（出発する）
arrive（到着する）

90 Are you going to ～? 「～するつもりですか」（疑問文）

● be going to の疑問文の形を覚えよう。

例文
Are you **going to** take a bus?
—— Yes, I **am**. / No, I**'m not**.

あなたはバスに乗るつもりですか。—— はい, 乗るつもりです。/ いいえ, 乗るつもりはありません。

▶ 「～するつもりですか」「～する予定ですか」とたずねるときは，be動詞を主語の前に出して，〈be動詞＋主語＋going to＋動詞の原形～?〉の形で表す。答えるときは，ふつうのbe動詞の疑問文と同じように，be動詞を使う。

×Do you going to ～?としないように注意しよう。

Are Kumi and Rika **going to** join us tomorrow?
—— Yes, they **are**. / No, they **aren't**.

（クミとリカは明日, 私たちに加わる予定ですか。
—— はい, 加わる予定です。/ いいえ, 加わる予定はありません。）

ポイント

ふつうの文　　You **are** **going to** take a bus.
└─ be動詞を主語の前に　　（あなたはバスに乗るつもりです。）

疑問文　**Are** you　　　**going to** take a bus?

答えの文　Yes, I **am**. / No, I**'m not**.

会話でチェック!　→今日は雨が降っています。　

発音練習

It's raining today. **Are** you **going to** take a bus?

今日は雨が降っています。バスに乗るつもりですか。

No, I'm going to walk with an umbrella.

いいえ, かさをさして歩くつもりです。

確認問題 ❸　解答➡p.245

次の英文を疑問文に書きかえよう。

1. You are going to buy this book.
   → (　　　　　) you (　　　　　) to buy this book?
2. Kate is going to help Mike.
   → (　　　　　) Kate (　　　　) (　　　　　) help Mike?

206

91 How long are you going to ~?「どのくらい～するつもりですか」

●疑問詞で始まる be going to の疑問文を見てみよう。

> 例文
>
> ## How long are you going to stay?
> ## —— I'm going to stay for a month.
>
> あなたはどのくらい滞在する予定ですか。—— 私は1か月滞在する予定です。

▶ 疑問詞を使って未来のことをたずねるときは，疑問詞を文の最初に置き，そのあとに be going to の疑問文の形を続ける。〈疑問詞＋be 動詞＋主語＋going to ＋動詞の原形～？〉という形になる。

Where is she **going to** live?

—— In New York.

（彼女はどこに住むつもりですか。—— ニューヨークです。）

whenやwhereで聞かれたときは，時や場所だけを答えてもいいよ。

⚠ 「だれが～する予定ですか」とたずねるときは，who を主語にして次のように表す。答え方にも注意。

Who is going to play the piano? —— Yuki **is**.

（だれがピアノを弾く予定ですか。—— ユキです。）

会話でチェック! →外国人の観光客と話しています。

I came to Japan a week ago. 私は1週間前に日本に来ました。

How long are you going to stay? どのくらい滞在する予定ですか。

For a month. 1か月です。

Please enjoy your stay in Japan. 日本滞在をどうぞ楽しんでください。

発音練習

✏ **確認問題 ④**　解答➡p.245

日本文に合うように，（ ）に適する語を入れよう。

1. 晩ご飯に何を作るつもりですか。—— カレーライスを作るつもりです。

（　　　　　） are you （　　　　　） to make for dinner?

—— I'm （　　　　　）（　　　　　） make curry and rice.

2. 彼らは何時に出発する予定ですか。—— 5時です。

（　　　　　） time （　　　　　） they （　　　　　） to leave?

—— At five.

92 I'm not going to ～.「私は～するつもりはありません」

● be going toの否定文の形を覚えよう。

> 例文

I'm not going to buy it.
私はそれを買うつもりはありません。

▶ 「～するつもりはない」「～する予定はない」という意味を表すbe going toの否定文は，be動詞のあとにnotを置いて，〈be動詞＋not going to＋動詞の原形〉の形になる。

We **aren't going to** play soccer this Sunday.
（私たちは今度の日曜日，サッカーをする予定はありません。）

| ふつうの文 | I'm　　　　going to buy it. （私はそれを買うつもりです。） |

↓ be動詞のあとにnotを置く

| 否定文 | I'm **not** going to buy it. |

会話でチェック! →お店でバッグをながめていたら，店員さんに話しかけられました。

発音練習

> May I help you?　Would you like this bag?

いらっしゃいませ。このバッグはいかがですか。

> Hi.　Oh, **I'm not going to** buy it. I'm just looking around.

こんにちは。ああ，私はそれを買うつもりはありません。見ているだけです。

> OK.

わかりました。

 確認問題 ⑤　　解答➡p.245

次の英文を否定文に書きかえよう。

1. I'm going to watch TV today.

→ (　　　　　) (　　　　　) (　　　　　　　　) to watch TV today.

⚠ 〈主語＋be動詞＋not〉の短縮形を復習しておこう。

I am not　　→ I'm not
you are not　→ you're not / you aren't
she is not　　→ she's not / she isn't
they are not → they're not / they aren't

208

未来の文②

音声

will

93 I will ～.「私は～するつもりです」「私は～します」

● 未来の意志や予定を表す will の用法を学習しよう。

例文
I'll e-mail her later.
私はあとで彼女にメールします。

▶「～する」「～するつもりだ」のような未来の意志や予定は〈will＋動詞の原形〉でも表せる。will は主語が何であっても形は変わらない。また，will のあとの動詞は必ず原形になる。

We'll help you. (私たちはあなたを手伝います。)

短縮形
I will → I'll
you will → you'll
she will → she'll
they will → they'll

ポイント

現在の文	I　　　　　e-mail her every day.

↓〈will＋動詞の原形〉　　　　　(私は毎日，彼女にメールをします。)

未来の文	I will e-mail her later.

会話でチェック! →マキにはどのように連絡するのでしょうか。

Let's meet at five tomorrow. — 明日5時に会いましょう。

OK. Can you tell Maki about the time? — わかりました。マキに時間を知らせてもらえますか。

Sure. I'll e-mail her later. — いいですよ。あとで彼女にメールします。

発音練習

 確認問題 6 解答➡p.245

日本文に合うように，(　)に適する語を入れよう。

1. 私はすぐに戻ってきます。

   (　　　　　) (　　　　　　　) come back soon.

2. 私たちはあとで彼にたずねます。

   We (　　　　) (　　　　　　) him later.

94 He will 〜.「彼は〜するでしょう」

●未来の予想を表すwillの用法を学習しよう。

> 例文
>
> # He'll be here soon.
>
> 彼はもうすぐここに来るでしょう。

▶〈will＋動詞の原形〉は「〜するだろう」のように未来の単純な予想を表すこともできる。「時間がたてばそうなるだろう」という含みがある。

My sister **will** be ten years old next month.
(妹は来月, 10歳になります。)

> **会話表現** 会話では, will be は「来る[行く]だろう」の意味になることもある。

会話でチェック! →2人でトムを待っています。

Where is Tom?	トムはどこにいるんですか。
He called me a few minutes ago. He'll be here soon.	数分前に電話がありました。もうすぐ来ますよ。
Are you sure?	本当ですか。
Yes. Let's wait for him.	はい。彼を待ちましょう。

確認問題 ⑦ 解答➡p.245

[　]の語句を加えた未来の文になるように, (　)に適する語を入れよう。

1. I am free. [tomorrow]
　→ I (　　　　　) (　　　　　　　　) free tomorrow.
2. It rains hard. [this evening]
　→ It (　　　　　) (　　　　　　　　) hard this evening.

➕ⓐ 意志・予定を表す場合, be going toは「すでに決めていること」, will は「その場で決めたこと」を表すというちがいがある。
　　My mother is sick. **I'm going to** make dinner tonight.
　　(母は具合が悪いです。今夜は私が夕食を作るつもりです。)
　　The phone is ringing. ── OK, **I'll** answer it.
　　(電話が鳴っています。── わかりました, 私が出ます。)
　　また, 今の状況から確実に「〜しそうだ」と予想するときはbe going toを使う(≫p.205)。

少しちがいがあるんだね。

95 Will it ～? 「～するでしょうか」

●未来を表すwillの疑問文の形を覚えよう。

Will it be sunny tomorrow?
—— Yes, it **will**. / No, it **will not [won't]**.

明日は晴れるでしょうか。 —— はい, 晴れるでしょう。 / いいえ, 晴れないでしょう。

▶ 「～するでしょうか」とwillを使って未来のことをたずねるときは,〈Will＋主語＋動詞の原形～?〉の形で表す。

▶ 答えるときは, Yes, ～ **will**. / No, ～ **will not [won't]**. とする。

Will Misa like our present?
—— Yes, she **will**. / No, she **won't**.

（ミサは私たちのプレゼントを気に入るでしょうか。
　—— はい, 気に入るでしょう。 / いいえ, 気に入らないでしょう。）

> **短縮形** won'tは
> will notの短縮形。
> ≫ p.213

ポイント

| ふつうの文 | It **will** be sunny tomorrow. |

willを主語の前に　　　　　　（明日は晴れるでしょう。）

| 疑問文 | **Will** it be sunny tomorrow? |

| 答えの文 | Yes, it **will**. / No, it **will not [won't]**. |

＋α Will you ～?は「～してくれますか」と相手に依頼をするときにも使うことができる。
　　Will you open the window? —— Sure.
　　（窓を開けてくれますか。 —— いいですよ。）

会話 でチェック! →明日の天気が気になります。

It's cloudy today. **Will** it be sunny tomorrow?	今日はくもっています。明日は晴れるでしょうか。
Yes, it **will**. What are you going to do?	はい, 晴れるでしょう。何をするつもりですか。
I'm going to play tennis.	テニスをするつもりです。

発音練習

解答➡p.245

確認問題 8

次の英文を疑問文に書きかえて，答えの文も完成させよう。

1. Linda will come again tomorrow.
   → (　　　　　　) Linda (　　　　　　) again tomorrow?
   　　── Yes, (　　　　　　) (　　　　　　).

2. You will be ready soon.
   → (　　　　　　) (　　　　　　) (　　　　　　) ready soon?
   　　── No, I (　　　　　　).

96 What will you ～?「何を～するでしょうか」

●疑問詞で始まるwillの疑問文を見てみよう。

例文

What will you do after dinner?
── **I'll** watch TV.

夕食のあと，あなたは何をしますか。── 私はテレビを見ます。

▶疑問詞とwillを使って未来のことをたずねるときは，疑問詞を文の最初に置き，そのあとにwillの疑問文の形を続ける。〈疑問詞＋will＋主語＋動詞の原形～?〉という形になる。

How will the weather be tomorrow?
── **It'll** be cloudy.

（明日の天気はどうですか。──　くもりでしょう。）

⚠️ 「だれが～するでしょうか」とたずねるときは，whoを主語にして次のように表す。答え方にも注意。
　　Who will win the game? ── Jane **will**.
　　（だれが試合に勝つでしょうか。── ジェーンでしょう。）

会話でチェック! →お母さんから話しかけられました。

発音練習

What will you do after dinner? 　夕食のあと，何をするの。

I'll watch TV. 　テレビを見るよ。

Will you help me a little? 　少し私を手伝ってくれる?

OK. What can I do? 　いいよ。ぼくに何ができる?

Please clean the table. 　テーブルをきれいにしてちょうだい。

確認問題 ⑨　解答➡p.245

日本文に合うように，（　　）に適する語を入れよう。

1. コンサートはいつ始まるでしょうか。── 数分で始まるでしょう。

（　　　　　　）（　　　　　　　）the concert begin?

── It（　　　　　　）（　　　　　　　）in a few minutes.

2. あなたは来年，何歳になりますか。── 14歳になります。

（　　　　　　）old（　　　　　　）you be next year?

──（　　　　　　）（　　　　　　　）fourteen years old.

97 I won't ～.「私は～しないでしょう」

● willの否定文の形を覚えよう。

例文

I won't be late again.

私は二度と遅刻しません。

▶「～するつもりはない」「～しないだろう」という意味を表すwillの否定文は，〈will not＋動詞の原形〉の形とする。will notはwon'tと短縮されることが多い。

This shop **will not** open tomorrow.（この店は明日は開かないでしょう。）

発音　won'tは[wount ウォウント]と発音する。

会話でチェック!　→また遅刻してしまいました。

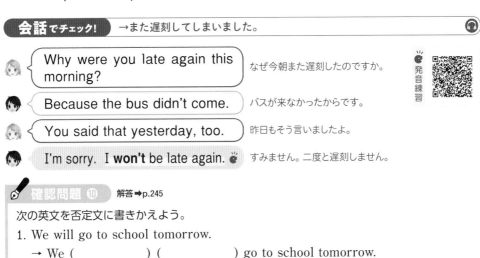

Why were you late again this morning?	なぜ今朝また遅刻したのですか。
Because the bus didn't come.	バスが来なかったからです。
You said that yesterday, too.	昨日もそう言いましたよ。
I'm sorry. I **won't** be late again.	すみません。二度と遅刻しません。

発音練習

確認問題 ⑩　解答➡p.245

次の英文を否定文に書きかえよう。

1. We will go to school tomorrow.

→ We（　　　　　　）（　　　　　　　）go to school tomorrow.

2. The job will be easy.　→ The job（　　　　　　）（　　　　　　　）easy.

未来の文① be going to

☑ 🔢88 **I'm going to 〜.** 「私は〜するつもりです」

> **I'm going to** visit my aunt tomorrow. （私は明日，おばを訪ねるつもりです。）

▶ 「〜するつもりだ」「〜する予定だ」のように未来の意志や予定を表すときは〈be going to ＋動詞の原形〉を使う。未来の文では，tomorrow（明日）やnext week（来週）などの未来を表す語句が用いられることが多い。

▶ be going to 〜は，「（今にも）〜しそうだ」という近い未来の予測を表すときにも使える。
　🔢89　It's **going to** rain soon.（もうすぐ雨が降りそうです。）

☑ 🔢90 **Are you going to 〜?** 「〜するつもりですか」（疑問文）

> **Are** you **going to** take a bus?
> —— Yes, I **am**. / No, I'm **not**.
> （あなたはバスに乗るつもりですか。—— はい，乗るつもりです。/ いいえ，乗るつもりはありません。）

▶ 「〜するつもり［予定］ですか」とたずねるときは，be動詞を主語の前に出して，〈be動詞＋主語＋going to＋動詞の原形〜?〉の形で表す。

▶ 疑問詞を使って未来のことをたずねるときは，〈疑問詞＋be動詞＋主語＋going to＋動詞の原形〜?〉という形になる。
　🔢91　**How long are** you **going to** stay?
　　—— I'm **going to** stay for a month.
　　（あなたはどのくらい滞在する予定ですか。—— 私は1か月滞在する予定です。）

☑ 🔢92 **I'm not going to 〜.** 「私は〜するつもりはありません」

> **I'm not going to** buy it. （私はそれを買うつもりはありません。）

▶ 「〜するつもりはない」「〜する予定はない」という意味を表すbe going toの否定文は，be動詞のあとにnotを置いて，〈be動詞＋not going to＋動詞の原形〉の形になる。

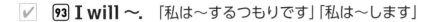
未来の文②　　　　　　　　　　　　　　　　　　　　　　　　　　will

✔ **⑨³ I will 〜.** 「私は〜するつもりです」「私は〜します」

> **I'll e-mail her later.** （私はあとで彼女にメールします。）

▶「〜する」「〜するつもりだ」のような未来の意志や予定は〈will＋動詞の原形〉でも表せる。willは主語が何であっても形は変わらない。willのあとの動詞は必ず原形になる。

▶〈will＋動詞の原形〉は「〜するだろう」のように未来の単純な予想を表すこともできる。「時間がたてばそうなるだろう」という含みがある。

⑨⁴ He'll be here soon. （彼はもうすぐここに来るでしょう。）

✔ **⑨⁵ Will it 〜?** 「〜するでしょうか」

> **Will** it be sunny tomorrow?
> —— Yes, it **will**. / No, it **will not [won't]**.
> （明日は晴れるでしょうか。 —— はい, 晴れるでしょう。 / いいえ, 晴れないでしょう。）

▶「〜するでしょうか」とwillを使って未来のことをたずねるときは,〈Will＋主語＋動詞の原形〜?〉の形で表す。

▶疑問詞とwillを使って未来のことをたずねるときは,〈疑問詞＋will＋主語＋動詞の原形〜?〉という形になる。

⑨⁶ **What will** you do after dinner? —— I'll watch TV.

（夕食のあと, あなたは何をしますか。 —— 私はテレビを見ます。）

▶「〜するつもりはない」「〜しないだろう」という意味を表すwillの否定文は,〈will not＋動詞の原形〉の形になる。will notはwon'tと短縮されることが多い。

⑨⁷ I **won't** be late again. （私は二度と遅刻しません。）

1 次の（　）内から適する語句を選びなさい。

(1) Taro (is, are, be) going to help us.　　　　　　　　　　＿＿＿＿＿

(2) The girls (is, are, be) going to study at Ms. Sato's house.　　＿＿＿＿＿

(3) I (is, are, am) going to be late for school.　　　　　　　　＿＿＿＿＿

(4) (Are, Will, Do) you going to have a party?　　　　　　　　＿＿＿＿＿

(5) (Are, Will, Were) you open the door for me?　　　　　　　＿＿＿＿＿

(6) They (won't, don't, aren't) going to agree.　　　　　　　　＿＿＿＿＿

(7) She (is going, going to, will) be all right.　　　　　　　　＿＿＿＿＿

2 次の英文を，（　）内の指示にしたがって書きかえなさい。

(1) I bring my lunch every day. （every dayをtomorrowに変えて未来の文に）

＿＿＿＿＿＿＿＿＿＿＿＿＿＿＿＿＿＿＿＿＿＿＿＿＿＿＿＿＿＿＿＿＿＿＿

(2) They are going to be busy today. （主語をMihoに）

＿＿＿＿＿＿＿＿＿＿＿＿＿＿＿＿＿＿＿＿＿＿＿＿＿＿＿＿＿＿＿＿＿＿＿

(3) They will be back tomorrow. （否定文に）

＿＿＿＿＿＿＿＿＿＿＿＿＿＿＿＿＿＿＿＿＿＿＿＿＿＿＿＿＿＿＿＿＿＿＿

(4) They are going to buy a lot of food. （疑問文に）

＿＿＿＿＿＿＿＿＿＿＿＿＿＿＿＿＿＿＿＿＿＿＿＿＿＿＿＿＿＿＿＿＿＿＿

(5) The test will be easy. （疑問文に）

＿＿＿＿＿＿＿＿＿＿＿＿＿＿＿＿＿＿＿＿＿＿＿＿＿＿＿＿＿＿＿＿＿＿＿

(6) Hana is at home now. （nowをin an hourに変えて未来の文に）

＿＿＿＿＿＿＿＿＿＿＿＿＿＿＿＿＿＿＿＿＿＿＿＿＿＿＿＿＿＿＿＿＿＿＿

(7) She is going to stay with us for a week. （下線部をたずねる文に）

＿＿＿＿＿＿＿＿＿＿＿＿＿＿＿＿＿＿＿＿＿＿＿＿＿＿＿＿＿＿＿＿＿＿＿

(8) He will go out for a walk after lunch. （下線部をたずねる文に）

＿＿＿＿＿＿＿＿＿＿＿＿＿＿＿＿＿＿＿＿＿＿＿＿＿＿＿＿＿＿＿＿＿＿＿

3 次の日本文の意味を表す英文を，（　　　）内の語句を並べかえて作りなさい。

(1) あなたは真実を話すつもりですか。

(to / the truth / going / are / tell / you)?

_____

(2) あなたはどのくらいの間，留守にするつもりですか。

(you / long / be / are / going / how / away / to)?

_____

(3) 私たちは明日の朝，あなたを待っています。

(wait / will / you / we / tomorrow morning / for).

_____

4 次の問いに対する答えとして適するものを，ア〜オから1つずつ選びなさい。

(1) How long will they stay there?　　　_____

(2) Will you help me with my homework?　_____

(3) Will he get angry at me?　　　　　_____

(4) What time will you be back?　　　　_____

(5) What are you going to do tonight?　_____

> ア　No, he will thank you for your help.
> イ　I'm going to watch a movie.
> ウ　Sorry, I can't.　I'm busy.
> エ　For two weeks, I think.
> オ　I'm not sure.　Maybe five o'clock.

5 次の英文を日本語になおしなさい。

(1) She is not going to be free this Sunday.

_____

(2) I'll buy a birthday present for my sister tomorrow.

_____

(3) Are you going to visit your friend this afternoon?

_____

6 次の日本文に合うように，＿＿に適する語を入れなさい。

(1) あなたはいつ準備できますか。—— あと少しです。

＿＿＿＿＿＿ ＿＿＿＿＿＿ you be ready? —— In a minute.

(2) あなたはコーヒーを飲んでいるのですか。今晩は眠くならないでしょう。

Are you drinking coffee? You ＿＿＿＿＿＿ be sleepy tonight.

(3) 私は来年18歳になります。

＿＿＿＿＿＿ ＿＿＿＿＿＿ ＿＿＿＿＿＿ 18 next year.

(4) 彼は別のテレビゲームを買うつもりですか。

＿＿＿＿＿＿ he ＿＿＿＿＿＿ ＿＿＿＿＿＿ buy another video game?

(5) 彼女は次に何をするつもりでしょうか。

＿＿＿＿＿＿ ＿＿＿＿＿＿ ＿＿＿＿＿＿ going to do next?

(6) その仕事はたくさんの時間と労力を必要とするでしょう。

The job ＿＿＿＿＿＿ ＿＿＿＿＿＿ ＿＿＿＿＿＿ take a lot of time and effort.

(7) 静かにしてもらえますか。

＿＿＿＿＿＿ ＿＿＿＿＿＿ be quiet?

7 次のようなとき，英語でどのように言いますか。その英語を書きなさい。

(1) 空の雨雲を見て「午後は雨になりそうです」と言うとき。

＿＿＿＿＿＿＿＿＿＿＿＿＿＿＿＿＿＿＿＿＿＿＿＿＿＿＿＿＿＿＿＿＿

(2) 数学の問題が解けないけれど「私はあきらめないぞ」と言うとき。

＿＿＿＿＿＿＿＿＿＿＿＿＿＿＿＿＿＿＿＿＿＿＿＿＿＿＿＿＿＿＿＿＿

(3) 転校する友達に「私たちはあなたを忘れません」と言うとき。

＿＿＿＿＿＿＿＿＿＿＿＿＿＿＿＿＿＿＿＿＿＿＿＿＿＿＿＿＿＿＿＿＿

(4) 重たい荷物を運んでいる友達に「手伝いましょう」と言うとき。

＿＿＿＿＿＿＿＿＿＿＿＿＿＿＿＿＿＿＿＿＿＿＿＿＿＿＿＿＿＿＿＿＿

(5) いっしょにパーティーに行く友達に，何を着ていくかたずねるとき。

＿＿＿＿＿＿＿＿＿＿＿＿＿＿＿＿＿＿＿＿＿＿＿＿＿＿＿＿＿＿＿＿＿

(6) 友達と別れ際に「今晩，電話をするね」と言うとき。

＿＿＿＿＿＿＿＿＿＿＿＿＿＿＿＿＿＿＿＿＿＿＿＿＿＿＿＿＿＿＿＿＿

第 **13** 章

接続詞

接続詞

and / but / so / or **220**

接続詞（≫p.220 ～）の解説動画を確認しよう！

接続詞

and / but / so / or

98 and「～と…」

● 語句と語句を結びつける and の働きを理解しよう。

> 例文
> # She speaks **and** Japanese.
> 彼女は英語と日本語を話します。

▶ 語句と語句や，文と文を結びつける働きをする語を接続詞という。

▶ and は「～と…」の意味で語句と語句を結びつける。結びつけられる語句は，文中で同じ働きをしている。

どんな働きの語句を結びつけているか注目しよう。

I have a dog **and** two cats. [目的語と目的語]
（私は1匹のイヌと2匹のネコを飼っています。）

Tom **and** Kumi are good friends. [主語と主語]
（トムとクミはよい友達です。）

The park is beautiful **and** clean. [形容詞と形容詞]
（その公園は美しくてきれいです。）

Let's sing **and** dance. [動詞と動詞]
（歌って踊りましょう。）

> **ポイント**
>
> ┌ She speaks English. （彼女は英語を話します。）
> │　　　　　　　目的語
> └ She speaks English **and** Japanese.
> 　　　　　　　目的語　　　と　　　　目的語　←同じ働きをする語句
>
> ┌ Let's sing. （歌いましょう。）
> │　　　　動詞
> └ Let's sing **and** dance.
> 　　　　動詞　　と　　動詞　　　　　　　　←同じ働きをする語句

⚠️ 「AとBとC」のように3つ以上のものを結びつけるときは，ふつう最後の
Cの前にandを置き，〈A, B, and C〉とする。
Tom, Kumi, and Mike go to school together.
（トムとクミとマイクはいっしょに学校へ行きます。）

この場合，andの直前の
コンマは省略してもよい。

会話でチェック! →友達のナミさんのことを話しています。

My friend Nami lives in Canada now.

友達のナミは今，カナダに住んでいます。

Does she go to school there?

そこで学校に行っていますか。

Yes. She speaks English **and** Japanese very well. 🌱

はい。彼女は英語と日本語をとても
じょうずに話します。

🖊 **確認問題 ❶** 解答➡p.245

下線部を [   ] の意味の語句に置きかえて，（   ）に適する語を入れよう。

1. Emi is from Hokkaido. ［→エミとケンタ］

→ Emi (   ) (   ) (   ) from Hokkaido.

99 and「〜そして…」

●文と文を結びつけるandの働きを理解しよう。

例文
I like dogs **and** my brother likes cats.
私はイヌが好きで，（そして）兄はネコが好きです。

▶andは「〜そして…」「〜して…」という意味で，文と文を
結びつける働きもする。

He goes to the library **and** studies English.
（彼は図書館へ行って，英語を勉強します。）

studiesの主語もheな
ので省略されている。

会話でチェック! →動物について話しています。

Do you like animals?

あなたは動物が好きですか。

Yes, I do. I like dogs **and** my brother likes cats. 🌱

はい，好きです。ぼくはイヌが好きで，
兄はネコが好きです。

I like dogs and cats, too.

私もイヌとネコが好きです。

✎ **確認問題 ②**　解答➡p.245

日本文に合うように，(　　)に適する語を入れよう。

1. 彼らはプールで泳ぎ，私たちは音楽を聞きます。

　 They (　　　　　　) in the pool (　　　　　　) we (　　　　　　) to music.

2. ケイトは，早起きして新聞を読みます。

　 Kate (　　　　　　) up early (　　　　　　) (　　　　　　) the newspaper.

100 but「〜しかし…」

●対立する語句や文を結びつけるbutの働きを理解しよう。

例文
I love baseball, **but** I'm not a good player.

私は野球が大好きですが，うまくはありません［いいプレイヤーではありません］。🎧

▶butは「〜しかし…」のように対立する内容を続けるときに使い，語句と語句や，文と文を結びつける。

> 「しかし」「でも」「けれども」「〜だが」などと訳せるよ。

The room is large **but** warm.　[形容詞と形容詞]

（その部屋は大きいけれども暖かいです。）

I know her, **but** I don't know her name.　[文と文]

（私は彼女を知っていますが，彼女の名前を知りません。）

会話でチェック!　→友達の部屋で何かを見つけました。　🎧

発音練習

> Oh, you have a baseball uniform. Do you like baseball?

おや，野球のユニフォームを持っているんだね。野球が好きなの？

> Yes, I love baseball, **but** I'm not a good player. 🎙

うん，野球が大好きだけど，うまくはないんだ。

✎ **確認問題 ③**　解答➡p.245

日本文に合うように，(　　)にandかbutを入れよう。

1. 私はとても疲れているけれども，幸せです。

　 I'm very tired (　　　　　　) happy.

2. 私は野球が大好きで，毎週日曜日に野球をします。

　 I love baseball, (　　　　　　) I play it every Sunday.

3. 彼は熱心に勉強しますが，私はしません。

　 He studies hard, (　　　　　　) I don't.

101 so「～だから…」「～それで…」

●結果を表すsoの働きを理解しよう。

例文

He's my classmate, **so** I know him well.

彼は私のクラスメイトだから，私は彼をよく知っています。

▶ soは「～だから…」「～それで…」のように結果を表すときに使う。

▶ 文と文を結びつける働きをし，soの前にコンマを置いて〈～, so ...〉とするか，2つの文に分けて〈～. So ...〉の形で用いられることが多い。

I love books. **So** I go to the library every day.
（私は本が大好きです。それで毎日図書館へ行きます。）

会話でチェック!　→向こうにいる男の子について友達と話しています。

I don't know that boy. Who is he?
> 私はあの男の子を知らないな。だれだろう?

He's my classmate, **so** I know him well. He often comes to my house.
> 彼はぼくのクラスメイトだから，よく知っているよ。よくうちへ来るよ。

So you are good friends!
> じゃあ，あなたたちは仲のいい友達なんだね!

確認問題 ④　解答➡p.245

意味が通じる英文になるように，（　　）にsoかbutを入れよう。

1. We are late, (　　　　　) let's run to school.
2. He's my classmate, (　　　　　) I don't know him well.
3. She is from Australia. (　　　　　) she speaks English.

102 or「～か…」「～または…」

●「2つのうちのどちらか」を表すorの働きを理解しよう。

例文

I have an orange **or** an apple for breakfast.

私は朝食にオレンジかリンゴを食べます。

▶ or は「〜か…」「〜または…」「〜それとも…」のように2つのうちのどちらかを選ぶときに使う。

Beef **or** chicken? —— Beef, please.
(ビーフにしますか, チキンにしますか。 —— ビーフをください。)

Do you go to school by train **or** by bus?
—— I go to school by bus.
(あなたは電車通学ですか, それともバス通学ですか。 —— バス通学です。)

I watch TV **or** do my homework after dinner.
(夕食後, 私はテレビを見るか, 宿題をします。)

疑問文に答えるときはYes / Noは使わないよ。

I have an orange **or** an apple for breakfast.
└─── どちらか ───┘

Do you go to school by train **or** by bus?
└─── どちらか ───┘

—— I go to school by bus. ← 一方を選んで答える

会話でチェック! →食べ物の話をしています。

発音練習

Do you like fruit?　フルーツは好きですか。

Yes. I have an orange **or** an apple for breakfast. 　はい。朝食にオレンジかリンゴを食べます。

 確認問題 ⑤ 　解答➡p.245

[1] 日本文に合うように, ( ) に適する語を入れよう。

1. 答えてください。はいですか, いいえですか。
   Please answer. Yes (　　　) (　　　)?

2. あなたは医者ですか, 看護師ですか。
   Are you a (　　　) (　　　) a nurse?

3. サッカーか野球をしましょう。
   Let's play (　　　) (　　　) (　　　).

[2] 意味が通じる英文になるように, ( ) から適する接続詞を選ぼう。

1. Rice (and, or) bread? —— Rice, please.

2. Tom (and, or) I are good friends.

3. The house is old (but, so) strong.

4. I like sports, (so, or) I'm healthy.

5. I wash the dishes (and, but) my brother cleans the table.

224

接続詞

☑ **98** **and** 「～と…」

> ### She speaks English **and** Japanese. （彼女は英語と日本語を話します。）

▶ 語句と語句，文と文を結びつける働きをする語を接続詞という。

▶ andは「～と…」の意味で語句と語句を結びつける。

▶ 「AとBとC」のように3つ以上のものを結びつけるときは，ふつう最後のCの前にandを置き，〈A, B, and C〉とする。

☑ **99** **and** 「～そして…」

> ### I like dogs **and** my brother likes cats.
> （私はイヌが好きで，（そして）兄はネコが好きです。）

▶ andは「～そして…」「～して…」という意味で，文と文を結びつける働きもする。

☑ **100** **but** 「～しかし…」

> ### I love baseball, **but** I'm not a good player.
> （私は野球が大好きですが，うまくはありません［いいプレイヤーではありません］。）

▶ butは「～しかし…」のように対立する内容を続けるときに使い，語句と語句，文と文を結びつける。

> butの前と後ろが反対の内容に
> なるところがポイントだね！

225

✓ ⬚101 **so** 「〜だから…」「〜それで…」

> He's my classmate, **so** I know him well.
> （彼は私のクラスメイトだから，私は彼をよく知っています。）

▶ soは「〜だから…」「〜それで…」のように理由・結果を表すときに使う。

✓ ⬚102 **or** 「〜か…」「〜または…」

> I have an orange **or** an apple for breakfast.
> （私は朝食にオレンジかリンゴを食べます。）

▶ orは「〜か…」「〜または…」「〜それとも…」のように2つのうちのどちらかを選ぶときに使う。

まとめておこう

4つの接続詞の用法

似たところやちがうところを見比べてみよう。

and 「〜と…」 「〜そして…」		…AとBの両方
but 「〜しかし…」		…AとBは反対
so 「〜だから…」		…Aの結果B
or 「〜か…」		…AかBどちらか

1 次の日本文に合うように， ___ に適する語を入れなさい。

(1) 私は朝食にパンと果物を食べます。

I have bread _____ fruit for breakfast.

(2) あれは鳥ですか，それとも飛行機ですか。

Is that a bird _____ a plane?

(3) 私はかぜをひいていますが，だいじょうぶです。

I have a cold, _____ I'm all right.

(4) 彼女は本が大好きなので，図書館へ毎日行きます。

She loves books, _____ she goes to the library every day.

(5) 私の家に来て私といっしょに勉強してください。

Please come to my house _____ study with me.

2 次の文の（　）に適するものを，ア〜エから1つずつ選びなさい。

(1) Mr. Smith doesn't speak Japanese, so（　　　　）.

(2) This is Mark, and（　　　　）.

(3) He likes tennis, but（　　　　）.

ア	I teach it to him
イ	she is a teacher
ウ	I don't like it
エ	that is his brother

3 次の各組の文を，（　）内の語を使って1文にしなさい。

(1) Is he a student? / Is he a teacher? （or）

_____

(2) I drink coffee. / My brother drinks tea. （and）

_____

(3) I don't like science. / I like English. （but）

_____

(4) We're a little late. / Let's hurry. （so）

_____

4 次の日本文の意味を表す英文を，（　　）内の語句を並べかえて作りなさい。ただし，それぞれ適切な接続詞を1語補うこと。

(1) これはイヌですか，それともネコですか。

(a / a / this / dog / is / cat)?

_____

(2) トムは年をとっているが，走るのが速いです。

(old, / fast / he / Tom / is / runs).

_____

(3) 彼女はゆっくりと，そして注意深く話します。

(slowly / speaks / she / carefully).

_____

(4) 今日は暑いので，海へ行きましょう。

(today, / let's / it's / the sea / go / hot / to).

_____

5 次の英文を日本語になおしなさい。

(1) My sister goes to the park and plays tennis there every day.

_____

(2) My father likes animals.　So he has two dogs.

_____

(3) This watch is not expensive, but it is a good one.

_____

6 次の日本文を英語になおしなさい。

(1) 彼は野球とサッカーをします。

_____

(2) これは病院ですか，それとも学校ですか。

_____

(3) 私は青が好きですが，私の母は赤が好きです。

_____

228

注意すべき表現

感嘆文 (≫ p.230) の解説動画を確認しよう！

解説動画

What 〜! / How 〜!

「なんと〜でしょう」

103 What 〜! / How 〜!「なんと〜でしょう」（感嘆文）

● 驚きなどの強い気持ちを伝える表現を学習しよう。

> 例文
> # **What** a nice day it is!
> なんと天気のいい日でしょう。

▶「なんと〜だろう」のように強い気持ちを伝えるために What 〜！や How 〜！が使われる。これを感嘆文という。

▶ 感嘆文は次のような形になる。

> What a [an] ＋形容詞＋名詞＋主語＋動詞!
> How ＋形容詞［副詞］＋主語＋動詞!

語順に注意しよう。

How wonderful life is!（人生はなんとすばらしいのだろう。）

⚠ 〈主語＋動詞〉は省略されることが多い。
　What a nice day!（なんと天気のいい日でしょう。）
　How wonderful!（なんとすばらしいのでしょう。）

会話でチェック!　→昨日は雨が降っていたのですが…。

発音練習

> It was raining hard yesterday, but this morning it's sunny.

昨日は激しく雨が降っていましたが、今朝は晴れています。

> Yes.　**What** a nice day!

はい。なんと天気のいい日でしょう。

> Let's go and walk outside.

外に出て歩きましょう。

確認問題 ❶　　解答➡p.245

日本文に合うように，（　　）に適する語を入れよう。

1. それはなんとおもしろい物語でしょう。　（　　　　　　　　） an interesting story it is!

2. これらの花を見てください。なんと美しいんでしょう。

　Look at these flowers.　（　　　　　　） beautiful!

want to 〜などの文

「〜したい」など

音声

104 want to 〜「〜したい（と思う）」

● 「〜すること」の意味を表す〈to +動詞の原形〉の働きを理解しよう。

例文

I **want to drink** some water.

私は水を飲みたいです。

▶ 〈to +動詞の原形〉が「〜すること」の意味を表し，〈want to +動詞の原形〉で「〜することがほしい→〜したい」という意味になる。この〈to +動詞の原形〉を不定詞という。

この不定詞は，名詞と同じ働きをしている。

ポイント

I **want** some water. （私は水がほしいです。）
「ほしい」　　「水」…名詞　　　　　　　　　**→名詞が目的語**

I **want to drink** some water.
「ほしい」　　「水を飲むこと」…名詞と同じ働き　　　**→不定詞が目的語**
└── 水を飲むことがほしい → 水を飲みたい

▶ 不定詞は主語や時制に関係なく，必ず〈to +動詞の原形〉の形になる。

She **wants to watch** TV.

（彼女はテレビを見たいと思っています。）

I **wanted to go** to the library yesterday.

（私は昨日，図書館へ行きたかったです。）

▶ 疑問文や否定文は，一般動詞を使った文と同じ形になる。

Do you **want to be** a teacher? —— Yes, I do.

（あなたは先生になりたいですか。—— はい，なりたいです。）

What **do** you **want to eat**? （あなたは何を食べたいですか。）

I **don't want to see** him. （私は彼に会いたくないです。）

want to be 〜は「〜になりたい」という意味になるよ。

231

▶〈動詞＋to＋動詞の原形〉の形でよく使われるそのほかの表現を覚えよう。

like to ～「**～するのが好きだ**」(←～することを好む)

　She **likes to read** books.

　(彼女は本を読むのが好きです。)

try to ～「**～しようとする**」(←～することを試みる)

　He **tried to open** the door.

　(彼はそのドアを開けようとしました。)

need to ～「**～する必要がある**」(←～することが必要だ)

　You **need to sleep** well.

　(あなたはよく眠る必要があります。)

➕ⓐ 動詞のing形で「～すること」の意味を表す場合もある。

　He likes **swimming**. (彼は泳ぐことが好きです。)

　We enjoyed **singing** English songs.

　(私たちは英語の歌を歌うことを楽しみました。)

　I'm good at **dancing**. (私は踊るのが得意です。)

そのほかの例：
start [begin] to ～
「～し始める」
hope to ～
「～することを望む」
forget to ～
「～することを忘れる」

どの不定詞も「～すること」という名詞の働きをしているよ。

動詞のing形の作り方
≫p.155

用語 「～すること」
の意味のing形を**動名詞**という。

会話 でチェック! →汗をいっぱいかきました。　　　　　　　　　　

発音練習

It's hot today.　　　　　　　　　今日は暑いですね。

Yes.　I'm thirsty.　I **want to drink** some water. 　はい。のどがかわいています。私は水を飲みたいです。

Here you are.　Have this cold glass of water.　はい、どうぞ。この冷たいコップの水を飲んでください。

🖊 **確認問題 ②**　　解答➡p.245

日本文に合うように，(　　)に適する語を入れよう。

1. 私は英語の歌を歌いたいです。

　I (　　　　　) (　　　　　　　) sing English songs.

2. 彼は何を言いたいのですか。

　(　　　　　　) does he (　　　　　) (　　　　　) say?

3. 私の母は映画を見るのが好きです。

　My mother (　　　　　　) (　　　　　　) watch movies.

4. リサは私を止めようとしました。

　Lisa (　　　　　) (　　　　　　) stop me.

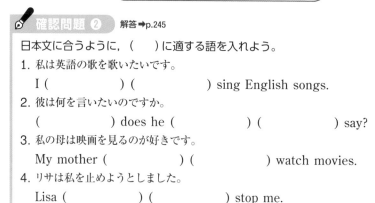

look＋形容詞

「〜に見える」

105 look 〜「〜に見える，〜のようだ」

● 〈look ＋形容詞〉の形と意味をつかもう。

> 例文
> # This cake **looks** good.
> このケーキはおいしそうです［おいしく見えます］。

▶ 動詞 look は，あとに形容詞がきて，「〜に見える，〜のようだ」という意味を表す。この形容詞は，主語がどのように見えるかを説明しており，補語と呼ばれる。

見た目の様子を言う表現だよ。

▶ 「〜」に名詞がくる場合は look like 〜の形を使う。

The cat **looks like** a small tiger.

（そのネコは小さなトラのように見えます。）

会話でチェック! →友達が写真を見せてくれました。

> Is this a picture of your birthday party?

これはあなたの誕生日パーティーの写真?

> Yes. I had a lot of fun.

うん。とても楽しかったよ。

> Oh, this cake **looks** good.

ああ，このケーキはおいしそう。

> It was good. My mother made it.

おいしかったよ。母が作ってくれたんだ。

確認問題 ③ 解答→p.245

日本文に合うように，（ ）に look か look like を入れよう。必要なら，主語や時制に合わせて形を変えること。

1. あなたは眠そうに見えます。　You （　　　　　　　　　） sleepy.
2. その花はチョウのように見えます。　The flower （　　　　　　　　　） a butterfly.
3. 彼らはパーティーで幸せそうでした。

　　They （　　　　　　　　　） happy at the party.

What 〜! / How 〜!　　　　　　　　　　　　「なんと〜でしょう」

✓　⑩ **What 〜! / How 〜!**　「なんと〜でしょう」(感嘆文)

> **What** a nice day it is!　　　　(なんと天気のいい日でしょう。)

▶ 「なんと〜だろう」のように強い気持ちを伝えるために What 〜! や How 〜! が使われる。これを感嘆文という。what は〈What a [an]＋形容詞＋名詞＋主語＋動詞!〉の形で, how は〈How＋形容詞[副詞]＋主語＋動詞!〉の形で用いる。

want to 〜 などの文　　　　　　　　　　　　「〜したい」など

✓　⑩ **want to 〜**　「〜したい(と思う)」

> I **want to drink** some water.　　　　(私は水を飲みたいです。)

▶ 〈to＋動詞の原形〉が「〜すること」の意味を表し, 〈want to＋動詞の原形〉で「〜することがほしい→〜したい」という意味になる。この〈to＋動詞の原形〉を不定詞という。

look＋形容詞　　　　　　　　　　　　　　　「〜に見える」

✓　⑩ **look 〜**　「〜に見える, 〜のようだ」

> This cake **looks** good.　　　(このケーキはおいしそうです[おいしく見えます]。)

▶ 動詞 look は, あとに形容詞がきて,「〜に見える, 〜のようだ」という意味を表す。この形容詞は, 主語がどのように見えるかを説明しており, 補語と呼ばれる。

▶ 「〜」に名詞がくる場合は, look like 〜の形を使う。

定期試験対策問題 （解答➡p.269）

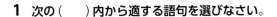

1 次の（　）内から適する語句を選びなさい。

(1) Rika (wants, wants to) read an English book. _____

(2) The sun is shining. (How, What) a beautiful day it is! _____

(3) She answered this question. (How, What) smart she is! _____

(4) What beautiful roses (it is, they are)! _____

(5) We need (start, to start) work now. _____

(6) Do I (look, look like) good in this dress? _____

(7) Look! That cloud (looks, looks like) a bird. _____

(8) I like (to play, to playing) cards with my family. _____

2 次の発言に対する返答として適するものを，ア〜キから1つずつ選びなさい。

(1) I saw a famous musician at the station. _____

(2) How's your history report going? _____

(3) Don't talk to her. She's studying. _____

(4) Why did you begin to save money? _____

(5) You look sick. Are you OK? _____

(6) She looks like a musician. She is singing beautifully. _____

(7) I know your father. He works with my brother. _____

> ア Yes. She's really good at singing.
> イ Sorry. I'm just trying to help her.
> ウ I want to buy a new bike.
> エ Wow! What a small world!
> オ Not really. I need to use the bathroom.
> カ Not good. I need to start again from the beginning.
> キ How lucky you are!

3 次の日本文の意味を表す英文を, ( ) 内の語句を並べかえて作りなさい。

(1) 私はハワイでなんと幸せだったことでしょう。

(in / how / was / Hawaii / happy / I)!

_____

(2) 私は同じことをまた言いたくありません。

(don't / to / the same thing / I / again / want / say).

_____

(3) ハジメはハイキングのあと疲れているように見えました。

(looked / hiking / tired / Hajime / after).

_____

4 次の日本文に合うように, ___ に適する語を入れなさい。

(1) 私はいつも, 運動する時間を作ろうとしています。

I always _____ _____ _____ time for exercise.

(2) 私の兄は若く見えます。私が彼の兄のように見えます。

My big brother _____ _____. I _____ _____ his big brother.

(3) 私たちはまず水と食べ物を見つける必要があります。

We _____ _____ _____ food and water first.

(4) 私たちは海で泳ぐのを楽しみました。

We _____ _____ in the sea.

5 次の日本文を英語になおしなさい。

(1) あなたはあなたのお父さんに似ています。

_____

(2) 私は親切な人 (a kind person) になりたいです。

_____

(3) それはなんとすばらしいアイデアでしょう。

_____

入試対策編

学んできたことが
身についているかを
知るための力試しだね！

これまでに学んできた文法の知識を生かして，

入試問題に挑戦してみましょう。

入試問題では，文法の知識に加えて，

語い力，リスニング力，読解力などが試されます。

わからないときは，問題の右側にあるヒントを参考にしましょう。

また，まちがってしまったときは，

ちゃんと解説を読んで，疑問を残さないことが大切です。

入試対策問題 解答 ➡ p.271

リスニング問題

1 2つの対話を聞いて，対話の内容に関するそれぞれの問い
の答えとして最も適切なものを，1～4から1つずつ選び，
記号で答えなさい。〔山口県〕

音声

(1)　1. Badminton.　　　2. Baseball.

　　3. Soccer.　　　　4. Skiing.

(2)　1. Mike's brother.　　2. Mike's sister.

　　3. Ryoko's brother.　　4. Ryoko's sister.

2 英文を聞いて，下の絵の様子の状況説明として最も適切な
ものを，選択肢A～Cから1つ選び，その記号を書きなさい。

音声

(1)　　　　　　　　　　　　(2)

文法・語法問題

1 次の(1)～(3)の日本語の文の内容と合うように，英文中の（　　）内の
ア～ウからそれぞれ最も適しているものを1つ選び，その記号を書きな
さい。〔大阪府〕

(1)　私はしばしばその図書館に行きます。

　　I often go to the （ ア factory　イ library　ウ temple ）.

(2)　これは子どもたちの間でとても人気のある物語です。

　　This is a very （ ア boring　イ important　ウ popular ） story
　　among children.

(3)　そのカードにあなたの名前を書いてください。

　　（ ア Read　イ Touch　ウ Write ） your name on the card, please.

解き方のヒント

対話のあとに質問が流れ
るという問題形式を理解
しておく。

(1)対話に出てくる語を
　しっかり聞き取る。
≫p.154

(2)対話に出てくる人物に
　ついて情報を把握す
　る。
≫p.106

選択肢は音声で流れるの
で集中して聞く。
≫p.154

(1)2人の人物の動作に注
　目する。

(2)男性の動作に注目す
　る。

(1)名詞「図書館」を選ぶ。

(2)a very （　　） story で
　「とても（人気のある）物
　語」の意味になる。
among ～ ～の間で

(3)「書く」という動詞で始
　まる命令文になる。

2 次の対話が成立するように，(　　)に入る最も適切なものをア〜エから1つ選び，その記号を書きなさい。

(1) *A:* (　　) textbook is this?

B: I can see a name on it. Let me see ... it's Aya's.

ア Who　　　イ What　　　ウ Whose　　　エ Where

(2) *A:* How (　　) is your brother?

B: He's six years old. He's a very funny boy.

ア well　　　イ long　　　ウ old　　　エ many

3 次の会話文について，(　　)に入る最も適切なものをア〜エから1つ選び，その記号を書きなさい。〔沖縄県〕

(1) *A:* Do you know the new students from America?

B: Yes. Sam and Andy (　　) in my class.

ア be　　　イ am　　　ウ is　　　エ are

(2) *A:* This is a great picture!

B: I (　　) this picture.

A: Did you? I like it very much.

ア heard　　　イ wrote　　　ウ drew　　　エ understood

4 次の対話が完成するように，(　　)の中の語を適切な形にして書きなさい。

(1) *A:* What did you do last weekend?

B: I (go) to my grandparents' house.　　＿＿＿＿＿

(2) *A:* Please be quiet. I am (read) a book.

B: Oh, I'm sorry.　　＿＿＿＿＿

(3) *A:* You have a lot of video games!

B: Yes. I sometimes play (they) with my sister.　＿＿＿＿＿

(4) *A:* When does Tomoko practice karate?

B: She always (practice) it on Saturday morning.　＿＿＿＿＿

(5) *A:* Do you know about the new club member?

B: Yes, but I forgot (she) name.　　＿＿＿＿＿

■ 解き方のヒント ■

Bの返答から，どんな質問かを考える。
≫p.126

Let me see. ええと。

(1)Sam and Andyが主語になっていることに注意。
≫p.97

(2)何について話しているのかを把握しよう。
≫p.166

(1)Aの発言のdidに注意する。
≫p.166

(2)
≫p.154

(3)
≫p.120

(4)主語に応じた動詞の形にする。
≫p.106

(5)
≫p.118

入試対策編

入試対策問題

読解問題

解き方のヒント
≫p.126

1 次の会話文の(　　)に当てはまる最も適切なものをア〜エから1つ選び，その記号を書きなさい。

(1)最後のAの発言に合うのは？

(1) *A:* Dinner is almost ready.　Can you help me?

　B: OK.　(　　)

　A: Set the table, please.

　ア What can I do?　　　イ How much do you need?

　ウ When can I help you?　エ I'm clearing the table now.

(2) *A:* I have a souvenir for you.　I went to Australia.

　B: Oh, thank you.　What is it?

　A: A key chain.　(　　)

　ア What do you like?　　　イ What color is the key chain?

　ウ Which one can I have?

　エ Which do you like, blue or red?

(2)AとBの立場を把握する。
souvenir おみやげ

2 次は国際交流の催し物の張り紙です。このイベントで，<u>おそらくしないこと</u>を，ア〜カから<u>すべて</u>選び記号で書きなさい。

　ア Eat some food.　イ Play sports.

　ウ Wear dresses.　エ Dance to music.

　オ Cut pumpkins.　カ Walk together on the street.

イベントの出し物に入っているかどうかを1つずつ確認する。

pumpkin カボチャ
entry 入場

3 次のEメールの内容に対する質問の答えとして，最も適切なものを
ア～エから1つ選び，その記号を書きなさい。

(1) What does Mike need?

ア An email.　　イ His book.　　ウ Time.　　エ The map.

Keita,

Did you read *The Moon Journey*?
Was it interesting?　By the way,
let's talk about hiking next Sunday.
Can we meet after school tomorrow?
Please bring the map.

Mike

(2) Why did Ayaka write this message?

ア Because she didn't do her homework.

イ Because she wanted help.

ウ Because Emily asked a question.

エ Because Emily helped Ayaka.

Emily,

I have a question about today's
math class.　It is about questions
number three and four on page 47.
They are very difficult.　Can you
help me?

Ayaka

解き方のヒント

メールの差出人とあて名
を確認してから，用件は
何かに集中する。

(1)
need ～を必要とする
journey 旅

(2)
≫ p.140
message メッセージ

確認問題　解答

第1章 **am, are, is の文** p.34〜43

❶ 1. am 　　2. I am 　　3. I'm from

❷ 1. You are 　　2. You're

❸ 1. Are, Yes, am 　　2. Are you, I'm not

❹ 1. This is 　　　　2. That's

❺ 1. Is, it is

【訳】1. これはあなたのかばんですか。―はい，そうです。

❻ 1. What, this, It is 　　2. What's, It's

❼ 1. She is 　　　　2. He's

❽ 1. Is she, she 　　2. Is, he, not

【訳】1. 彼女はテニス選手ですか。―はい，そうです。

　　 2. あなたのお父さんは忙しいですか。―いいえ，
　　　 忙しくありません。

❾ 1. Who is, He 　　2. Who's, She's

❿ 1. am not 　　2. aren't 　　3. is not

【訳】1. 私は仙台出身です。→私は仙台出身ではありま
　　　 せん。

　　 2. あなたは先生です。→あなたは先生ではありま
　　　 せん。

　　 3. 彼はタロウです。→彼はタロウではありません。

第2章 **like, have の文** p.52〜57

❶ 1. like music 　　2. play soccer

　　 3. You live 　　　4. I have

　　 5. speak Japanese

❷ 1. Do you, do

【訳】1. あなたは英語が好きですか。―はい，好きです。

❸ 1. What do 　　2. What do, play

【訳】1. あなたは手に何を持っていますか。―私は手に
　　　 コインを持っています。

　　 2. あなたは公園で何をしますか。―私は公園で
　　　 サッカーをします。

❹ 1. Where do 　　2. When do, watch

【訳】1. あなたはどこに住んでいますか。―私は広島に
　　　 住んでいます。

　　 2. あなたはいつテレビを見ますか。―私は夕食後
　　　 にテレビを見ます。

❺ 1. do not eat 　　2. don't speak

　　 3. don't live

【訳】1. 私は納豆を食べます。→私は納豆を食べません。

　　 2. あなたは英語を話します。→あなたは英語を話
　　　 しません。

　　 3. 私は東京に住んでいます。→私は東京に住んで
　　　 いません。

第3章 **can の文** p.66〜71

❶ 1. can play 　　2. can run

❷ 1. Can you 　　2. Can, use

❸ 1. What can, see 　　2. How can, go

【訳】1. あなたはその山から何を見ることができますか。

　　 2. 私はどうやってそこへ行くことができますか。

❹ 1. can't [cannot] play
　　 2. can't [cannot] speak

❺ 1. Can I, Sure [OK] 　　2. Can I, can't

❻ 1. Can you, Sure [OK]

第4章 **命令文** p.78〜82

❶ 1. write 　　　　2. Use

❷ 1. Come, please 　　2. Please buy

❸ 1. Be kind 　　　2. Be quiet

❹ 1. Don't 　　　　2. Don't be

❺ 1. Let's listen 　　2. Let's take, let's

第5章 **複数の文** p.88〜98

❶ 1. pencils 　　2. babies 　　3. buses
　　 4. women

❷ 1. apples do you, two

　　 2. How many books, I have

❸ 1. some notebooks 　　2. some milk

❹ 1. any friends 　　2. any time

【訳】1. あなたはアメリカに（1人でも）友達がいますか。

　　 2. あなたは今，（少しでも）時間がありますか。

❺ 1. any friends 　　2. any time

【訳】1. 私はアメリカに1人も友達がいません。

　　 2. 私は今，少しも時間がありません。

❻ 1. They, teachers 　　2. Are you, are
　　 3. Do they, don't 　　4. don't live

❼ 1. children are 　　2. Are, and

3. boys don't

❽ 1. These are　　　 2. those, dogs

【訳】1. これらは私の教科書です。
　　 2. あれらはあなたのイヌですか。

第6章 **likes, has の文** p.106〜110

❶ 1. knows　　 2. He has
　 3. father washes

❷ 1. Does she, does
　 2. Does, have, he doesn't

【訳】1. 彼女はロンドンに住んでいますか。―はい，住ん
　　　 でいます。
　　 2. ケンはイヌを飼っていますか。―いいえ，飼って
　　　 いません。

❸ 1. What does, want

【訳】1. 彼女は誕生日に何をほしがっていますか。―新
　　　 しいかばんをほしがっています。

❹ 1. doesn't get　　 2. doesn't have

【訳】1. 彼は6時に起きます。→彼は6時に起きません。
　　 2. アンはカメラを持っています。→アンはカメラを
　　　 持っていません。

第7章 **代名詞** p.118〜121

❶ 1. They, our　　 2. mine, hers
　 3. theirs, Its　　 4. Your, ours

❷ 1. us　　 2. likes them　　 3. with her

第8章 **疑問詞で始まる疑問文** p.126〜146

❶ 1. What is　　　 2. What does
❷ 1. What, dance　　 2. What do
❸ 1. color is　　　 2. What, does
❹ 1. time is, It's
❺ 1. time does, at
❻ 1. day, it, It's　　 2. is, date, It's
❼ 1. Who is　　 2. Who makes [cooks], do
❽ 1. Whose bag, Yuka's
　 2. Whose, are, his
❾ 1. Which is　　 2. Which, goes
❿ 1. Which, or
⓫ 1. Where is, under

⓬ 1. When is
⓭ 1. Why does, Because
⓮ 1. How do, cut, with
　 2. How does, listens
⓯ 1. How are, fine　　 2. How is
⓰ 1. How about　　 2. How about
⓱ 1. How much, It's　　 2. How much
⓲ 1. How old, years old
⓳ 1. How long　　 2. How tall　　 3. How far

第9章 **現在進行形の文** p.154〜159

❶ 1. is raining　　　 2. I'm using
　 3. are running

❷ 1. Is, playing, is　　 2. Are, using, not

【訳】1. 彼はゲームをしているところです。→彼はゲーム
　　　 をしているところですか。―はい，しています。
　　 2. あなたは私のラケットを使っています。→あな
　　　 たは私のラケットを使っていますか。―いいえ，
　　　 使っていません。これは私のです。

❸ 1. What is, drinking, drinking
　 2. are, doing, studying

❹ 1. Who, driving, Jack is

【訳】1. だれがバスを運転していますか。―ジャックです。

❺ 1. is not raining　　 2. I'm not using

【訳】1. 今日は雨が降っています。→今日は雨が降って
　　　 いません。
　　 2. 私は母のコンピューターを使っています。→私は
　　　 母のコンピューターを使っていません。

第10章 **過去の文** p.166〜181

❶ 1. cleaned　　 2. stopped
　 3. tried, liked

❷ [1] 1. went　　 2. did　　 3. cut
　　　 4. sat, read
　 [2] 1. walks, walking, walked
　　　 2. watches, watching, watched
　　　 3. carries, carrying, carried
　　　 4. stops, stopping, stopped
　　　 5. uses, using, used
　　　 6. starts, starting, started

7. has, having, had

8. speaks, speaking, spoke

9. sees, seeing, saw

10. makes, making, made

11. sits, sitting, sat

12. writes, writing, wrote

13. says, saying, said

14. puts, putting, put

15. comes, coming, came

❸ 1. Did, study, did　　2. Did, come, didn't

【訳】1. あなたは昨日，英語を勉強しましたか。―はい，しました。

　　2. 彼はここに来ましたか。―いいえ，来ませんでした。

❹ 1. When, visit　　2. What did, buy

【訳】1. あなたは先週，京都を訪れました。→あなたはいつ京都を訪れましたか。

　　2. 彼女は昨日，帽子を買いました。→彼女は昨日，何を買いましたか。

❺ 1. didn't watch　　2. didn't study

　　3. did, speak

【訳】1. 彼は昨夜，テレビを見ました。→彼は昨夜，テレビを見ませんでした。

　　2. 私たちは図書館でいっしょに勉強しました。→私たちは図書館でいっしょに勉強しませんでした。

　　3. 私はその女の子に話しかけました。→私はその女の子に話しかけませんでした。

❻ 1. was　　2. were

❼ 1. Was he, was

【訳】1. 彼は親切でした。→彼は親切でしたか。―はい，親切でした。

❽ 1. Where were　　2. How was

❾ 1. wasn't　　2. was not　　3. weren't

【訳】1. 私はこの前の日曜日，北海道にいました。→私はこの前の日曜日，北海道にいませんでした。

　　2. 彼はそのとき，おなかがすいていました。→彼はそのとき，おなかがすいていませんでした。

　　3. 私たちは今朝，学校に遅刻しました。→私たちは今朝，学校に遅刻しませんでした。

⓾ 1. was singing　　2. were making

⓫ 1. Was, raining, it was

　　2. Were, reading, I wasn't

【訳】1. 昨夜は雨が降っていました。→昨夜は雨が降っていましたか。―はい，降っていました。

　　2. あなたは部屋でその本を読んでいました。→あなたは部屋でその本を読んでいましたか。―いいえ，読んでいませんでした。

⓬ 1. What was, He was

　　2. Where were, studying, was studying

⓭ 1. wasn't using　　2. was not carrying

　　3. weren't swimming

【訳】1. 彼女はその辞書を使っていました。→彼女はその辞書を使っていませんでした。

　　2. 私はお気に入りのかばんを持っていました。→私はお気に入りのかばんを持っていませんでした。

　　3. 私たちはビーチで泳いでいました。→私たちはビーチで泳いでいませんでした。

第11章 There is ～. の文　p.192～198

❶ 1. There is　　2. There's, on

❷ 1. There are　　2. There are

❸ 1. There was　　2. There were

❹ 1. Is there, there is

　　2. Were there, there weren't

【訳】1. あなたの市には動物園があります。→あなたの市には動物園がありますか。―はい，あります。

　　2. その木の下に何人かの人がいました。→その木の下に人はいましたか。―いいえ，いませんでした。

❺ 1. How, there　　2. many, were

【訳】1. この家には6つの部屋があります。→この家にはいくつの部屋がありますか。

　　2. バスには12人の生徒がいました。→バスには何人の生徒がいましたか。

❻ 1. There isn't　　2. aren't, clouds

【訳】1. この町には美術館があります。→この町には美術館がありません。

　　2. 空にいくつかの雲があります。→空には雲が1

つもありません。

❼ 1. are no

【訳】1. この通りには店が1つもありません。

第12章 未来の文 p.204〜213

❶ 1. I'm going　　2. is going to

❷ 1. is going to

❸ 1. Are, going　　2. Is, going to

【訳】1. あなたはこの本を買うつもりです。→あなたは
　　この本を買うつもりですか。
　　2. ケイトはマイクを手伝うつもりです。→ケイトは
　　マイクを手伝うつもりですか。

❹ 1. What, going, going to
　　2. What, are, going

❺ 1. I'm not going

【訳】1. 私は今日, テレビを見るつもりです。→私は今日,
　　テレビを見るつもりはありません。

❻ 1. I will　　2. will ask

❼ 1. will be　　2. will rain

【訳】1. 私はひまです。→私は明日, ひまでしょう。
　　2. 雨が激しく降ります。→今晩, 雨が激しく降る
　　でしょう。

❽ 1. Will, come, she will
　　2. Will you be, I won't

【訳】1. リンダは明日また来るでしょう。→リンダは明日
　　また来るでしょうか。―はい, 来るでしょう。
　　2. あなたはもうすぐ準備ができます。→あなたは
　　もうすぐ準備ができますか。―いいえ, できま
　　せん。

❾ 1. When will, will begin
　　2. How, will, I'll be

❿ 1. will not　　2. won't be

【訳】1. 私たちは明日, 学校へ行きます。→私たちは明日,
　　学校へ行きません。
　　2. その仕事は簡単でしょう。→その仕事は簡単で
　　はないでしょう。

第13章 接続詞 p.220〜224

❶ 1. and Kenta are

【訳】1. エミは北海道出身です。→エミとケンタは北海
道出身です。

❷ 1. swim, and, listen　　2. gets, and reads

❸ 1. but　　2. and　　3. but

❹ 1. so　　2. but　　3. So

【訳】1. 私たちは遅れているので, 学校まで走りましょ
　　う。
　　2. 彼は私のクラスメイトですが, 私は彼をよく知り
　　ません。
　　3. 彼女はオーストラリア出身です。だから彼女は
　　英語を話します。

❺ [1] 1. or no　　2. doctor or
　　　3. soccer or baseball
　　[2] 1. or　　2. and　　3. but
　　　4. so　　5. and

【訳】1. ライスにしますか, パンにしますか。―ライスを
　　ください。
　　2. トムと私は仲のよい友達です。
　　3. その家は古いけれど頑丈です。
　　4. 私はスポーツが好きなので, 健康です。
　　5. 私はお皿を洗い, 兄[弟]はテーブルをきれいに
　　します。

第14章 注意すべき表現 p.230〜233

❶ 1. What　　2. How

❷ 1. want to　　2. What, want to
　　3. likes to　　4. tried to

❸ 1. look　　2. looks like　　3. looked

第1章　am，are，is の文　p.46〜48

1 (1) is　　(2) are　　(3) is　　(4) Is, is
(5) am　　(6) Is, is　　(7) is, is　　(8) is, is

〈解説〉
(1) （これは私たちの教室です。）主語が This なので，be 動詞は is を選ぶ。
(2) （あなたはじょうずなコックです。[あなたは料理がじょうずです。]）主語が You なので be 動詞は are。
(3) （私の父はカナダにいます。）主語の My father は I，you 以外の1人の人なので be 動詞は is。
(4) （あれは学校ですか。―いいえ，ちがいます。）疑問文なので be 動詞を主語 that の前に置く。主語が that なので is を使う。文の最初は大文字で始めて Is とすることに注意。答えの文も，主語が it なので is を使う。
(5) （私は数学の教師ではありません。）主語が I なので be 動詞は am。
(6) （彼女はあなたの友達ですか。―はい，そうです。）主語が she なので be 動詞は is を使う。be 動詞が主語の前に置かれる疑問文 Is she 〜? とその答え Yes, she is. の形。
(7) （彼はだれですか。―彼はトムです。）主語が he なので be 動詞は is。
(8) （これは何ですか。―それはライオンです。）主語が this，It なので be 動詞はどちらも is。

2 (1) My name　(2) isn't　(3) is　(4) She
(5) Yes　　(6) am　　(7) is　　(8) Who

〈解説〉
(1) （ぼくの名前はサトウケンです。）「〜です」を表す be 動詞が is なので，主語は My name が適切。主語が I なら be 動詞は am で，I am Sato Ken. となる。
(2) （あれは私のかばんではありません。）主語が That なので isn't を使う。
(3) （彼は親切です。）主語が He なので，be 動詞は is

を使う。
(4) （田中さんとはだれですか。―彼女は私のおばです。）Ms. は女性の名前につける敬称。1人の女性を表す代名詞は she。
(5) （あなたは岡さんですか。―はい，そうです。）答えが 〜, I am. なので Yes がくるとわかる。「いいえ」と答えるときは No, I am not. とする。
(6) （私は高校生です。）主語が I なので be 動詞は am となる。
(7) （彼女は英語の教師です。）主語が She なので be 動詞は is となる。
(8) （メアリーとはだれですか。―彼女は私のクラスメイトです。）メアリーという人について「だれ」とたずねる文なので，who を使う。

3 (1) カ　(2) ア　(3) ウ
(4) イ　(5) オ　(6) エ

〈解説〉
(1) （あれは何ですか。―それは図書館です。）What's [What is] 〜? の疑問文には，It's [It is] 〜. で答える。
(2) （あなたはリサですか。―はい，そうです。）Are you 〜? には Yes / No を使って答える。疑問文の主語が you のとき，答えの文では I が主語になることに注目。
(3) （あの女の子はだれですか。―彼女はリサです。）Who's [Who is] 〜? の疑問文には，She's [She is] 〜. / He's [He is] 〜. などを使って具体的に答える。
(4) （これは公園ですか。―いいえ，ちがいます。）Is this 〜? には Yes / No を使って答える。答えの文では，主語が this ではなく it になることに注意。
(5) （マイクはあなたの友達ですか。―はい，そうです。）Is Mike 〜? とたずねられているので，Yes / No を使い，Mike を言いかえた he と is を使った答えを選ぶ。
(6) （トムとはだれですか。―彼は私の兄 [弟] です。）Who's [Who is] 〜? の疑問文には具体的に答える。

4 (1) Who is [Who's] he?
 (2) That is not [That isn't / That's not] my house.
 (3) Miho is a good tennis player.
 (4) Is this your bike?
 (5) You are not [You aren't / You're not] from Hokkaido.

〈解説〉
(1) (彼はケンタです。→彼はだれですか。) 人名をたずねるので疑問詞 who を使う。
(2) (あれは私の家です。→あれは私の家ではありません。) 否定文は be 動詞 is のあとに not を置く。短縮形を使ってもよい。
(3) (あなたはテニスがじょうずです。→ミホはテニスがじょうずです。) 主語の Miho は I, you 以外の1人の人なので, be 動詞は is にする。
(4) (これはあなたの自転車です。→これはあなたの自転車ですか。) 疑問文は is を主語の前に出し, 文の最後に？を置く。
(5) (私は北海道出身ではありません。→あなたは北海道出身ではありません。) 主語が you のときの be 動詞は are で, 否定文なので are not [aren't] とする。

5 (1) I'm   (2) he   (3) isn't
 (4) What's   (5) Who's

〈解説〉
(1) (あなたはスミスさんですか。—いいえ, ちがいます。) Are you ～? でたずねられているときの答えの文の主語には I を使う。空所が1つなので, I am の短縮形の I'm が入る。
(2) (ジョンはあなたの兄弟ですか。—はい, そうです。) 疑問文の主語 John が男性なので he で答える。
(3) (あの男の人はあなたのおじいさんですか。—いいえ, ちがいます。) No の答えなので, isn't が入る。isn't は is not の短縮形。
(4) (あれは何ですか。—それは教会です。)「教会」と答えているので,「何」とたずねるために what を使う。ここでは What is の短縮形 What's が入る。

(5) (あの女性はだれですか。—彼女は私の母です。)「私の母」と答えているので,「だれ」とたずねるために who を使う。ここでは Who is の短縮形 Who's が入る。

6 (1) I am Suzuki Masashi.
 (2) Are you from the U.S.?
 (3) What is this?

〈解説〉
(1)「ぼく[私]は～です」は I am ～. で表す。
(2)「あなたは～ですか」とたずねるときは, Are you ～? を用いる。「～出身の」は from ～で表す。文の最後に？をつけるのを忘れないこと。
(3)「これは何ですか」とたずねる疑問文は, what を文の最初に置いて, そのあとに is this? という疑問文の形を続ける。

7 (1) これは私の古い腕時計です。
 (2) クミは彼女の部屋にいません。
 (3) あれは[あちらは]タケシです。
 (4) あれは何ですか。—(それは)電車です。
 (5) 私の父は47歳です。
 (6) あなたはバスケットボールのファンではありません。

〈解説〉
(1) my + old + watch の語順で「私の古い腕時計」という意味になる。
(2) in her room は「彼女の部屋に」という場所を表す語句なので, ここの is は「いる」と訳す。
(3) That's は That is の短縮形。that は「あれは」の意味。
(4) What's は What is の短縮形。What is ～? は「～は何ですか」とたずねる疑問文。
(5) ～ year(s) old は「～歳」の意味を表す。
(6) aren't は are not の短縮形。be 動詞 are が not で打ち消されているので「～ではない」という意味の否定文。

8 (1) No, he isn't [he is not / he's not].
 (2) He is [He's] Mr. Brown.

(3) Yes, he is.

(4) Yes, he is.

〈解説〉

(1) (この男の人はグリーン先生ですか。―いいえ，ちがいます。) 絵の人物はブラウン先生 (Mr. Brown) なので，答えは No となる。he is not，または短縮形 he isn't / he's not を続ける。

(2) (彼はだれですか。―彼はブラウン先生です。)「だれ」とたずねる疑問文には，人物の名前などを答える。he を使ってたずねられているので，答えの文は He is [He's] ~．とする。

(3) (彼は数学の先生ですか。―はい，そうです。) 絵から数学の先生であることがわかるので，答えは Yes とする。Is he ~? でたずねられているので，he is で答える。

(4) (彼は教室にいますか。) 絵から教室にいるとわかるので，答えは Yes とする。Is he ~? でたずねられているので，he is で答える。

第2章 like, have の文 p.60〜62

1 (1) like　(2) live　(3) Do, do
(4) do　(5) don't

〈解説〉

(1) (私はテニスが好きです。) am は「~である」，like は「~が好きだ」という意味。

(2) (私は千葉に住んでいます。) have は「~を持っている」という意味なので，ここではあてはまらない。live は「住む，住んでいる」という意味。

(3) (あなたはサッカーをしますか。―はい，します。) You play soccer. のような一般動詞の文を疑問文にするときは，文の最初に Do を置く。答えの文では do を使うことに注意。

(4) (あなたは今日はあなたの友達と勉強しません。)「~しません」と否定するには〈主語＋ do not [don't] ＋一般動詞~．〉を使う。

(5) (私はコンピューターを持っていません。) 一般動詞 have の否定文なので，do not の短縮形の don't を選ぶ。

2 (1) エ　(2) ア　(3) イ
(4) ウ　(5) オ

〈解説〉

(1) (あなたはとうふが好きですか。―はい，好きです。) Do you ~? の疑問文には，Yes, I do. または No, I don't [do not]. で答える。

(2) (あなたは沖縄出身ですか。―いいえ，ちがいます。) Are you ~? の疑問文には，Yes, I am. または No, I'm not [I am not]. で答える。

(3) (あなたは夕食に何がほしいですか。―私はカレーライスがほしいです。) I want ~を使ってほしいものを答える。

(4) (あなたは夕食後に何をしますか。―私はテレビを見ます。) 答えとして適切なのは自分のすることを答えているウ。

(5) (これは何ですか。―それはコンピューターです。) What is this? には It's [It is] ~. の形で答える。

3 (1) I like baseball.
(2) I don't [do not] go to the library.
(3) Do you play the piano?
(4) What do you have?
(5) When do you play basketball?
(6) What do you want?

〈解説〉

(1) (私は野球のファンです。→私は野球が好きです。)「~のファンです」を「~が好きです」と書きかえる。

(2) (私は図書館へ行きます。→私は図書館へ行きません。)「行きません」という否定文にするときは，go の前に don't もしくは do not を置く。

(3) (あなたはピアノを弾きます。→あなたはピアノを弾きますか。) 疑問文への書きかえなので，You play ~. を Do you play ~? という形にする。play the piano は「ピアノを演奏する」。

(4) (あなたは新しいかばんを持っています。→あなたは何を持っていますか。)「何を」持っているかをたずねる疑問文にするので，what を文頭に置き，疑問文の形を続ける。

(5) (あなたは土曜日の午後にバスケットボールをしま

す。→あなたはいつバスケットボールをしますか。）「い
つ」とたずねる疑問文にするので，when を文頭に
置き，疑問文の形を続ける。

(6) （あなたは新しいくつがほしいです。→あなたは何が
ほしいですか。）「何がほしいか」をたずねる疑問文に
するので，What do you want ～? とする。

---

4 (1) I do (2) I don't (3) Where do

〈解説〉

(1) （あなたは日本の食べ物が好きですか。―はい，好
きです。）Do you ～? に対する Yes の答えは，
Yes, I do. とする。

(2) （あなたは納豆を毎日食べますか。―いいえ，食べ
ません。）Do you ～? に対する No の答えは，
No, I don't. とする。

(3) （あなたはどこに住んでいますか。―私は大阪に住
んでいます。）答えから，どこに住んでいるかをたず
ねる疑問文にするとわかる。where を文頭に置き，
疑問文の形を続ける。

---

5 (1) I play table tennis
  (2) Do you have a question?
  (3) I don't speak English
  (4) What do you have in your hand?
  (5) How do you go

〈解説〉

(1) 「卓球をする」は play table tennis と表す。〈主語
(I)＋動詞(play)＋目的語(table tennis) ～.〉の語
順になる。

(2) 「質問がある」は「質問を持っている」と考えて，
have a question と表す。日本文では省略されて
いるが，主語は「あなたは」の you。疑問文なので
Do you have ～? となる。

(3) 否定文なので，動詞の前に don't を入れる。「じょ
うずに英語を話す」は speak English well。

(4) 「何を持っていますか」という日本文なので，What
do you have ～? とする。

(5) 「どのように」をたずねる疑問文は how を文頭に置
き，疑問文の形を続ける。

---

6 (1) あなたはとてもよいギターを持っています。
  (2) あなたは誕生日に何がほしいですか。

〈解説〉

(1) You が主語の一般動詞の肯定文。a very good
guitar で「とてもよいギター」の意味。

(2) 〈What do you ＋一般動詞～?〉は「あなたは何を
～しますか」の文。for your birthday は「誕生日（の
ため）に」の意味。

---

7 (1) I play
  (2) Do, watch, I do
  (3) Do, play, I don't
  (4) What do you, have
  (5) don't know
  (6) What do, do, play
  (7) go to

〈解説〉

(1) 「ギターを弾く」は play the guitar。

(2) 疑問文なので〈Do ＋主語＋動詞～?〉。「テレビを見
る」は watch TV。「あなたは(you)」でたずねられ
たら，答えの文の主語は「私は(I)」になる。

(3) 疑問文なので〈Do ＋主語＋動詞～?〉。No の答えは，
No, I don't. となる。

(4) 「何を～しますか」とあるので，what を使って，〈What
do you ＋一般動詞～?〉の疑問文にする。

(5) 否定文なので，動詞の前に don't を置く。空所の
数から，do not は使えない。

(6) 「何を～しますか」とあるので what でたずねる疑問
文にする。疑問文の「～をする」という動詞は do を
使い，答えの文の「（テレビゲーム）をする」では動詞
は play を使う。

(7) 「公園へ行く」は go to the park。

---

8 (1) I have a sister.
  (2) I do not [don't] like math.
  (3) Do you like baseball?
  (4) You do not [don't] have time now.

〈解説〉

(1) 〈主語(I)＋動詞(have)＋目的語(a sister)〉の語順

で表す。

(2) 一般動詞の文の否定文は〈do not [don't] ＋一般動詞〉で表す。

(3) 「あなたは～が好きですか」は Do you like ～? と表す。

(4) 「時間がある」は「時間を持っている」と考える。You が主語の一般動詞の否定文は,〈You do not [don't] ＋一般動詞～.〉となる。

第3章 can の文 p.74～76

1 (1) Can　　(2) Can, Yes
(3) can buy　(4) Can you
(5) Can you, I cannot [can't]
(6) When can

〈解説〉

(1) (ユキは泳ぐことができますか。―いいえ, できません。) can't で答えているので, can を使って「～できますか」とたずねる疑問文にする。

(2) (あなたは日本語が話せますか。―はい, 話せます。) can で答えているので Can ～? の疑問文でたずねていて, 答えは Yes だとわかる。

(3) (どこでその本を買うことができますか。―あなたはそれをあの店で買うことができます。)「どこで～できるか」の疑問文には「…で～できる」と答える。「…で」(場所)が示されているので, 「～できる」の部分を補う。

(4) (私といっしょに来てくれませんか。―いいですよ。) Can you ～? は「あなたは～できますか」のほかに, 「～してくれませんか」と依頼する言い方にもなる。これに対して「いいですよ」は Sure. などと答える。

(5) (今私を手伝ってくれませんか。―ごめんなさい, 手伝えません。今忙しいのです。) Sorry, ～は「ごめんなさい, ～」と断るときに使う表現なので, 「～してくれませんか」と依頼する Can you ～? の文に対する答と考えられる。

(6) (彼はいつ来ることができますか。―彼は明日の朝来ることができます。) 返答で「明日の朝来ることができる」と言っているので, 「いつ」とたずねる when を使った疑問文にする。

2 (1) イ　(2) ア　(3) ウ　(4) イ

〈解説〉

(1) (あなたの姉[妹]は今晩パーティーに行くことができますか。―いいえ, 行けません。) Can ～? には Yes, ～ can. または No, ～ can't [cannot]. と答える。your sister は代名詞 she で受ける。

(2) (あなたは日本語であなたの名前を書くことができますか。―はい, できます。) Can you ～? には Yes, I can. または No, I can't [cannot]. と答える。

(3) (私の兄[弟]を手伝ってくれませんか。―わかりました。)「～してくれませんか」と依頼を表す Can you ～? に対して, 引き受ける際には All right. や Sure.「いいですよ。」などを使う。

(4) (あなたの辞書を使ってもいいですか。―はい, もちろんです。) ここの Can I ～? は「～してもいいですか」と相手に許可を求める文。これに対して「いいですよ」と許可するときは, Yes, of course. や Sure. などを使う。

3 (1)～(3) Yes, I can. もしくは No, I can't [cannot].

〈解説〉

質問はいずれも Can you ～?「あなたは～することができますか」とたずねている。することができれば Yes, I can. と, できなければ No, I can't [cannot]. と答える。

(1) (あなたは自転車に乗ることができますか。)

(2) (あなたはパンを焼くことができますか。)

(3) (あなたはハーモニカを吹くことができますか。)

4 (1) I can read Chinese.
(2) Can she sing this song?
(3) I can't [cannot] move the rock.
(4) When can he go home?
(5) Where can I see that blue bird?

〈解説〉

(1) (私は中国語を読みます。→私は中国語を読むことができます。)「～することができる」は〈can ＋動詞

の原形〉で表す。

(2) (彼女はこの歌を歌うことができます。→彼女はこの歌を歌うことができますか。)「～できますか」というcanの疑問文は，〈Can ＋主語＋動詞の原形～?〉の形にする。

(3) (私はその岩を動かすことができます。→私はその岩を動かすことができません。)「～できません」というcanの否定文は，〈主語＋ can't [cannot] ＋動詞の原形～.〉で表す。

(4) (彼は来週，家に帰ることができます。→彼はいつ家に帰ることができますか。) next week「来週」の部分をたずねるので，「いつ～」とたずねる文にする。when のあとに疑問文の形を続けて，〈When can ＋主語＋動詞の原形～?〉とする。

(5) (私は公園であの青い鳥を見ることができます。→私はどこであの青い鳥を見ることができますか。) 場所をたずねる文にする。〈Where can ＋主語＋動詞の原形～?〉の形にする。

---

5 (1) When can I see you
 (2) He can write a letter in French.
 (3) Can I use this bag?
 (4) Can you see that poster?
 (5) I can't talk to you

〈解説〉

(1) 「いつ～することができますか」とたずねるときは，疑問詞 when を文の最初に置き，〈When can ＋主語＋動詞の原形～?〉で表す。

(2) 「～することができる」と言うときは〈can ＋動詞の原形〉を使う。「手紙を書く」は write a letter，「フランス語で」は in French で表す。

(3) 「～してもいいですか」と相手に許可を求めるときは〈Can I ＋動詞の原形～?〉とする。

(4) 「～することができますか」とたずねるときは〈Can ＋主語＋動詞の原形～?〉とする。

(5) 「～できません」という否定文なので，〈主語＋can't ＋動詞の原形～.〉で表す。「～と話す」は talk to ～。

---

6 (1) can run (2) can't [cannot] use
 (3) Can I open (4) What can I

---

(5) I can't [cannot] read
(6) When can
(7) Can you read, Sure
(8) Can I

〈解説〉

(1) 「～することができる」は〈can ＋動詞の原形〉で表す。

(2) 「～することができない」は〈主語＋can't [cannot] ＋動詞の原形～.〉で表す。

(3) 「～してもいいですか」と相手に許可を求めるときは〈Can I ＋動詞の原形～?〉で表す。

(4) 「何が[を]」とたずねるときは疑問詞 what を文頭に置き，疑問文の形を続ける。

(5) can の否定文は〈主語＋ can't [cannot] ＋動詞の原形～.〉の形。「～を読む」は read。

(6) 「いつ」とたずねるときは疑問詞 when を文頭に置き，疑問文の形を続ける。

(7) 「～してくれませんか」と頼むときは Can you ～? とする。これに対して「いいですよ」と答えるときは，Sure. などとする。

(8) Can I speak to ～, please? は，電話で「～さんはいらっしゃいますか」と相手を呼び出すときの慣用表現。can の代わりに may も使える。

---

7 (1) Where can I see the movie?
 (2) Can [May] I use your pencil(s)?
 (3) Can you clean the kitchen?
 (4) I can't [cannot] ski.
 (5) Can you help me?

〈解説〉

(1) 場所をたずねる疑問詞 where を使い，〈Where can I ＋動詞の原形～?〉の形にする。「その映画を見る」は see the movie とする。

(2) 「(私は)～してもよいですか」は Can I ～? とする。May I ～? とするとよりていねいになる。

(3) 「～してくれませんか」と頼むときは Can you ～? とする。

(4) 「～できません」という否定文は〈主語＋ can't [cannot] ＋動詞の原形～.〉の形を使う。ski は1語で「スキーをする」という動詞。

(5) 「〜してくれませんか」と頼むときは Can you 〜?
とする。

第4章 命令文 p.85〜86

1 (1) stand (2) Don't
  (3) Be (4) Let's

〈解説〉

(1) (立ち上がってください。)「(どうぞ)〜してください」
と相手にややていねいに依頼する表現。〈Please
＋動詞の原形〜.〉とする。

(2) (この部屋では話をしてはいけません。)「〜しては
いけません」と禁止する文では，文の最初に Don't
[Do not] を置く。

(3) (気をつけなさい，ベッキー。) careful「注意深い」
は形容詞なので，be 動詞を使う。原形 be で始ま
る命令文にする。

(4) (いっしょに読みましょう。)「〜しましょう」と相手を
誘うときは，Let's 〜. を使う。

2 (1) Do your homework.
  (2) Don't eat these cookies.
  (3) Be quiet, Yuki.
  (4) Let's go to the cafe.

〈解説〉

(1) (あなたは宿題をします。→宿題をしなさい。)「〜し
なさい」という命令文は，主語を省略して，動詞の
原形で始める。この場合は動詞 Do「〜をする」で
始める。

(2) (あなたはこれらのクッキーを食べます。→これらの
クッキーを食べてはいけません。)「〜するな」と禁止
する文は，〈Don't ＋動詞の原形〜.〉で表す。

(3) (あなたは静かです，ユキ。→静かにしなさい，ユキ。)
be 動詞の are を，原形の be に変えて文の最初
に置く。

(4) (私たちはカフェに行きます。→カフェに行きましょ
う。)「〜しましょう」と相手を誘う文は，〈Let's ＋動
詞の原形〜.〉で表す。

3 (1) Clean your room

(2) Don't use this computer.
  (3) Let's talk about the problem.

〈解説〉

(1) 「〜を掃除しなさい」は Clean 〜. で表す。日本文の
「自分の部屋」とは，命令している相手 (you) の部屋
のことなので your を使って表す。

(2) 「〜してはいけません」と禁止する文なので，〈Don't
＋動詞の原形〜.〉という語順になる。

(3) 「〜しましょう」と相手を誘う文は，〈Let's ＋動詞の
原形〜.〉で表す。「〜について話す」は talk about 〜。

4 (1) 食べすぎてはいけません。
  (2) すぐに私に手紙を書いてください。
  (3) 公園で歩きましょう。
  (4) 怒らないでください。

〈解説〉

(1) Don't で始まっているので「〜してはいけません」
という禁止の文。eat too much は「あまりにたく
さん食べる→食べすぎる」の意味。

(2) please があるので「〜してください」というややて
いねいな依頼の表現。

(3) Let's があるので「〜しましょう」と誘う文。

(4) Please があるのでややていねいな依頼の表現。
あとに don't be 〜「〜であってはいけません」が続
いている。

5 (1) Close [Shut] (2) Come, please
  (3) Don't run (4) Please write, name
  (5) Don't speak (6) Let's not

〈解説〉

(1) 「閉めなさい」の意味を表すには，動詞の close ま
たは shut を文の最初に置く。

(2) 「〜してください」と依頼する文なので，命令文の直
後の「,」(コンマ) のあとに please を入れる。

(3) 「〜しないでください」は，〈Don't ＋動詞の原形〜.〉
に please をつけて表す。

(4) 「〜してください」の文は please を文の最初か最後
に置く。文の最後には空所がないので，please を
文の最初に置く。「あなたの名前を書く」は write

your name で表す。

(5) 「〜しないで」と禁止する文なので，文の最初にDon't を置く。そのあとに動詞の原形を続ける。

(6) 「〜しないでおこう」は Let's 〜. の否定形 Let's not 〜. で表す。

6 Let's go to the movies this afternoon.
— Yes, let's. Let's meet at the station at two (o'clock).

〈解説〉

「〜しようよ」と誘うときは〈Let's ＋動詞の原形〜.〉とする。誘われて「そうしよう」と答えるときは，Yes, let's. で表す。「〜で会う」は meet at 〜。

第5章 複数の文 p.101〜103

1 (1) pens　　(2) hands　　(3) dishes
　(4) brothers　(5) boxes　　(6) stories
　(7) leaves　　(8) men

〈解説〉

(1) （ペン）s をつける。

(2) （手）s をつける。

(3) （皿）語尾が sh なので，es をつける。

(4) （兄弟）s をつける。

(5) （箱）語尾が x なので，es をつける。

(6) （物語）語尾が〈子音字＋y〉なので，y を i に変えて es をつける。

(7) （葉）語尾が f なので，f を v に変えて es をつける。

(8) （男の人）man の複数形は men と不規則に変化する。

2 (1) This　　(2) they　　(3) friends
　(4) some　　(5) is　　　(6) is

〈解説〉

(1) （このえんぴつは短いです。）pencil が単数形なので，単数を表す This を選ぶ。

(2) （あれらは新しいですか。— はい，新しいです。）those は答えの文では they を使う。

(3) （私たちは仲のよい友達です。）主語が複数を表す we なので，複数形の friends を選ぶ。

(4) （私は何枚か絵［写真］を持っています。）pictures は複数形なので，「いくつかの」と複数を表す some を選ぶ。

(5) （テーブルの上にパンがあります。）主語が数えられない名詞の bread なので，is を選ぶ。

(6) （私たちの家は白いです。）主語の Our house は単数なので，is を選ぶ。「私たちの」の意味の Our があるが，「家」は house と単数形であることに注意する。

3 (1) イ　　(2) エ　　(3) オ
　(4) ア　　(5) ウ

〈解説〉

(1) （その生徒たちは日本語を勉強しますか。— いいえ，勉強しません。）Do the students 〜? とたずねられているので，答えの文の主語は they となる。一般動詞の問いには do または don't を使って答える。

(2) （これらはリンゴですか。— いいえ，ちがいます。）Are these 〜? とたずねられているので，答えの文の主語は they となる。be 動詞の疑問文には be 動詞を使って答える。

(3) （あなたは硬貨を持っていますか。— はい，持っています。）Do you 〜? とたずねられているので，答えの文の主語は I か we となる。一般動詞の疑問文に do を使って答えている Yes, I do. が正解。

(4) （あなたたちは兄弟ですか。— はい，そうです。）brothers が複数形なので主語の you も複数の「あなたたち」だとわかる。したがって答えの文の主語は we になる。

(5) （あなたはペットを何匹飼っていますか。— 2匹です。）〈how many ＋名詞の複数形〉を文の最初に置いて疑問文の形を続けると，「いくつの〜」とたずねる文になる。答えるときは具体的な数を答える。

4 (1) We are busy.
　(2) These are eggs.
　(3) We have two cats.
　(4) Are those planes? — Yes, they are.
　(5) I don't [do not] have any video games.

〈解説〉

(1) （私は忙しいです。→私たちは忙しいです。）I の複数形は we。主語が複数形になるので，be 動詞は am ではなく are にする。

(2) （これは卵です。→これらは卵です。）this の複数形は these。主語が複数形になるので，be 動詞は is を are に，an egg も複数形 eggs にする。

(3) （私たちは1匹のネコを飼っています。→私たちは2匹のネコを飼っています。）a が two になると，cat も単数形から複数形の cats になる。

(4) （あれらは飛行機です。→あれらは飛行機ですか。—はい，そうです。）疑問文にするには，be 動詞を主語の前に出せばよい。those は，答えの文では they とすることに注意する。

(5) （私はいくつかテレビゲームを持っています。→私はテレビゲームを1つも持っていません。）否定文では some は any に変える。

---

5 (1) We are not classmates.
(2) Are those books interesting?
(3) Do you know any good movies?
(4) I know some funny stories.
(5) How many children do you have?
(6) They do not live in this house.

〈解説〉

(1) 「～ではありません」なので are のあとに not を置く。

(2) 主語は「あれらの本」なので those books とする。疑問文なので〈be 動詞（Are）＋主語（those books）～?〉の語順。

(3) 「～を知っていますか」は Do you know ～? と表す。疑問文なので any good movies となる。

(4) 「いくつかのおもしろい話」は some funny stories で表す。

(5) 「お子さんは何人ですか。」は「子どもを何人持っていますか。」に置きかえて考える。〈how many ＋名詞の複数形〉を文の最初に置き，一般動詞の疑問文の形 do you have を続ける。

(6) 複数を表す代名詞が主語のとき，一般動詞の否定文は〈主語＋ do not［don't］＋一般動詞～.〉の形になる。

---

6 (1) 私はどのスポーツも好きではありません。
(2) あなたたちは歌がじょうずです［じょうずな歌手です］。
(3) 彼（女）らはあなた（たち）のクラスメイトですか。
(4) メアリーと私は姉妹ではありません。私たちは友達です。
(5) 公園に何人かの子どもたちが見えます。

〈解説〉

(1) any は否定文では「1つも～ない」の意味になる。ここでは「どの～も…ない」とする。

(2) singers と複数形なので主語の you も「あなたたち」と複数を表していることになる。

(3) Are they ～? は「彼（女）らは～ですか」。they は「彼らは，彼女らは」の意味。

(4) Mary and I は「メアリーと私」。We are ～.「私たちは～です」の We は Mary and I を言いかえたもの。

(5) see は「～が見える，～を見る」という意味の動詞。children は child「子ども」の複数形。

---

7 (1) Do they live   (2) any   (3) any
(4) no   (5) lot
(6) They speak English
(7) don't, tests   (8) two cups of
(9) are, students   (10) What are

〈解説〉

(1) 「彼らは」は they で表す。

(2) 「宿題が少しでも［いくらかでも］ありますか」と考えて，any homework で表す。

(3) 「1冊も読まない」は，not と any を使って don't read any ～と表す。

(4) 〈no ＋名詞〉で「少しも～ない」という意味になる。I don't have any money. と同じ意味。

(5) 「たくさんの～」はここでは空所の前後の語から a lot of ～で表すとわかる。fish はここでは複数形。

(6) 「英語を話す」は speak English で表す。

(7) 「1つも～ない」は not ～ any で表す。空所の数から，do not ではなく don't を使う。また，any のあとの「テスト」を複数形にするのを忘れないこと。

(8) 数えられない名詞の milk（牛乳）は，容器を表す語を使って数量を示すことができる。「〜をカップに2杯」は two cups of 〜となる。

(9) 主語は Tom and Mike で複数なので，be 動詞は are を使う。主語が複数なので，are のあとの名詞も複数形にする。

(10) 「あれら」は those で表す。

第6章 likes, has の文 p.113〜115

1 (1) looks (2) sings (3) makes
  (4) goes (5) studies (6) has
  (7) watches (8) sees

〈解説〉
(1) （見る）s をつける。
(2) （歌う）s をつける。
(3) （作る）s をつける。
(4) （行く）語尾が o なので es をつける。
(5) （勉強する）語尾が〈子音字＋ y〉なので y を i に変えて es をつける。
(6) （持っている）have は不規則に変化する。
(7) （見る）語尾が ch なので es をつける。
(8) （見る）s をつける。

2 (1) s (2) z (3) iz (4) z (5) s
  (6) s (7) z (8) z (9) z

〈解説〉
(1) [laiks ライクス]
(2) [pleiz プレイズ]
(3) [wɔ́ʃiz ワシィズ]
(4) [traiz トライズ]
(5) [meiks メイクス]
(6) [kuks クックス]
(7) [dʌz ダズ]
(8) [rʌnz ランズ]
(9) [swimz スウィムズ]

3 (1) speaks (2) Does, does
  (3) Do, do (4) doesn't sing (5) live

〈解説〉
(1) （ルーシーはじょうずに日本語を話します。）主語が3人称単数なので，動詞の語尾に s がつく。
(2) （彼は英語を勉強しますか。—いいえ，勉強しません。）主語が3人称単数なので，Does を選ぶ。答えの文でも does を使う。
(3) （ネコは魚が好きですか。—はい，好きです。）複数形の主語 cats には Do を用いる。答えの文でも do を使う。
(4) （ケンは英語の歌を歌いません。）主語が3人称単数の一般動詞の文を否定文にするときは，〈主語＋ does not [doesn't] ＋動詞の原形〜.〉とする。
(5) （私の友達はこの近くに住んでいます。）主語 My friends は複数形なので動詞は live とする。

4 (1) comes (2) has (3) live
  (4) doesn't (5) speak (6) means

〈解説〉
(1) （トムは毎朝私の家に来ます。）主語が3人称単数なので，動詞 come の語尾に s をつける。
(2) （彼には3人の子どもがいます。）have の3人称単数現在形は has。
(3) （ヤマダさんはこの市に住んでいますか。）主語が3人称単数の一般動詞の疑問文なので，動詞は原形のまま，変えなくてよい。
(4) （私の祖母は納豆を食べません。）主語が3人称単数なので，一般動詞の否定文では doesn't を使う。
(5) （私の両親は英語を話します。）主語の My parents は複数形なので，動詞は speak のまま。
(6) （その単語は何という意味ですか。—それは日本語で「親切な」という意味です。）主語 It は3人称単数なので，動詞は means となる。

5 (1) Yumi likes dogs.
  (2) Does she have a brother?
    — Yes, she does.
  (3) Does he have a lot of friends?
    — No, he doesn't [does not].
  (4) My father does not [doesn't] watch TV.
  (5) What does he want?

(6) My grandmother has two cats and a dog.

〈解説〉

(1) （私はイヌが好きです。→ユミはイヌが好きです。）主語が Yumi と3人称単数になるので，動詞の語尾に s がつく。

(2) （彼女には兄［弟］がいます。→彼女には兄［弟］はいますか。—はい，います。）主語が3人称単数の一般動詞の疑問文にする。〈Does ＋主語（she）＋動詞の原形〜?〉の形を使う。has の原形は have。Yes の答えは〈Yes, 主語（she）＋ does.〉となる。

(3) （彼にはたくさんの友達がいます。→彼にはたくさんの友達がいますか。—いいえ，いません。）主語が3人称単数の一般動詞の疑問文は，〈Does ＋主語（he）＋動詞の原形〜?〉の形にする。has の原形は have。No の答えは，〈No, 主語（he）＋ doesn't［does not］.〉の形。

(4) （私の父はテレビを見ます。→私の父はテレビを見ません。）主語が3人称単数の一般動詞の否定文は，does not［doesn't］を動詞の原形の前に置く。watches の es をとる。

(5) （彼は新しいシャツがほしいです。→彼は何がほしいですか。）「何が」ほしいかをたずねる疑問文になるので，〈What does ＋主語（he）＋動詞の原形〜?〉とする。wants は原形の want にする。

(6) （私たちはネコ2匹とイヌ1匹を飼っています。→私の祖母はネコ2匹とイヌ1匹を飼っています。）複数形の主語 We を3人称単数の主語 My grandmother に変えるので，動詞 have を has にする。

6 (1) He does not know you.
   (2) What does Kaito do on Saturdays?
   (3) Does your sister live in the U.S.?
   (4) My brother goes to school by bike.
   (5) How many books does she have?

〈解説〉

(1) 主語が3人称単数の一般動詞の否定文。

(2) 主語が3人称単数の一般動詞の what を使った疑問文。what のあとに疑問文の形を続ける。

(3) 主語が3人称単数の一般動詞の疑問文。

(4) 主語が3人称単数の一般動詞の肯定文。学校へ行く（goes to school）＋自転車で（by bike）の語順になる。

(5) 主語が3人称単数で，一般動詞を使って数をたずねる疑問文。How many books does 〜? という語順になる。

7 (1) She has a house
   (2) doesn't write
   (3) Does, like, she doesn't
   (4) What does he, He plays
   (5) teaches English
   (6) What does, eat [have]
   (7) does, have, He has

〈解説〉

(1) 主語が She で3人称単数なので，「持っている」は has で表す。

(2) 主語が Ken で3人称単数なので，一般動詞の否定文は doesn't を使う。

(3) 主語が3人称単数の一般動詞の疑問文なので，Does 〜? の形にする。動詞は原形を使う。No の答えは，No, she doesn't. となる。

(4) 主語が3人称単数なので，〈What does ＋主語（he）＋動詞の原形〜?〉の形にする。

(5) 主語の Ms. Green は3人称単数なので，teaches にする。

(6) 疑問詞 what のあとに，主語が3人称単数の一般動詞の疑問文の形を続ける。

(7) 「レン」は3人称単数なので，What does Ren 〜? という疑問文にする。have の3人称単数現在形は has。

8 (1) Ms. Miyata works at the hospital.
   (2) My father does not [doesn't] use this computer.
   (3) Taro knows her well.
   (4) Our town has two big [large] parks.
   (5) My school starts [begins] at eight thirty.

〈解説〉

(1) 主語が3人称単数の Ms. Miyata なので，動詞は works にする。

(2) 主語が3人称単数の一般動詞の否定文は，〈主語＋ does not [doesn't]＋動詞の原形～.〉で表す。

(3) 主語 Taro は3人称単数なので，動詞は knows とする。「よく」は well で表す。

(4) 「私たちの町は2つの大きな公園を持っています。」と考えて，our town「私たちの町」を主語にした文にする。

(5) 主語の My school は3人称単数なので，動詞には s がつき，starts [begins]となる。時刻を表す「～に」は at ～を使う。

第7章 代名詞 p.123～124

1 (1) them　(2) He　(3) her
(4) us　(5) me

〈解説〉

(1) （私は動物が好きです。あなたはそれらを好きですか。）動詞のあとにくる目的格の代名詞で，3人称複数を表すのは them。

(2) （こちらはケンタです。彼は私のクラスメイトです。）主語になる代名詞で，3人称単数・男性を表すのは he。

(3) （私には姉［妹］がいます。私は彼女がとても好きです。）目的格の代名詞で3人称単数・女性を表すのは her。

(4) （私たちは問題を抱えています。どうか私たちを助けてください。）目的格の代名詞で，1人称複数を表すのは us。

(5) （私には仲のよい友達がいます。彼は私をよく知っています。）目的格の代名詞で，1人称単数を表すのは me。

2 (1) They　(2) it　(3) his　(4) her

〈解説〉

(1) （空の星を見てください。それらは美しいです。）the stars（3人称複数）の代わりに使われ，主語になる

代名詞は they。

(2) （これはすてきな上着です。私はそれを気に入っています。）a nice jacket の代わりに使われ，目的語になる代名詞は it。

(3) （私には兄［弟］がいます。彼は毎日宿題をします。）3人称単数・男性の所有を表す代名詞は his。

(4) （グリーンさんはここに住んでいます。これは彼女の家です。）Ms. Green は女性なので，3人称単数・女性の所有を表す代名詞 her を使う。

3 (1) エ　(2) ア　(3) イ　(4) オ　(5) ウ

〈解説〉

1文目で使われている語句が，2文目で適切な代名詞で言いかえられており，意味が通るものを選ぶ。

(1) （これは日本についての本です。それはとてもおもしろいです。）a book を代名詞 It で言いかえたエが適切。

(2) （こちらはユミとリクです。彼らは日本出身です。）Yumi and Riku を代名詞 They で言いかえたアが適切。

(3) （私の母は音楽が好きです。彼女はピアノをうまく弾きます。）My mother を代名詞 She で言いかえたイが適切。

(4) （ボブと私はスポーツが好きです。私たちは野球をします。）Bob and I を代名詞 We で言いかえたオが適切。

(5) （ブラウン先生は英語を教えています。彼は私たちの先生です。）Mr. Brown を代名詞 He で言いかえたウが適切。

4 (1) イ　(2) エ　(3) ウ　(4) オ　(5) ア

〈解説〉

(1) （あなたは牛乳を飲みますか。―いいえ。私はそれが好きではありません。）milk を代名詞 it で言いかえたイが適切。

(2) （あれはあなたの自転車ですか。―いいえ。私のはこちらにあります。）「あなたの自転車ですか」とたずねられて，「私のは～」と答えているエが適切。この Mine は my bike の意味。

(3) （あなたはあの小さな女の子を知っていますか。―

はい。彼女はジェインの妹です。）that little girl を She で言いかえたウが適切。

(4) （これは私の席ですか。—はい。それはあなたのです。）「あなたのもの」を表す代名詞 yours を使ったオが適切。この yours は your seat の意味。

(5) （あなたはミホの兄弟を知っていますか。—はい。彼らは私の友達です。）Miho's brothers を They で言いかえたアが適切。

---

5 (1) The students wash their hands
(2) Please listen to me carefully.
(3) This is a present for him.

〈解説〉

(1) wash ~'s hands で「~の手を洗う」の意味。~'s のところに my や his などの所有を表す代名詞が入る場合もある。The students は3人称複数なので，所有を表す代名詞は their である。

(2) listen to ~で「（人の言うこと）を聞く」。前置詞 to のあとに目的格の代名詞 me がくる。

(3) 前置詞 for のあとに目的格の代名詞 him がくる。

---

6 (1) （あなたの）お時間をいただきありがとうございます。
(2) 私はマイクの姉妹を知りません。あなたは彼女たちを知っていますか。
(3) 東京はとても大きな都市です。毎年たくさんの人がそこを訪れます。

〈解説〉

(1) 面会のときなどに使われる表現。直訳すると，「あなたにあなたの時間のためにお礼を言う」。

(2) 2文目の them は1文目の Mike's sisters を指している。

(3) 2文目の it は1文目の Tokyo を指している。

---

7 (1) its name (2) my father's
(3) our room, yours (4) with them
(5) her hair

〈解説〉

(1) 「その名前」とは「この花の名前」の意味。3人称単数で所有を表す its「それの」が正解。

---

(2) 「私の父」は my father で，「私の父のもの」はそれに〈's〉をつけて my father's とする。

(3) 「私たちの部屋」は our room。「あなたたちの」は「あなたたちのもの」という意味で，yours で表す。

(4) 「~と」は前置詞 with で表す。前置詞のあとにくる代名詞は目的格を用いる。

(5) この文の「自分の髪」は「彼女の髪」のことなので，所有格の代名詞を使って her hair とする。

第8章 疑問詞で始まる疑問文　p.150～152

1 (1) How (2) How tall (3) How old
(4) How many (5) How (6) How often

〈解説〉

(1) （あなたはどのようにして歯医者に行きますか。—私は歯医者に自転車で行きます。）答えの文で by bike と手段を答えているので，「どのようにして」とたずねる How を入れる。

(2) （マイクの背の高さはどれくらいですか。—彼は170センチメートルです。）答えの文で身長を答えているので，背の高さをたずねる How tall を入れる。

(3) （あなたの姉[妹]は何歳ですか。—彼女は10歳です。）年齢を答えているので，何歳かをたずねる How old を入れる。

(4) （あなたは今日，いくつ授業がありますか。—6つの授業があります。）six classes と授業数を答えているので，「いくつの~」とたずねる How many を入れる。

(5) （あなたのお父さんはお元気ですか。—元気です。）He's fine. という答えから，健康状態をたずねる How is ~? の文にする。

(6) （あなたはどのくらいの頻度でおじいさんとおばあさんを訪ねますか。—そうですね，だいたい1か月に1度です。）about once a month と頻度を答えているので，回数・頻度をたずねる How often を入れる。

2 (1) ウ (2) ア (3) イ (4) ウ
(5) イ (6) ウ

〈解説〉

(1) （お元気ですか。―元気です，ありがとう。）「お元気ですか」とたずねる決まったあいさつの表現。「元気です，ありがとう」と答える Fine, thank you. のウを選ぶ。

(2) （ユキとはだれですか。―彼女は私の姉［妹］です。）who は「だれ」とたずねる疑問詞。だれなのかを答えている She is my sister. のアが正解。

(3) （天気はどうですか。―晴れです。）この how は「どんなぐあいで」と状態をたずねている。天気の状態を答えている It is sunny. のイを選ぶ。

(4) （私のぼうしはどこですか。―机の上です。）where で「どこに［で］」とたずねているので，場所を答えている表現を選ぶ。「机の上に」と場所を表しているウが正解。

(5) （チケットはいくらですか。―10ドルです。）How much is ～? で「～はいくらか」と値段をたずねているので，値段を答えているイを選ぶ。

(6) （今日は何月何日ですか。―5月5日です。）日付をたずねているので，日付を答えているウを選ぶ。

---

3 (1) How long is the rope?
  (2) What's [What is] the date today?
  (3) Who teaches science?
  (4) When's [When is] Emi's birthday?

〈解説〉

(1) （そのロープは11メートルの長さです。→そのロープはどのくらいの長さですか。）eleven meters long という長さをたずねるので，疑問文は how long を使う。

(2) （今日は10月23日です。→今日は何月何日ですか。）日付をたずねるときは，What is the date? とする。

(3) （サイトウ先生は理科を教えます。→だれが理科を教えますか。）「だれが～しますか」という主語をたずねる疑問文は〈Who ＋動詞～?〉で表す。who は3人称単数扱いなので，この文では動詞に es がついて teaches となる。

(4) （エミの誕生日は1月2日です。→エミの誕生日はいつですか。）「～ はいつですか」とたずねるには，

4 (1) Who plays the piano?
  (2) What time does he get up?
  (3) What is your favorite song?
  (4) How do you say "chikyu" in English?
  (5) What does your mother do?
  (6) Which train goes to Yokohama?
  (7) Where do you have lunch?
  (8) What do you have in your bag?
  (9) How is the weather in Sapporo today?

(1) 「だれが～しますか」と主語をたずねるときは who を主語にして，〈Who ＋動詞～?〉の形にする。動詞が3人称単数現在形になることに注意。「ピアノを弾く」は play the piano。

(2) 「何時に～しますか」とたずねるときは，What time のあとに一般動詞の疑問文の形を続ける。

(3) 「～は何ですか」とたずねるときは what を文の最初に置き，be 動詞の疑問文の形を続ける。

(4) 「英語で～は何と言いますか」は，how を使って How do you say ～ in English? で表す。

(5) 職業をたずねるときは動詞 do を使い，〈What do [does] ＋主語＋ do?〉とする。

(6) 「どちらの～，どの～」とたずねるときは〈Which ＋名詞〉の形にする。「どの電車」Which train を主語にした疑問文になるので，あとに動詞（goes）を続ける。

(7) 「どこで」とたずねるときは where を文頭に置いて疑問文の形を続ける。

(8) 「何を」とたずねるときは what を文頭に置いて疑問文の形を続ける。

(9) 状態・様子をたずねる how を用いた文。How is [How's] the weather in ～?「～の天気はどうですか」はよく使われる表現なので覚える。

---

5 (1) What time   (2) What sport(s)
  (3) Whose book, hers   (4) Which, or
  (5) Which is, one [car], mine
  (6) Why do, Because

〈解説〉

(1) 「何時〜」と時刻をたずねる What time を入れる。

(2) 「何の〜，どんな〜」とたずねる表現。〈what ＋名詞〉で表す。ここではどんなスポーツかをたずねているので What sport(s) を入れる。

(3) 「だれの〜」とたずねるときは，whose を使う。「…はだれの〜ですか」というときは，〈Whose ＋名詞＋ is［are］＋主語?〉となるので，ここで入れるのは Whose book。答えでは hers「彼女のもの」を使う。

(4) 「A と B ではどちらが好きですか」とたずねるときは Which 〜, A or B? の形を使う。

(5) 「どちら」は which で表す。「あの赤いの」は「あの赤い自動車」のことで，that red one または that red car で表す。この one は，前に出た名詞のくり返しをさけるために使う代名詞で，「もの」という意味である。

(6) 「なぜ」と理由をたずねるときは why を文頭に置き，疑問文の形を続ける。理由を答えるときは〈Because ＋主語＋動詞〜.〉とする。

6 (1) How high is Mt. Fuji?
  (2) Why does Kumi like this movie?
  (3) How much is this bag?
  (4) What day is it today? [What day is today? / What day of the week is it today?]

〈解説〉

(1) 山について「〜はどれくらいの高さですか」とたずねる疑問文は，How high 〜? の形にする。

(2) 「なぜ」と理由をたずねるときは疑問詞 why を文頭に置き，疑問文の形を続ける。

(3) 値段をたずねるときは How much is［are］〜? とする。

(4) 曜日をたずねるときは What day is it today? を使う。

7 (1) How about this camera?
  (2) What do you do on the weekend(s)?

〈解説〉

(1) 「〜はどうですか」と勧めたり提案したりするときは

How about 〜? と言う。

(2) 「あなたは何をしますか」は What do you do? で表す。「週末に」は，前置詞 on を使い，on the weekend(s) とする。

第9章 現在進行形の文 p.162〜164

1 (1) going   (2) doing   (3) swimming
  (4) studying (5) taking   (6) speaking

〈解説〉

(1) （私は学校に行くところです。）be 動詞 am があるので，〈be 動詞＋動詞の ing 形〉の現在進行形の文にする。

(2) （ケンは宿題をしているところです。）do を ing 形の doing にして現在進行形の文にする。

(3) （彼らはプールで泳いでいるところです。）swim は〈短母音＋子音字〉で終わる動詞なので，ing 形にするときは，m を重ねて ing をつける。

(4) （あなたは数学を勉強していますか。）study を ing 形にして現在進行形の疑問文にする。

(5) （だれがシャワーを浴びているのですか。）take の ing 形は e をとって ing をつける。

(6) （彼は日本語を話していません。）現在進行形の否定文は〈主語＋ be 動詞＋ not ＋動詞の ing 形〜.〉の形。speak に ing をつける。

2 (1) is washing   (2) isn't making
  (3) aren't eating (4) Are, looking

〈解説〉

(1) （ユミは皿を洗います。→ユミは皿を洗っているところです。）現在進行形は〈be 動詞＋動詞の ing 形〉で表す。ing 形は動詞の原形につけることに注意する。

(2) （私の姉［妹］はケーキを作りません。→私の姉［妹］はケーキを作っていません。）現在進行形の否定文は〈主語＋ be 動詞＋ not ＋動詞の ing 形〜.〉で表す。make の ing 形は making。

(3) （彼らは朝食を食べません。→彼らは朝食を食べていません。）ここでは空所の数から，短縮形 aren't を使う。

(4) （あなたは彼を見ますか。→あなたは彼を見ていますか。）現在進行形の疑問文は〈be 動詞＋主語＋動詞の ing 形～?〉で表す。

3 (1) ウ　(2) イ　(3) エ　(4) ア

〈解説〉

(1) （ケイトは勉強しているところですか。―いいえ，勉強していません。）現在進行形の疑問文。Is Kate ～? の疑問文には，Yes, she is. または No, she's not [she isn't / she is not]. と答える。

(2) （彼女はピアノを弾きますか。―はい，弾きます。）現在形の疑問文。Does she ～? の疑問文には，Yes, she does. または No, she doesn't. と答える。

(3) （だれが踊っていますか。―私の母です。）「だれが～していますか」には，答えの人を主語にして〈主語＋be 動詞.〉の形で答える。

(4) （彼女は何をしていますか。―彼女は踊っています。）「～は何をしているところですか」には，今していることを現在進行形で答える。

4 (1) You are [You're] using my dictionary.
  (2) Is she talking with her friend?
  (3) Jim is not [isn't] playing baseball.
  (4) Where are they running?
  (5) Who is [Who's] playing the piano?
  (6) What is [What's] she doing now?

〈解説〉

(1) （あなたは私の辞書を使います。→あなたは私の辞書を使っています。）現在進行形の文は〈be 動詞＋動詞の ing 形〉で表す。主語が You なので be 動詞は are を使う。use は using とする。

(2) （彼女は友達と話しているところです。→彼女は友達と話しているところですか。）現在進行形の疑問文は〈be 動詞＋主語＋動詞の ing 形～?〉で表す。

(3) （ジムは野球をしているところです。→ジムは野球をしているところではありません。）現在進行形の否定文は〈主語＋be 動詞＋not ＋動詞の ing 形～.〉で表す。

(4) （彼らは公園で走っています。→彼らはどこで走って

いますか。）場所をたずねる疑問文にするので，疑問詞 where を文の最初に置き，〈Where + be 動詞＋主語＋動詞の ing 形～?〉で表す。

(5) （ジムはピアノを弾いているところです。→だれがピアノを弾いていますか。）主語をたずねる疑問文にするので，疑問詞 who を文の最初に置き，〈Who is ＋動詞の ing 形～?〉で表す。

(6) （彼女は今英語を勉強しているところです。→彼女は今何をしているところですか。）「英語を勉強している」という動作をたずねる疑問文にするので〈What + be 動詞＋主語＋ doing?〉で表す。

5 (1) They are not playing basketball.
  (2) We are looking for Aya.
  (3) Who is riding a bike?
  (4) What are you listening to?

〈解説〉

(1) 現在進行形の否定文は〈主語＋ be 動詞＋ not ＋動詞の ing 形～.〉で表す。

(2) 現在進行形の文。〈be 動詞＋動詞の ing 形〉で表す。

(3) 「だれが～していますか」とたずねる現在進行形の疑問文は，〈Who is ＋動詞の ing 形～?〉で表す。

(4) 「何を」とたずねるときは what で文を始め，あとに現在進行形の疑問文の形を続ける。

6 (1) isn't singing　(2) watch
  (3) is, doing　(4) Do, have

〈解説〉

(1) 「～していません」は，現在進行形の否定文〈主語＋ be 動詞＋ not ＋動詞の ing 形～.〉で表す。空所の数から，is not の短縮形の isn't を使うとわかる。

(2) 「毎日～します」と現在の習慣を表すので，現在形の文にする。

(3) 疑問詞のある現在進行形の疑問文。疑問詞 what のあとに疑問文の形を続ける。

(4) この文の have は「飼っている」という継続的な状態を表しているので，現在進行形の文にはしない。Do を使った一般動詞の疑問文にする。

7 (1) They are [They're] playing baseball in

the park.
(2) What is [What's] your mother doing there?
(3) Maki is sleeping now.
(4) Who is [Who's] playing the guitar?
(5) I am [I'm] not writing a letter [letters].

〈解説〉
(1) 「彼らは〜しているところです」は現在進行形を使い，They are 〜ing. で表す。
(2) 疑問詞 what を文頭に置く。「〜する」は do で表し，What is your mother doing? とする。
(3) 「今，眠っています」とあるので，現在進行形の文にする。
(4) 「だれが〜していますか」と主語をたずねる現在進行形の疑問文は，who を主語にして〈Who is ＋動詞の ing 形〜?〉で表す。
(5) 「〜しているのではありません」とあるので，現在進行形の否定文〈主語＋ be 動詞＋ not ＋動詞の ing 形〜.〉の形にする。

8 (1) Mika is singing.
(2) Mika is cleaning the floor.
(3) Mika is not [isn't] watching TV.
(4) Mika is wearing a skirt.
(5) Mika is not [isn't] eating an apple.

〈解説〉
(1) （ミカは歌っています。）動詞 sing に ing をつけて〈be 動詞＋動詞の ing 形〉で表す。
(2) （ミカは床を掃除しています。）動詞 clean に ing をつけて〈be 動詞＋動詞の ing 形〉で表す。
(3) （ミカはテレビを見ていません。）否定文なので be 動詞 is のあとに not を入れる。動詞 watch に ing をつける。
(4) （ミカはスカートをはいています。）動詞 wear に ing をつけて〈be 動詞＋動詞の ing 形〉で表す。
(5) （ミカはリンゴを食べていません。）否定文なので be 動詞 is のあとに not を入れる。動詞 eat に ing をつける。

第10章 過去の文 p.185〜187

1 (1) liked　(2) enjoyed　(3) studied
(4) dropped　(5) did　(6) had
(7) went　(8) was [were]　(9) bought
(10) read　(11) ate　(12) took
(13) saw　(14) won　(15) said
(16) made

〈解説〉
(1) e で終わる語は d をつける。
(2) ed をつける。
(3) 〈子音字＋ y〉で終わる語は y を i に変えて ed をつける。
(4) 〈短母音＋子音字〉で終わる語は最後の子音字を重ねて ed をつける。
(5)〜(7) 不規則に変化する動詞。
(8) be 動詞の過去形は2つある。
(9) 不規則に変化する動詞。
(10) read「読む」の過去形は，形は変わらないが発音が [red レッド] となることに注意する。
(11)〜(14) 不規則に変化する動詞。
(15) said の発音 [sed セッド] に注意する。
(16) 不規則に変化する動詞。

2 (1) watching　(2) lost　(3) sold
(4) was　(5) grow

〈解説〉
(1)〜(5)はいずれも過去の文。last 〜「この前の〜，昨〜」や yesterday などの語句から判断できる。
(1) （私たちは昨日の8時にテレビを見ていました。）前に were があるので，過去進行形〈were＋動詞の ing 形〉の形にする。
(2) （ミホはこの前の土曜日にテニスの試合で負けました。）lose「〜に負ける」は不規則動詞で過去形は lost となる。
(3) （おじは昨年，車を売りました。）sell「〜を売る」は不規則動詞で過去形は sold となる。
(4) （昨年の夏はとても暑かったです。）It は天候を表す文の主語。主語が it のときの be 動詞の過去形は

was。

(5) （彼らはいっしょに育ったのですか。）Did で始まる疑問文〈Did ＋主語＋動詞の原形〜?〉「〜しましたか」の形なので，動詞は原形のままでよい。

〈解説〉

(1) （あなたのお母さんは賛成しましたか。―はい，賛成しました。でも父は反対しました。）一般動詞の過去の疑問文〈Did ＋主語＋動詞の原形〜?〉には，did を使って〈Yes，主語＋ did. / No，主語＋ didn't.〉のように答える。

(2) （あなたが最初にジェインに会ったのはいつですか。―私は彼女にだいたい1年前に会いました。）「いつ会ったか」を答えたウが正解。

(3) （彼らは午後何をしましたか。―彼らは公園でサッカーをしました。）行ったことを答えたイが正解。

(4) （私のカップを壊したのはだれですか。―私です。ごめんなさい。）「だれが〜しましたか」と疑問詞 who を使って動作の主語をたずねた過去の疑問文。人物を答えたアが正解。

(5) （あなたのカギはどこにありましたか。―それは私のベッドの下にありました。）カギのあった場所を答えたエが正解。

〈解説〉

(1) （タロウは私にメッセージを残しました。→タロウは私にメッセージを残しませんでした。）一般動詞の過去の否定文は〈did not [didn't]＋動詞の原形〜〉で表す。left の原形は leave。

(2) （私は昨晩，風呂に入りました。→私は昨晩の9時に風呂に入っていました。）主語が I のときの過去進

行形は〈was＋動詞の ing 形〉の形。took の原形は take で，ing 形は e をとって taking となることに注意。

(3) （彼は毎日，自転車で学校へ行きます。→彼は昨日，自転車で学校へ行きました。）一般動詞の過去の文は動詞 goes を過去形 went にする。

(4) （あなたたちは音楽室で歌っていました。→あなたたちは音楽室で歌っていましたか。）過去進行形の疑問文にするので，〈Were you＋動詞の ing 形〜?〉の形で表す。

(5) （あなたは少し前にキッチンにいました。→あなたは少し前にキッチンにいましたか。）疑問文にするので，Were you 〜? とする。

(6) （シホはスーパーマーケットで牛乳を買いました。→シホはスーパーマーケットで何を買いましたか。）「何を買ったか」をたずねるので，疑問詞 what に一般動詞の過去の疑問文の形を続ける。

〈解説〉

(1) 「何を〜していましたか」を表す過去進行形の疑問文にする。what を文の最初に置き，あとに過去進行形の疑問文の形を続ける。

(2) 「〜しなかった」という一般動詞の過去の否定文は〈didn't [did not]＋動詞の原形〜〉で表す。

(3) 「〜はいつでしたか」という be 動詞の過去の疑問文にする。〈When was ＋主語〜?〉で表す。

(4) 「〜 だった 」という be 動詞の過去の文は was [were]を用いて表す。

(5) 「〜していなかった」という過去進行形の否定文は〈was [were] not ＋動詞の ing 形〉で表す。

(1) be 動詞の過去形 was は「～だった」と過去の状態を表している。

(2) 一般動詞の過去の文。had は have「～を持っている，～を過ごす」の過去形。

(3) were not ～は「～ではなかった」を表す。happy about ～は「～に満足して」という意味。

(4) 〈Who was +主語～?〉は「だれが～でしたか」と主語をたずねる be 動詞の過去の文。be on the phone は「電話をかけてきている，電話に出ている」という意味。

---

7 (1) What did, say　(2) Was, it was
(3) was not, was sleeping
(4) Did, help, Yes, did

〈解説〉

(1) 「何を～しましたか」は〈What did +主語+動詞の原形～?〉で表す。

(2) 「～でしたか」は，be 動詞の過去の疑問文〈Was [Were] +主語～?〉で表す。the examination は単数なので be 動詞は was。Yes で答えるときは〈Yes, 主語+ was.〉とするが，主語には the examination を言いかえた代名詞 it を用いる。

(3) 最初の文は「～していなかった」を過去進行形の否定文〈was [were] not +動詞の ing 形〉で表す。2つ目の文は肯定文なので〈was [were] +動詞の ing 形〉となる。

(4) 一般動詞の過去の疑問文は〈Did +主語+動詞の原形～?〉となる。答えの文は「はい」なので Yes, I did. となる。

---

8 (1) She wrote a letter to her grandparents last week. [She wrote to her grandparents last week.]
(2) We were very busy last Sunday.
(3) Where did you buy this shirt?
(4) What was he doing there?

〈解説〉

(1) 「～した」を一般動詞の過去の文で表す。「～に手紙を書く」は write a letter to ～または write to ～

とする。

(2) 「忙しかった」と過去の状態を表す文なので〈be 動詞の過去形+形容詞〉で表す。be 動詞は主語 we に合わせて were を用いる。

(3) 「どこで～しましたか」という疑問文なので，〈Where did +主語+動詞の原形～?〉で表す。

(4) 「何をしていたか」は〈What was [were] +主語+動詞の ing 形～?〉の語順で表す。

第11章 There is ～. の文　p.201～202

---

1 (1) is　(2) is　(3) Is
(4) are　(5) Are　(6) are

〈解説〉

(1) （郵便局の隣に書店があります。）a bookstore と単数なので is が入る。

(2) （グラスの中には水がありません。）water は数えられない名詞で単数扱いをするので，be 動詞は is になる。is no ～は否定を表す。

(3) （冷蔵庫にオレンジジュースはありますか。）orange juice は数えられない名詞で単数扱いをするので，is を用いる。fridge は「冷蔵庫」。

(4) （このあたりには子どもはいません。）kids「子どもたち」が複数なので are が入る。

(5) （ほかにアイデアはありますか。）ideas が複数なので are が入る。疑問文は be 動詞を前に出す。

(6) （ホールにはとてもたくさんの人がいます。）people は複数扱いをする語なので，are が入る。

---

2 (1) There were two movie theaters in my town.
(2) Are there summer programs for children under five?
(3) There was a notebook on the table.
(4) There was not [wasn't] enough food for four people.
(5) How many books are there on the shelf?

〈解説〉

(1) （私の町には1軒の映画館がありました。→私の町

には2軒の映画館がありました。)〈There + be 動詞～.〉の～に入る名詞が複数形になるので be 動詞を were にする。
(2) (5歳以下の子ども向けの夏のプログラムがあります。→5歳以下の子ども向けの夏のプログラムはありますか。) 疑問文は，are を主語の前に出して〈be 動詞 + there + 名詞～?〉の形にする。
(3) (テーブルの上にノートがあります。→テーブルの上にノートがありました。) 過去の文にするので，is を was にする。
(4) (4人に十分な食べ物がありました。→4人に十分な食べ物はありませんでした。) 否定文なので was を was not [wasn't] にする。enough food for ～は「～に十分な食べ物」の意味。
(5) (棚には20冊の本があります。→棚には何冊の本がありますか。) 数をたずねるときは，〈How many + 名詞の複数形 + are there?〉とする。

3 (1) There is a piano lesson after school.
  (2) There aren't any photos on the wall.

〈解説〉
(1) 〈There + be 動詞～.〉の形で「～があります」を表す。時を表す「放課後に」を文末に置く。
(2) There aren't ～. で複数形のものがないことを表す。any は「1つも，少しも」の意味。

4 (1) 家の中に人は1人もいませんでした。
  (2) 私たちの将来には希望があるでしょうか。
  (3) 生徒からいくつか質問がありました。
  (4) よい時もあれば悪い時もあります。
  (5) 袋の中にあまり砂糖はありませんでした。

〈解説〉
(1) be 動詞 were から過去の文だとわかる。no ～は否定文の意味になる。
(2) be 動詞 is が前に出た疑問文。〈There + be 動詞～.〉は抽象的な事柄を表すときにも使われる。
(3) be 動詞 were から過去の文だとわかる。some は「いくつかの，いくらかの」の意味。
(4) この文の time は「時代，時勢」といった意味で，数えられる名詞。

(5) wasn't は was not の短縮形。not much ～は「あまり～がない」。

5 (1) isn't   (2) There are
  (3) no way   (4) Is there

〈解説〉
(1) この文の time は数えられない名詞で単数扱い。be 動詞は is を用いる。否定文なので isn't とする。
(2) a few books は複数形なので，be 動詞は are となる。
(3) 「道は一本もない」と否定の意味を強調する文。空所の数から，There is no ～. の形で表す。
(4) coffee は数えられない名詞で単数扱いをする。疑問文は be 動詞 is を there の前に出す。

6 (1) There was a soccer game yesterday.
  (2) Are there (any) questions? [Is there a question?]
  (3) How many people are there on the earth?

〈解説〉
(1) 「～がありました」を〈There + be 動詞～.〉の be 動詞を過去形にして表す。
(2) 「～はありますか」を〈be 動詞 + there + 名詞?〉で表す。話し手が複数の質問を想定していれば複数形を，そうでなければ単数形を用いて表す。
(3) 「何人の人がいますか」は How many people are there～? で表す。people は複数扱いをする名詞なので，be 動詞は are を用いる。

1 (1) is (2) are (3) am (4) Are
(5) Will (6) aren't (7) will

〈解説〉
未来の文は〈be going to ＋動詞の原形〉や〈will ＋動詞の原形〉で表す。be going to の be 動詞は主語に応じて使い分けること。

(1) （タロウは私たちを手伝ってくれるつもりです。）主語が3人称単数なので is が正解。
(2) （女の子たちはサトウ先生の家で勉強する予定です。）主語が複数形なので，are が正解。
(3) （私は学校に遅刻しそうです。）主語が I なので am が正解。近い未来の予測を表す文。
(4) （あなたはパーティーを開く予定ですか。）あとに〈主語＋ going to ＋動詞の原形〉があるので，be 動詞を選ぶ。
(5) （私のためにドアを開けてくれませんか。）あとに動詞の原形があるので will を使った疑問文になる。〈Will you ＋動詞の原形〜?〉で「〜してくれませんか」と相手に依頼することができる。
(6) （彼らは同意しないでしょう。）あとに〈going to ＋動詞の原形〉があるので，be 動詞の否定形を選ぶ。
(7) （彼女は元気になるでしょう。）will が正解。他の選択肢では She is going to という正しい形にならない。

2 (1) I will [am going to] bring my lunch tomorrow.
(2) Miho is going to be busy today.
(3) They will not [won't] be back tomorrow.
(4) Are they going to buy a lot of food?
(5) Will the test be easy?
(6) Hana will [is going to] be at home in an hour.
(7) How long is she going to stay with us?
(8) What will he do after lunch?

〈解説〉
(1) （私は毎日，昼食を持ってきます。→私は明日，昼食を持ってくる予定です。）〈be going to ＋動詞の原形〉でも〈will ＋動詞の原形〉でも表せる。
(2) （彼らは今日，忙しくなるでしょう。→ミホは今日，忙しくなるでしょう。）主語が3人称単数になるので，be 動詞は is になる。
(3) （彼らは明日,戻ってくるでしょう。→彼らは明日,戻ってこないでしょう。）〈will not ＋動詞の原形〉の形にする。
(4) （彼らはたくさんの食べ物を買うつもりです。→彼らはたくさんの食べ物を買うつもりですか。）〈be going to ＋動詞の原形〉の疑問文は，be 動詞を主語の前に出す。
(5) （そのテストはやさしいでしょう。→そのテストはやさしいでしょうか。）will の疑問文は will を主語の前に出す。
(6) （ハナは今，家にいます。→ハナは1時間後に家にいるでしょう。）〈be going to ＋動詞の原形〉か〈will ＋動詞の原形〉の文にする。in an hour は「1時間後に」の意味。
(7) （彼女は1週間，私たちのところに滞在する予定です。→彼女はどのくらいの間，私たちのところに滞在する予定ですか。）期間をたずねる疑問文にするので how long を文頭に置き，そのあとに疑問文の形を続ける。
(8) （彼は昼食のあと散歩に行くでしょう。→彼は昼食のあと何をするでしょうか。）「何をするか」とたずねる文にする。what を文頭に置き，〈will ＋主語＋動詞の原形〜?〉を続ける。

3 (1) Are you going to tell the truth?
(2) How long are you going to be away?
(3) We will wait for you tomorrow morning.

〈解説〉
(1) 〈be 動詞＋主語＋ going to ＋動詞の原形〜?〉という疑問文の語順にする。
(2) 期間をたずねる how long を文頭に置き，疑問文の形を続ける。
(3) 未来の意志を表す will の肯定文なので，〈主語＋ will ＋動詞の原形〉の語順にする。

4 (1) エ　　(2) ウ　　(3) ア
　(4) オ　　(5) イ

〈解説〉
(1) (彼らはそこにどれくらい滞在するでしょうか。—2
　　週間だと思います。) how long は期間をたずねる
　　疑問詞なので，For ~. で期間を答えているエが正
　　解。
(2) (私の宿題を手伝ってくれますか。—ごめんなさい，
　　できません。私は忙しいんです。)〈Will you ＋動詞
　　の原形~?〉で「~してくれますか」と相手に依頼す
　　る意味を表すことがある。謝って断っているウが正
　　解。
(3) (彼は私のことを怒るでしょうか。—いいえ，彼はあ
　　なたの手助けに感謝するでしょう。) Will he ~? の
　　疑問文なので，No で答えているアが正解。
(4) (あなたは何時に帰ってきますか。—確かではあり
　　ません。たぶん5時です。) What time で時間をた
　　ずねていることに注意。
(5) (あなたは今晩，何をするつもりですか。—私は映
　　画を見るつもりです。)〈be going to ＋動詞の原形〉
　　で予定を表す。

5 (1) 彼女は今度の日曜日はひまではありません。
　(2) 私は明日，姉[妹]のために誕生日プレゼントを
　　　買います。
　(3) あなたは今日の午後，友達を訪ねるつもりです
　　　か。

〈解説〉
(1)〈be going to ＋動詞の原形〉で予定を表す。ここ
　　では否定文になっている。
(2) I'll は I will の短縮形。〈will ＋動詞の原形〉で「~
　　するつもりだ」と話し手の意志を表している。
(3)〈be 動詞＋主語＋ going to ＋動詞の原形~?〉で
　　「~するつもりですか」と相手の予定をたずねる。

6 (1) When will　　(2) won't
　(3) I will be　　(4) Is, going to
　(5) What is she　(6) is going to
　(7) Will you

〈解説〉
(1)「いつ」なので疑問詞 when を文頭に置き，will の
　　疑問文を続ける。
(2)「~ならないだろう」という予想を表しているので，
　　will の否定形が入る。空所の数から will not の短
　　縮形 won't を使う。
(3)「(将来)~になる」は〈will ＋動詞の原形〉で表す。
(4)「~するつもりですか」なので，〈be 動詞＋主語＋
　　going to ＋動詞の原形~?〉の形にする。
(5)「何を」なので what を文頭に置き，〈be 動詞＋主
　　語＋ going to ＋動詞の原形~?〉を続ける。
(6) 未来の予想を述べている。空所の数から〈be
　　going to ＋動詞の原形〉を使う。
(7)「~してもらえますか」は，相手に依頼する表現〈Will
　　you ＋動詞の原形~?〉で表す。

7 (1) It is [It's] going to rain this afternoon.
　(2) I won't [I'm not going to] give up.
　(3) We won't [We're not going to] forget
　　　you.
　(4) I'll help you.
　(5) What will you [What are you going to]
　　　wear to the party?
　(6) I'll call you tonight.

〈解説〉
(1) 状況から判断してそうなることが確実だと思われる
　　場合は，〈be going to ＋動詞の原形〉で表す。天
　　候を表す文の主語は it を使う。
(2)(3)〈will ＋動詞の原形〉でも，〈be going to ＋動詞
　　の原形〉の形で表してもよい。
(4) その場で決めた話し手(I)の意志は〈will ＋動詞の原
　　形〉で表す。
(5)「何を」なので what のあとに〈be 動詞＋主語＋
　　going to ＋動詞の原形~?〉か，〈will ＋主語＋動
　　詞の原形~?〉を続ける。
(6) その場で決めた話し手(I)の意志は〈will ＋動詞の原
　　形〉で表す。

1 (1) and (2) or (3) but
　(4) so (5) and

〈解説〉
(1) 「～と…」は and を使って表す。
(2) 「～か…」「それとも」の意味で，2つのうちのどちらかを選ぶときは or を使う。
(3) 「～しかし…」と対立する内容を結ぶときは but を使う。
(4) 理由・結果を表して「～だから…」「～なので…」と言うときは so を使う。
(5) 「そして」の意味で文と文を結びつけるときには and を使う。

2 (1) ア (2) エ (3) ウ

〈解説〉
(1) （スミスさんは日本語を話さないので，私は彼にそれを教えます。）so「～だから…」の意味で，前の文と後ろの文がつながるのはア。
(2) （こちらはマークで，そしてあちらは彼のお兄［弟］さんです。）続く文の中に his (= Mark's) があることに注目。
(3) （彼はテニスが好きですが，私はそれが好きではありません。）but「～しかし…」と，前の文と対立する内容が続く組み合わせになるのはウ。

3 (1) Is he a student or a teacher?
　(2) I drink coffee(,) and my brother drinks tea.
　(3) I don't like science(,) but I like English.
　(4) We're a little late, so let's hurry.

〈解説〉
(1) （彼は生徒ですか，それとも先生ですか。）a student or a teacher と or で語句と語句を結ぶ。
(2) （私はコーヒーを飲み，そして兄［弟］はお茶を飲みます。）and「～そして…」で文と文を結ぶ。
(3) （私は理科が好きではありませんが，英語は好きです。）「～だが…」の意味の but で文と文を結ぶ。
(4) （私たちは少し遅れているので急ぎましょう。）so は「～だから…」という理由・結果を表す接続詞。a

little は程度を表して「少し」。Let's ～. は「～しましょう」。

4 (1) Is this a dog or a cat?
　(2) Tom is old, but he runs fast.
　(3) She speaks slowly and carefully.
　(4) It's hot today, so let's go to the sea.

〈解説〉
(1) 「～か…」と選択を表す接続詞 or を補う。
(2) 「～だが…」の意味を表す接続詞 but を補う。
(3) 接続詞 and は文中で同じ働きをする語句を結ぶ。ここでは slowly「ゆっくりと」と carefully「注意深く」という2つの副詞を結ぶ。
(4) 「～だから…」という理由・結果を表す接続詞 so を補う。

5 (1) 私の姉［妹］は毎日公園へ行って，そこでテニスをします。
　(2) 私の父は動物が好きです。それで彼はイヌを2匹飼っています。
　(3) この腕時計は高くありませんが，（それは）よいものです。

〈解説〉
(1) この and は「～そして…」と文と文をつないでいる。
(2) 接続詞 so は「～だから…」と理由・結果を表す。
(3) but は「～しかし…」と，前に述べた内容と対立する内容を続けるときに使われる。

6 (1) He plays baseball and soccer.
　(2) Is this a hospital or a school?
　(3) I like blue(,) but my mother likes red.

〈解説〉
(1) 「～と…」という意味で語と語を結ぶ接続詞は and。
(2) 「～か…」の意味で選択を表すには，or を使う。
(3) 前のこと（私は青が好き）と対立する内容（母は赤が好き）を続けるときは but を使う。

1 (1) wants to　(2) What　(3) How
　(4) they are　(5) to start　(6) look
　(7) looks like　(8) to play

〈解説〉
(1) (リカは英語の本を読みたいと思っています。)〈want to ＋動詞の原形〉で「〜したい」という意味。主語が3人称単数なので wants となる。
(2) (太陽が輝いています。なんと美しい日でしょう。)あとに名詞(day)がきているので, what を使う感嘆文〈What a [an]＋形容詞＋名詞＋主語＋動詞!〉の形にする。
(3) (彼女はこの問題に答えました。彼女はなんと賢いのでしょう。)あとに名詞がないので, how を使う感嘆文〈How ＋形容詞[副詞]＋主語＋動詞!〉の形にする。
(4) (それらはなんと美しいバラでしょう。)what を使った感嘆文。what のあとの名詞が複数形の場合は, 〈主語＋動詞〉も〈複数形＋ are〉になる。
(5) (私たちは今, 仕事を始める必要があります。)〈need to ＋動詞の原形〉で「〜する必要がある(〜することが必要だ)」の意味を表す。
(6) (このドレスを着て, 私はすてきに見えますか。)〈look ＋形容詞〉で「〜に見える, 〜のようだ」の意味。
(7) (見てください! あの雲は鳥に見えます。)〈look like ＋名詞〉で「〜に見える, 〜のようだ」という意味。
(8) (私は家族とトランプをするのが好きです。)〈like to ＋動詞の原形〉で「〜するのが好きだ」を表す。to のあとには動詞の原形がくることに注意。

2 (1) キ　(2) カ　(3) イ　(4) ウ
　(5) オ　(6) ア　(7) エ

〈解説〉
(1) (駅で有名なミュージシャンを見ました。—あなたはなんて運がいいんでしょう。)〈How ＋形容詞＋主語＋動詞!〉の形の感嘆文。
(2) (あなたの歴史のレポートはどんなふうに進んでいますか—よくないです。私は最初からもう一度始める必要があります。)how で状態をたずねている。

〈need to ＋動詞の原形〉で「〜する必要がある」の意味。
(3) (彼女に話しかけてはいけません。彼女は勉強しているのです。—ごめんなさい。私はただ彼女を手助けしようとしているだけです。)〈try to ＋動詞の原形〉「〜しようとする」の現在進行形。
(4) (あなたはなぜお金をため始めたのですか。—私は新しい自転車を買いたいんです。) 質問と答えのそれぞれの文で, 〈begin to ＋動詞の原形〉「〜し始める」と, 〈want to ＋動詞の原形〉「〜したい」が使われている。
(5) (あなたは具合が悪いように見えます。だいじょうぶですか。—あまりだいじょうぶではないです。私はトイレを使う必要があります。)〈need to ＋動詞の原形〉で「〜する必要がある」の意味。bathroom は「トイレ」のこと。
(6) (彼女はミュージシャンのように見えます。彼女は美しく歌っています。—はい。彼女は歌うのが本当に得意です。)〈look like ＋名詞〉で「〜に見える, 〜のようだ」, be good at 〜ing で「〜するのが得意だ」の意味。
(7) (私はあなたのお父さんを知っています。私の兄[弟]といっしょに働いています。—わあ。なんて小さな世界でしょう。) What a small world! は, 偶然, 共通の知り合いがいた場合などに使われる表現。〈What a＋形容詞＋名詞!〉の形の感嘆文。

3 (1) How happy I was in Hawaii!
　(2) I don't want to say the same thing again.
　(3) Hajime looked tired after hiking.

〈解説〉
(1) 「なんと幸せだったことでしょう」なので, 形容詞を強調する〈How ＋形容詞＋主語＋動詞!〉の感嘆文の語順にする。
(2) 「言いたくありません」なので〈want to ＋動詞の原形〉の否定文にする。want の前に don't を置く。
(3) 「疲れているように見えました」なので〈look ＋形容詞〉の過去形で表す。

4 (1) try to make　(2) looks young, look like

(3) need to find　(4) enjoyed swimming

〈解説〉

(1) 「～しようとする」は〈try to ＋動詞の原形〉で表す。

(2) 「若く見える」は〈look ＋形容詞〉の形で，「～(名詞)のように見える」は〈look like ＋名詞〉で表す。

(3) 「～する必要がある」は〈need to ＋動詞の原形〉で表す。

(4) 「～することを楽しむ」は enjoy ～ing で表す。

5 (1) You look like your father.
(2) I want to be [become] a kind person.
(3) What a great [wonderful] idea (it is)!

〈解説〉

(1) 「～に似ている」は「～(名詞)のように見える」と考えて，look like ～「～に見える，～のようだ」で表す。

(2) 「～になりたい」は〈want to ＋動詞の原形〉で表す。「～になる」は be か become を使う。

(3) 「なんと～だろう」は感嘆文で表す。名詞「すばらしいアイデア」を強調するので，〈What a [an]＋形容詞＋名詞(＋主語＋動詞)!〉の形を用いる。

リスニング問題　p.238

1(1) 2　(2) 3

〈解説〉

(1) 質問は「アレックスは何について読んでいますか。」。B（アレックス）の発言の It's about baseball. から2.「野球。」が正解。

(2) 質問「だれが東京で働いていますか。」に対する答えなので，A（リョウコ）の2つ目の発言にある I have one brother and one sister. They're in Tokyo. My brother works there .... から，3.「リョウコの兄［弟］。」が正解。there は前文の Tokyo を指すことに注意。

〈読まれた英文・訳〉

(1) *A:* What are you doing, Alex?

B: I'm reading a book.　It's about baseball.

A: Oh, I see.

Question: What is Alex reading about?

A: アレックス，何をしているのですか。

B: 私は本を読んでいます。それは野球についてのものです。

A: ああ，わかりました。

質問：アレックスは何について読んでいますか。

選択肢：1.「バドミントン。」　2.「野球。」　3.「サッカー。」　4.「スキー。」

(2) *A:* Do you have any brothers or sisters, Mike?

B: Yes, I have one brother.　He's in London and works for a Japanese company. How about you, Ryoko?

A: I have one brother and one sister. They're in Tokyo.　My brother works there and my sister is a student.

Question: Who works in Tokyo?

A: マイク，あなたには兄弟か姉妹はいますか。

B: はい，私には兄［弟］が1人います。彼はロンドンにいて，日本の会社で働いています。あなたはどうですか，リョウコ。

A: 私には兄［弟］が1人と姉［妹］が1人います。彼らは東京にいます。兄［弟］はそこで働いていて，姉［妹］は学生です。

質問：だれが東京で働いていますか。

選択肢：1.「マイクの兄［弟］。」　2.「マイクの姉［妹］。」　3.「リョウコの兄［弟］。」　4.「リョウコの姉［妹］。」

2(1) C　(2) A

〈解説〉

読まれる英文はいずれも，進行中の動作を現在進行形で表している。どんな動作について述べているかを集中して聞く。

(1) look at ～は「～を見る」。女性と男の子の「見る・見られる」という関係に注意する。

(2) 絵の場所と人物の様子に注目する。A.「店内で働いている」が正解。

〈読まれた英文・訳〉

(1) A. The boy is looking at the woman.

B. The woman is using the computer.

C. The woman is looking at the boy.

A. 男の子は女性を見ています。

B. 女性はコンピュータを使っています。

C. 女性は男の子を見ています。

(2) A. The man is working in the shop.

B. The man is asking something.

C. The man is walking in the shop.

A. 男性は店の中で働いています。

B. 男性は何かをたずねています。

C. 男性は店の中を歩いています。

文法・語法問題　p.238〜239

1(1) イ　(2) ウ　(3) ウ

〈解説〉

(1) go to ～で「～へ行く」。「図書館」は library なのでイが正解。ア「工場」，ウ「寺院」。

(2) 「とても人気のある物語」は a very popular story となる。ア「退屈な」，イ「重要な」。

(3) 「〜を書く」は write 〜 で表す。ア「〜を読む」，イ「〜に触れる」。

2 (1) ウ　(2) ウ

〈解説〉
(1) B が「名前が見える」「これはアヤのもの」と言っていることから，A は教科書の持ち主をたずねる質問をしていることがわかる。Whose 〜 is this? で「これはだれの〜ですか」という意味。ア「だれが」，イ「何を」，エ「どこで」。
(2) B が「彼は 6 歳です」と答えているので，A は年齢をたずねる質問をしていることがわかる。年齢をたずねるときは How old を使う。ア「(How well で) どのくらいうまく」，イ「(How long で) どのくらい長く」，エ「(How many で) どのくらいの数で」。

〈訳〉
(1) A: これはだれの教科書ですか。
    B: 私はそれに名前が見えます。ええと…それはアヤのものです。
(2) A: あなたの弟は何歳ですか。
    B: 彼は 6 歳です。彼はとてもおもしろい男の子です。

3 (1) エ　(2) ウ

〈解説〉
(1) 選択肢はいずれも be 動詞。主語が複数形なので，エ are が適切。この be 動詞は「〜にいる」という意味。
(2) 文脈からウ drew「〜を描いた」が正解。drew は draw「〜を描く」の過去形。A の 2 つ目の発言にある Did you? は，Did you draw it? の draw it が省略されたもの。ア「〜が聞こえた」，イ「〜を書いた」，エ「〜を理解した」。

〈訳〉
(1) A: あなたはアメリカから来た新入生を知っていますか。
    B: はい。サムとアンディーは私のクラスです。
(2) A: これはすばらしい絵です！
    B: 私がこの絵を描きました。
    A: あなたが？　私はそれがとても好きです。

4 (1) went　(2) reading　(3) them
　　(4) practices　(5) her

〈解説〉
(1) 過去の文なので，go の過去形 went にする。
(2) 主語 I のあとに be 動詞 am があることから，「〜しているところだ」を表す現在進行形〈be 動詞＋動詞の ing 形〉になるとわかる。read を reading にする。
(3) play のあとの (they) は，前文の video games を指していると考える。動詞のあとに置く代名詞は目的格 them「それらを」になる。
(4) 現在の文で主語が She なので，動詞に 3 人称単数現在の s をつける。practices が正解。always「いつも」が間に挟まっていることに注意。
(5) 対話の流れから，name は「(新入部員の) 名前」とわかる。she の所有格 her「彼女の」が正解。

〈訳〉
(1) A: あなたはこの前の週末に何をしましたか。
    B: 私は祖父母の家に行きました。
(2) A: 静かにしてください。私は本を読んでいるんです。
    B: ああ，ごめんなさい。
(3) A: あなたはたくさんのテレビゲームを持っていますね。
    B: はい。私はときどき姉［妹］といっしょにそれらをします。
(4) A: トモコはいつ空手を練習しますか。
    B: 彼女はいつも土曜日の午前中にそれを練習します。
(5) A: あなたは新入部員について知っていますか。
    B: はい，でも私は彼女の名前を忘れました。

読解問題　p.240〜241

1 (1) ア　(2) エ

〈解説〉
(1) A の依頼 Can you help me? に B は OK. と答えており，最後に A が具体的な依頼内容を述べていることから，空所にはアの What can I do?「私は何をしたらいいですか。」が入る。

(2) Bが What is it?「おみやげは何ですか。」とたずね，Aは「キーチェーンです。」と答えているので，これに続く表現として適切なのは，エの Which do you like, blue or red?「（キーチェーンの）赤と青ではどちらがいいですか。」である。他の選択肢は，おみやげを渡す立場の発言として不適切。

〈訳〉

(1) A: もうすぐ夕食です［夕食がほぼ準備できています］。手伝ってもらえますか。

B: いいですよ。私は何をしたらいいですか。

A: テーブルの準備をしてください。

選択肢：ア「私は何をしたらいいですか。」 イ「どれくらいあなたは必要ですか。」 ウ「私はいつあなたを手伝いましょうか。」 エ「私は今テーブルを片付けています。」

(2) A: あなたにおみやげがあります。私はオーストラリアに行きました。

B: ああ，ありがとうございます。何ですか。

A: キーチェーンです。赤と青ではどちらがいいですか。

選択肢：ア「あなたは何が好きですか。」 イ「キーチェーンは何色ですか。」 ウ「私はどれをもらえますか。」 エ「赤と青ではどちらがいいですか。」

2 イ，オ，カ

〈解説〉

張り紙の文言は多くないが，選択肢の内容を1つ1つ見比べて確認することが必要。アは最終行に Join us for lots of fun and sweets! とあることから，除外できる（sweets は「お菓子」の意味）。イは記述がないので正解。ウは催しが「仮装パーティー」であることから除外。エは張り紙に Dancing and Singing とあるので除外。オ，カについては記述がないので正解。

〈訳〉

国際的な夕べ！

ハロウィーン仮装パーティー

仮装コンテスト / ゲームで遊ぶ / 踊りと歌

10月31日 金曜日 午後2時

入場無料 / 公民館にて

たくさんの楽しみとお菓子のために参加してください！

お菓子をくれないといたずらするぞ（TRICK OR TREAT の訳）

選択肢：ア「食べ物を食べる。」 イ「スポーツをする。」 ウ「ドレスを着る。」 エ「音楽に合わせて踊る。」 オ「カボチャを切る。」 カ「通りをいっしょに歩く。」

3 (1) エ (2) イ

〈解説〉

(1) マイクからのEメールの最終文で，Please bring the map.「地図を持ってきてください。」と書かれているので，エ The map. が正解。

(2) アヤカからエミリーへのEメールで，アヤカはエミリーに数学の問題について手伝ってもらいたいと書いているので，イが正解。

〈訳〉

(1) ケイタへ

『月の旅』は読みましたか。おもしろかったですか。ところで，今度の日曜日のハイキングについて話しましょう。明日の放課後に会えますか。地図を持ってきてください。

マイク

質問：マイクは何が必要ですか。

選択肢：ア「Eメール。」 イ「彼の本。」 ウ「時間。」 エ「地図。」

(2) エミリーへ

私は今日の数学の授業について質問があります。それは47ページの問題3と4についてです。それらはとても難しいです。私を手伝ってもらえませんか。

アヤカ

質問：アヤカはなぜこのメッセージを書きましたか。

選択肢：ア「自分の宿題をしなかったから。」 イ「助けがほしかったから。」 ウ「エミリーが質問をしたから。」 エ「エミリーがアヤカを手助けしたから。」

275

初版
第 1 刷　1972 年 2 月 1 日　発行
新指導要領準拠版
第 1 刷　2021 年 3 月 1 日　発行
第 2 刷　2022 年 2 月 1 日　発行

●カバー・本文デザイン
　有限会社 アーク・ビジュアル・ワークス（落合あや子）

編　者　数研出版編集部　　　　　原稿執筆　増見 誠一
発行者　　　　星野 泰也　　　　　イラスト　hail

ISBN978-4-410-15155-2

チャート式®シリーズ　中学英語　1年

発行所　**数研出版株式会社**　　〒 101-0052　東京都千代田区神田小川町 2 丁目 3 番地 3
　　　　　　　　　　　　　　　　　〔振替〕00140-4-118431
　　　　　　　　　　　　　　　〒 604-0861　京都市中京区烏丸通竹屋町上る大倉町 205 番地
本書の一部または全部を許可なく　〔電話〕代表（075）231-0161
複写・複製すること，および本書　ホームページ　https://www.chart.co.jp
の解説書，問題集ならびにこれに　印刷　株式会社 加藤文明社
類するものを無断で作成すること
を禁じます。　　　　　　　　　　乱丁本・落丁本はお取り替えいたします。　　　211202

「チャート式」は登録商標です。

52	**Which dog** is yours?	どちらのイヌがあなたのですか。
	—— This black one is mine.	—— この黒いのが私のです。
53	**Which** do you like, pork **or** chicken?	ポークとチキンではあなたはどちらが好きですか。
	—— I like chicken.	—— 私はチキンが好きです。
54	**Where** do you live?	あなたはどこに住んでいますか。
	—— I live in Yokohama.	—— 私は横浜に住んでいます。
55	**When** do you study at home?	あなたは家でいつ勉強しますか。
	—— I study after dinner.	—— 私は夕食後に勉強します。
56	**Why** do you like her?	あなたはなぜ彼女が好きなのですか。
	—— **Because** she's kind.	—— なぜなら彼女は親切だからです。
57	**How** do you go to school?	あなたはどのようにして学校へ行きますか。
	—— I go to school **by** bike.	—— 私は自転車で学校に行きます。
58	**How**'s the weather there?	そちらでは天気はどうですか。
	—— It's sunny.	—— 晴れています。
59	**How about** this yellow shirt?	この黄色いシャツはどうですか。
	—— Nice.	—— いいですね。
60	**How much** is this doll?	この人形はいくらですか。
	—— It's five thousand yen.	—— 5,000 円です。
61	**How old** are you?	あなたは何歳ですか。
	—— I'm thirteen years old.	—— 13 歳です。
62	**How long** is one class?	1 つの授業はどれくらいの長さですか。
	—— It's fifty minutes long.	—— 50 分です。

第9章　現在進行形の文　p.153〜164

63	He **is cooking** lunch now.	彼は今，お昼ご飯を作っているところです。
64	**Are** you **listening** to music?	あなたは音楽を聞いているところですか。
	—— Yes, I **am**. / No, I**'m not**.	—— はい，聞いています。 / いいえ，聞いていません。
65	**What are** you **looking** for?	あなたは何を探しているのですか。
	—— I'm looking for my glasses.	—— 私はメガネを探しています。
66	**Who is singing**?	だれが歌っているのですか。
	—— Yuki is.	—— ユキです。
67	I **am not watching** TV.	私はテレビを見ているところではありません。

第10章　過去の文　p.165〜190

68	I **played** tennis yesterday.	私は昨日，テニスをしました。
69	I **went** to a pet shop last week.	私は先週，ペットショップへ行きました。
70	**Did** you **use** my eraser?	あなたは私の消しゴムを使いましたか。
	—— Yes, I **did**. / No, I **didn't**.	—— はい，使いました。 / いいえ，使いませんでした。
71	**What did** you **do** last Sunday?	この前の日曜日にあなたは何をしましたか。
	—— I **went** to the supermarket.	—— 私はスーパーへ行きました。
72	I **didn't eat** breakfast this morning.	私は今朝，朝食を食べませんでした。
73	It **was** sunny yesterday.	昨日は晴れていました。
74	**Were** you busy last night?	あなたは昨夜，忙しかったですか。
	—— Yes, I **was**. / No, I **wasn't**.	—— はい，忙しかったです。 / いいえ，忙しくありませんでした。
75	**Where was** your key?	あなたのかぎはどこにありましたか。
	—— It **was** under the bed.	—— ベッドの下にありました。
76	The soup **wasn't** hot.	スープは熱くありませんでした。

77	I **was taking** a bath then.	私はそのとき，お風呂に入っていました。
78	**Were** you **sleeping**?	あなたは眠っていたのですか。
	—— Yes, I **was**. / No, I **wasn't**.	—— はい，眠っていました。／いいえ，眠っていませんでした。
79	**What were** you **doing** there?	あなたはあそこで何をしていましたか。
	—— I **was waiting** for a friend.	—— 私は友達を待っていました。
80	I **wasn't listening** to you.	私はあなたの言うことを聞いていませんでした。

第11章　There is ～.の文　　　　　p.191～202

81	**There is** a box on the table.	テーブルの上に箱があります。
82	**There are** some students in the gym.	体育館に何人かの生徒がいます。
83	**There was** a big park here.	ここには大きな公園がありました。
84	**Is there** a station near your house?	あなたの家の近くには駅がありますか。
	—— Yes, **there is**. / No, **there isn't**.	—— はい，あります。／いいえ，ありません。
85	**How many** apples **are there** in the bag?	その袋に何個のリンゴが入っていますか。
	—— **There are** five apples.	—— ５個のリンゴが入っています。
86	**There isn't** a hospital near here.	この近くに病院はありません。
87	**There are no** classes today.	今日は授業がありません。

第12章　未来の文　　　　　p.203～218

88	I'**m going to** visit my aunt tomorrow.	私は明日，おばを訪ねるつもりです。
89	It'**s going to** rain soon.	もうすぐ雨が降りそうです。
90	**Are** you **going to** take a bus?	あなたはバスに乗るつもりですか。
	—— Yes, I **am**. / No, I'**m not**.	—— はい，乗るつもりです。／いいえ，乗るつもりはありません。
91	**How long are** you **going to** stay?	あなたはどのくらい滞在する予定ですか。
	—— I'**m going to** stay for a month.	—— 私は１か月滞在する予定です。
92	I'**m not going to** buy it.	私はそれを買うつもりはありません。
93	I'**ll** e-mail her later.	私はあとで彼女にメールします。
94	He'**ll** be here soon.	彼はもうすぐここに来るでしょう。
95	**Will** it be sunny tomorrow?	明日は晴れるでしょうか。
	—— Yes, it **will**. / No, it **will not** [**won't**].	—— はい，晴れるでしょう。／いいえ，晴れないでしょう。
96	**What will** you do after dinner?	夕食のあと，あなたは何をしますか。
	—— I'**ll** watch TV.	—— 私はテレビを見ます。
97	I **won't** be late again.	私は二度と遅刻しません。

第13章　接続詞　　　　　p.219～228

98	She speaks English **and** Japanese.	彼女は英語と日本語を話します。
99	I like dogs **and** my brother likes cats.	私はイヌが好きで，（そして）兄はネコが好きです。
100	I love baseball, **but** I'm not a good player.	私は野球が大好きですが，うまくはありません [いいプレイヤーではありません]。
101	He's my classmate, **so** I know him well.	彼は私のクラスメイトだから，私は彼をよく知っています。
102	I have an orange **or** an apple for breakfast.	私は朝食にオレンジかリンゴを食べます。

第14章　注意すべき表現　　　　　p.229～236

103	**What** a nice day it is!	なんて天気のいい日でしょう。
104	I **want to drink** some water.	私は水を飲みたいです。
105	This cake **looks** good.	このケーキはおいしそうです[おいしく見えます]。